大数据时代市场营销创新研究

吴瑞华　付静丽　姚文峰　著

學苑出版社

图书在版编目（CIP）数据

大数据时代市场营销创新研究 / 吴瑞华，付静丽，姚文峰著．— 北京：学苑出版社，2023.12

ISBN 978-7-5077-6774-2

Ⅰ．①大… Ⅱ．①吴… ②付… ③姚… Ⅲ．①市场营销学—研究 Ⅳ．① F713.50

中国国家版本馆 CIP 数据核字（2024）第 001573 号

责任编辑：乔素娟
出版发行：学苑出版社
社　　址：北京市丰台区南方庄 2 号院 1 号楼
邮政编码：100079
网　　址：www.book001.com
电子邮箱：xueyuanpress@163.com
联系电话：010-67601101（销售部）、010-67603091（总编室）
印 刷 厂：河北赛文印刷有限公司
开本尺寸：710 mm × 1000 mm　1 / 16
印　　张：13.25
字　　数：265 千字
版　　次：2023 年 12 月第 1 版
印　　次：2023 年 12 月第 1 次印刷
定　　价：48.00 元

作者简介

吴瑞华，女，汉族，河南省柘城县人，本科毕业于河南教育学院教育学专业，郑州工业应用技术学院讲师。

付静丽，女，汉族，河南省汤阴县人，硕士毕业于辽宁大学资产评估专业，郑州工业应用技术学院讲师。

姚文峰，男，汉族，山东省烟台市人，硕士毕业于重庆交通大学企业管理专业，郑州工业应用技术学院讲师。

前　言

在大数据时代，怎样通过大数据来了解消费者内心，精准满足消费者心理，与消费者建立密切的联系，以此来创造价值，成为企业市场营销的重点。

伴随大数据、人工智能的发展，智慧营销领域相关技术也日新月异，智慧营销早已经紧紧地与人工智能、大数据等高新技术融合在一起，对企业的营销模式产生了深刻影响。可以说，营销行业已进入了智慧化时代，企业的营销手段也在向着智慧化方向转变，让企业花费更少的成本获得更多的利益，在竞争激烈的市场环境中利用好高新技术，成为企业得以脱颖而出的关键。

本书首先从大数据概述、大数据思维特征及应用分析、市场营销内涵、市场营销理念的演变与全面营销、互联网时代的营销机遇与挑战五个方面来概述大数据及市场营销的内容。其次介绍了大数据时代消费者行为研究、大数据时代消费者行为变化、大数据时代消费者行为特征、迎合消费者新变化等内容。再次从大数据市场营销的问题、小微企业与大数据营销管理、科学营销大数据的营销范式、大数据营销客户关系管理、大数据时代的营销管理实践应用研究角度来分析。然后通过新闻营销、软文营销、活动推广这三个营销手段来介绍营销创新的新方法。通过精准广告概述、精准广告投放、精准广告实现来创新广告营销。紧接着介绍了大数据时代下的产品策略、大数据时代下的产品定制两项内容。最后从服务产品、品牌策略、分销、定价、促销策略等方面进行研究。希望通过本书的研究，读者能够更加了解大数据时代营销创新的相关内容。

在成文过程中笔者广泛参阅了大量的相关资料，借鉴了很多内容，作品中难免会有不完善之处，恳请广大读者予以批评指正，以臻完善。

吴瑞华
2023 年 5 月

目　　录

第一章　综述

随着这几年物联网、云计算、移动互联网等技术的高速发展，海量数据随之产生。大量数据的产生把人类带入了一个全新的时代，也就是大数据时代，关于如何存储、处理数据已经成为一个值得深究的话题。

第一节　大数据概述

由于大数据技术发展速度非常之快，推动了社会的进步，所以很多的高校都相继开设了一些关于数据的学科，也叫数据科学。大数据涉及的领域非常广泛，人们利用大数据实现数据的获取、处理和分析，进而得到一些突破性的结果。大数据在现代生活中起到了至关重要的作用，本节会对大数据的内涵与局限进行综合描述。

一、大数据

（一）大数据基础

1. 大数据和传统数据库

大数据（big data）是需要新处理模式才能具有更强的决策力、洞察力和流程优化能力来适应的海量、高增长率和多样化的信息资产。

麦肯锡（McKinsey）全球研究所给出的定义：一种规模大到在获取、存储、管理、分析方面大大超出了传统数据库软件工具能力范围的数据集合，具有海量的数据规模、快速的数据流转、多样的数据类型和较低的价值密度四大特征。

大数据技术的战略意义不在于掌握庞大的数据信息，而在于对这些含有意义的数据进行专业化处理。换言之，如果把大数据比作一种产业，那么这种产业实现盈利的关键在于提高对数据的“加工能力”，通过“加工”实现数据的“增值”。

从技术上看，大数据与云计算的关系就像一枚硬币的正反面一样密不可分。大数据无法用单台的计算机进行处理，必须采用分布式架构的计算机。它的特色在于对海量数据进行分布式数据挖掘，但必须依托云计算的分布式处理、分布式数据库、云存储和虚拟化技术。

传统数据库简单来讲就是通过数据的结构进行组织、存储和管理数据的一个数据仓库，在大数据这一概念产生之前，人们都是利用传统数据库对一些相对比较小且简单的数据进行储存，由于现在信息技术发展的速度较快且数据量也大量增加，使得之前的一些数据库已经不能够满足现在的需求，因此就产生了“大数据”这一新概念。

跟以前的传统数据库相比较，两者之间还存在着很多的不同之处。第一，从数据的规模和类型可以看出，大数据的数据单位是很大的，基本都是以 GB、TB、PB，甚至 EB、ZB 为单位，而且种类也非常多。而传统的数据库通常以 MB 为单位，并且只有一种类型。第二，从它们的模式和数据也可以很明显地看出，传统的数据库都是先有模式，紧接着才会有数据产生，但是大数据就不一样，大数据的模式很难去预测，而且有时候模式会随着数据量的变化而发生改变。第三，从处理对象也可以看出，对于传统数据库中所储存的数据而言，它们只能被当作处理对象，而大数据中所储存的数据可以被当作一种能够对其他领域所产生的一系列问题进行分析的资源。

2. 大数据的特性

大数据具有“5v”特性，即大量（volume）、高速性（velocity）、多样化（variety）、价值（value）密度低、真实性（veracity）。

以上所说的大量主要是指大数据的储存量比较大和数据的增量大这两个方面。大数据最主要的特点就是它的数据规模相当庞大，数据量随着互联网等技术的高速发展持续不断地增加，从之前用 GB、TB 等单位进行衡量到用 PB 单位来衡量，现在已经用 EB 和 ZB 单位来进行衡量了。

而高速性主要说的是大数据产生数据和处理数据的速度极快。数据可以通过社交媒体和定位系统等应用大量产生，与此同时，为了保证数据的有效利用，需要加快数据处理的速度。

多样化可以从类型和来源这两个方面得到反映。我们都知道大数据所产生的数据类型是非常多的，其中就包括了三种类型——结构化数据、半结构化数据和非结构化数据，还包括非完整数据和错误数据，而这主要是因为数据的来源是非常多样的，如电子邮件、传感器等。

价值密度低主要指的是尽管大数据数据量非常大，但是其中有利用价值的信息却不多，还需要运用一定的技术对数据进行处理或者进一步的研究，最后取得的信息才具有利用的价值。

价值含量的多少可以通过数据的质量和真实性进行衡量。高质量的数据绝对是真实的，也就是说具有真实性，但是不代表具有真实性的数据就一定是高质量的。对此，我们可以通过利用一些特定的大数据技术来提高具有真实性的数据的质量，这样就既保证了数据的真实性，又保证了数据的高质量，使之能够更好地被人们利用。

（二）大数据的起源和发展现状

1. 大数据的起源

目前，互联网技术（IT）界普遍认为大数据起源于谷歌的“三驾马车”：谷歌文件系统、用于处理海量数据的并行编程模式 MapReduce 和分布式数据存储系统 BigTable。谷歌工程师在 2003—2006 年先后公开发表了这几项核心技术的学术论文，引起了业界的巨大反响，吸引了众多互联网公司的注意。在各大互联网公司的技术推动下，最终诞生了海杜普（Hadoop）系统，其在 2008 年 6 月处于相对稳定的状态。Hadoop 发展过程中出现的一个标志性的公司是脸书（Facebook），其在基于 Hadoop 的数据仓库工具 Hive 上投入了大量的资源。Hadoop 高扩展、高容错的优点很受业内人士欢迎，被广泛应用于离线分析场景。2011 年 5 月，在以“云计算相遇大数据”为主题的互联网会议中，易安信公司（EMC）提出了大数据这一概念。脸书公司在 2012 年将重点转移至数据查询引擎 Presto，其查询速度很快，没有用到 MapReduce，很快便超过了 Hive。另外，伯克利大学 AMP 实验室开发了高速、灵活的大数据通用计算平台 Spark 系统，Spark 的兴起是 Hadoop 生态圈一个比较关键的转折点，在迭代计算和实时分析领域占据了绝对优势。

2. 大数据的发展现状

许多国家看到了大数据的高速发展，渐渐意识到大数据对国家的发展是至关重要的。继美国发布了有关大数据的国家发展战略之后，很多国家也相继提出相关战略，联合国也发布了一个很重要的项目——名为《大数据促发展：挑战与机遇》的大数据政务白皮书。美国政府在大数据这一领域投入了大量的资金，把大数据当成一个非常重要的战略发展目标和方向，而且还把大数据技术发展提高到与国家安全和未来的发展战略相一致的高度。

我国科技界对大数据技术及其应用的关注日渐增加，同时也得到了政府的关注并引起重视。2018 年 9 月 19 日，国家信息中心在天津举办的 2018 年夏季达沃斯论坛上发布了《“一带一路”大数据报告 2018》。该报告的发布为国内外各界了解、参与“一带一路”大数据建设提供了更为丰富的信息。2018 年 9 月 20 日，国家发展和改革委员会国际合作中心举办第三期“国合党建讲堂”，邀请国家信息中心大数据发展部主任于施洋做题为“以大数据思维助力创新发展改革工作”的专题讲座。

目前，大数据行业主要分为三类产业：数据服务产业、基础支撑产业、融合应用产业。数据服务产业是以大数据为核心资源，以大数据应用为主业开展商业经营的产业，包括数据交易、数据采集、数据应用服务、基于大数据的信息服务、数据增值服务等。基础支撑产业是指提供直接应用于大数据处理的相关软硬件、解决方案及其他工具的产业，如提供大数据存储管理、大数据预处理软硬件、大数据计算、大数据可视化产品等。融合应用产业是指在业务应用中产生大数据，并与行业资源相结合开展商业经营的产业，如政务大数据、金融大数据、交通大数据、工业大数据等。

（三）大数据处理流程

大数据处理流程可以分为数据产生、数据预处理、数据存储、数据分析挖掘、数据结果应用。

1. 数据产生

数据的来源多种多样，可以来自物联网、互联网、各类传感器等。同时数据的类型也是多种多样的，可以是数字、文字、声音、图片、视频等。中国工程院院士李德毅认为，大数据的主要来源有三方面：自然界的大数据、生命和生物的大数据和社交大数据。自然界的大数据主要是交互产生的数据，主要通过各类传感器来采集。生命和生物的大数据主要研究基因组学、蛋白质组学、代谢组学等生物学数据。社交大数据主要来源于人类社会活动，而互联网通常为其载体。目前大数据的主要研究对象集中在自然界数据和社交数据，同时生命和生物的大数据对医学方面的贡献也不容小觑。

2. 数据预处理

在实际生活中所收集的一些数据一般都是不完整的，这些数据都不能够直接进行挖掘和处理。因此，为了保证数据的质量，需要在数据正式处理之前对数据进行预处理。

数据预处理只包括三个步骤：数据的审核、筛选、排序。第一步：数据审核，主要是对数据的准确性、适用性和及时性进行审核。第二步：数据筛选，就是对审核过程中所发现的一些错误进行处理和纠正的过程，其中主要有两大内容，一主要是删除掉一些与规定不符的数据，二是把符合条件的一些数据提取出来。第三步：数据的排序，简单而言就是按照一定的顺序对这些数据进行排序，这样有利于研究者的深入研究和分析。

数据的预处理主要有这几种方法：数据的清理、集成、变换和规约。数据的清理主要是格式化，把一些不正常的数据进行剔除，对错误的数据进行纠正。数据的集成就是把多个不同的数据源进行结合，进而把它们储存起来。数据的变换就是通过一些特定的方式把数据转变成一个对数据挖掘有利的形式。数据规约可以得到规约表，节省挖掘分析时间且仍然能保持数据的完整性。

3. 数据存储

传统的数据存储方式分成三个部分：块存储、文件存储、对象存储。大数据存储也可以分成三个部分：分布式系统、非关系型数据库、云数据库。其中分布式系统可以细分为分布式文件系统和分布式键值系统这两个系统。分布式文件系统是一个具有容错性的系统，适用于批量处理并且能够提供高吞吐量的数据访问。分布式键值系统可以用于存储关系比较简单的半结构化数据，其存储和管理的是对象而不是数据块。非关系型数据库的发展是由于关系型数据库已经无法满足大量数据的管理需求，非关系型数据库可以存储超大规模的数据，具有较好的横向扩展能力。云数据库是基于云计算技术发展的一种共享基础构架，是部署在云计算环境中的虚拟化数据库。

大数据存储技术路线包括分布式架构、大数据一体机、大规模并行处理混合架构。其中分布式架构包括 Hadoop、MapReduce 等，随着相关技术的不断进步，分布式架构的应用场景也将逐步扩大。大数据一体机是专门为大数据分析处理而设计的软硬件结合的产品，具有良好的稳定性和纵向扩展性。大规模并行处理混合架构重点面向行业大数据，通过列存储、粗粒度索引等多项大数据处理技术，再结合其高效的分布式计算模式完成对分析类应用的支撑，具有高性能和高扩展性的特点。

4. 数据分析挖掘

数据分析挖掘就是从大量的数据中提取出隐含在其中的、具有潜在价值的信息，是统计学、人工智能、数据库技术的综合运用。

大数据的计算分析框架主要包括批处理框架、流处理框架、交互式计算框架、混合处理框架、图数据处理框架。

批处理框架是以 MapReduce 为代表的，MapReduce 是一个基于集群的高性能并行计算平台。Map 表示映射，Reduce 表示化简，所以 MapReduce 可以理解为把一堆杂乱无章的数据按照某种特征归纳起来，然后处理并得到最后的结果。MapReduce 具有易于编程、扩展性良好、高容错性、适合 PB 级以上海量数据的离线处理等特点。

流处理框架是一个分布式的、容错的实时计算系统。流处理集群包含一个主控节点和若干个工作节点，主控节点接受任务并分配给工作节点执行。流处理框架具有可持续流处理、可扩展、高容错、高可靠、结构丰富、支持多语言开发等优势。

交互式计算框架是基于内存计算的大数据并行计算框架，提高了在大数据环境下数据处理的实时性，同时还保证了高容错性和高可伸缩性。交互式计算框架的核心概念是弹性分布式数据集（RDD），指的是只读的、可分区的分布式数据集。RDD 除了提供内存存储和各种类型并行计算，还可以自动从故障中恢复。

混合处理框架是结合了批处理和流处理两种架构的混合架构。在处理数据时，分别将数据送入批处理层和实时处理层，这样可以使得到的结果更加快速且精确，该框架对不同业务需求进行了良好的平衡。

图数据处理框架是一个用于分布式图计算、基于整体同步并行计算模型的计算框架。图数据处理框架是以节点为中心进行计算的，每个节点在初始时处于活跃状态，完成计算后进入不活跃状态。图数据处理框架具有容错机制良好、持久性存储、采用主 / 从结构实现整体功能等特点。

5. 数据结果应用

大数据已经被广泛地认为是一种能够为人类带来新价值的利器，拥有不可估量的价值。

大数据所产生的价值已经渗透到人类的各大领域，并且在不断地推动各大领域高速发展，如医疗领域、教育领域、商业领域和工业领域等。

大数据在医疗方面的作用主要是通过分析和总结所采集到的医疗机构的各种大数据，发现其利用价值，并且在未来加以应用。

同时，大数据也可以在智能电网和工业互联网等领域进行利用，利用传感器实现对数据的获取，并且加以分析和处理，最后得到一个最佳的方案。

大数据在股票、保险、银行这些行业当中也是不可或缺的，我们可以利用大数据对股票的走势和相关数据进行分析，同时可以帮助人们更好地做出决策。

总而言之，大数据对人类的贡献绝非单一方面的，相反，而是方方面面都有所帮助，大数据的合理利用更有利于各行各业的发展。大数据为人类带来了许多的便利，也提供了更好的生活环境。

（四）大数据面临的挑战

1. 技术方面的挑战

首先考虑网络方面，由于大数据的传输需要一个技术水平相对较高的网络系统来支撑，所以对目前的网络技术而言，是一个非常大的挑战。其次考虑机器学习方面，在通常情况下，大数据技术与机器学习是相互促进、相互依存的关系，机器学习不仅需要合理、适用和先进的算法，还需要依赖足够好和足够多的数据。大数据可以提高机器学习模型的精确性，数据量越多，质量越高，机器学习的效率和准确性就越高。因此，机器学习的分析算法需要有智能化和高效化的发展，这样才能够适应当前的时代。最后主要考虑数据存储方面，在对取得的数据进行预处理之后，需要一个更加高效的存储方式进行存储。

2. 隐私保护方面的挑战

大数据为人类带来许多便捷的同时，也会带来一些负面影响，如关于隐私泄露的问题。特别是在大数据网络时代，人们的一些基本信息很容易暴露。在日常生活当中，人们有可能在不知情的情况下就把基本信息泄露了，因此政府机关需要加快建设相关的信息安全法律体系，完善大数据技术的相关行业标准，这样有利于减少大数据带来的一些消极影响。

3. 社会信息方面的挑战

大数据里面包括了很多政治、经济、文化、社会的相关信息，对这些数据进行分析，可以将一个国家的科技发展、社会动向反映出来。因此每个国家都应该时时刻刻留意本国重要信息的相关安全问题，避免信息泄露，掌握信息的主动权，这样才能够避免因为信息泄露而导致的科技战争。

大数据可以对未来进行预测。首先，随着数据库能力的不断增强，可以对很多的大数据问题进行解决。与此同时，数据也渐渐变得资源化，所谓的资源化其实就是大数据变成了众多企业和社会关注的重要资源，逐渐成为各大领域抢夺的对象。

其次，未来大数据会跟云计算有更加深入的融合。云处理对于大数据而言是非常重要的，它为大数据处理提供了基础，同时也是一个能够产生大数据的平台，所以大数据是离不开云处理的。在大数据的发展进程中，物联网和工业互联网等新兴行业能够使得大数据的影响力发挥到极致。

二、大数据的局限性

在大数据时代，大数据的不断高速发展为人类的生活带来了众多的便利，提高了人类的生活品质，让社会发生了一定的改变。然而，大数据会因为自身具有一定的局限性而导致大数据技术发展受到一定的限制。

在人们的观念里，感觉大数据无所不能。但是事实并非如此，尽管它的发展速度很快，但是开发时间不是很长，虽然它能够在一些领域遥遥领先，但是我们在面对新技术的时候，应该保持理性，正确看待其局限性。《哲学新视野》一书中有这样的描述："某些观念有时会以惊人的力量给知识带来巨大的冲击。因为这些观念一下子就可以解决很多的问题，因此，它们好像能够解决所有的问题，能够做到把任何比较模糊的地方解释清楚。每个人都想迅速地抓住它们。"充满热度的大数据技术，人人都想去触碰它，却往往不能很好地驾驭它。只有正确认识大数据的优势和局限性，才能更好地发掘它的潜力，发挥它的价值，更好地使用它服务于人。

（一）大数据收集存在难度

从大数据获取的广度上来说，目前主要面临的问题是无纸化存储盛行、文件数量和种类不断增多、非结构化的信息种类繁多导致数据碎片化难以存储，数据时效性难以保证。

1. 数据碎片化难以存储

由于数据具有非结构化特征，所以会提高存储的难度，然而，传统的数据都会具有一些特定的结构，同时也可以将它储存到数据库当中，但是因为数据源的不断扩大，导致数据呈现出一些非结构性的特征。例如，现在的传感器普遍小型化和智能化，虽然这些传感器所产生的一些非结构性数据含有较为详细的信息，但与此同时也附带了很多的噪声数据，增加了数据清洗和处理的难度。除此之外，如果想要开发非关系数据库，还需要建立相对完善的架构。

2. 数据时效性难以保证

数据的时效性对数据的高效利用有着很重要的影响，它可以决定这一数据是否能够高效使用。按照时间长短可以把数据划分为两种：老数据和新数据。一些数据在跨越一定时间后如果还可以使用的话，一般都可以拿来分析和预测；对于新数据而言，数据的现时性是很重要的，想要新数据具有一定的价值，就得在取得数据的时候马上对其进行转换，但是，新数据并不是都可以被转换成具有应用价值的老数据的，现实价值会随着时间的流逝而渐渐消失。大数据的时效性决定了它自身的价值和效率能否充分发挥。例如，探测地震和海啸所用的传感器的时效性一般都在秒级，也就是说需要在几秒的时间之内快速把灾害信息传递出去。美国国家海洋局利用超级计算机处理海底布设的传感器信息，该计算机应用在日本的海啸监测方面，能预测震后 9 分钟是否会有海啸以及海啸的强度。短短的 9 分钟看起来并不长，对每一个宝贵的生命而言却非常珍贵。

由于考虑到大数据的实时营销，所以需要实时地掌握目标用户的一些基本信息，尽管营销信息对客户需求的符合度相对很高，但是有一个弊端，只要潜在的一些客户离开，那么所谓的营销就会变得毫无意义，完全没有效果，以上的这种营销也叫作无效营销。大数据所具有的时效性需要实时对数据进行采集、加工，并且及时分发出去。我们所说的“1 秒定律”就是指让大数据的有效性控制在秒级范围之内，并且大数据在这一时间段内需要针对批量数据进行计算和分析，最后把所得出的结果应用到实际的生产活动中去。但是现实操作很难满足这一条件，主要是由于大数据本身就具有一定的局限性，因此在很大程度上为大数据的开发和应用增加了难度。

（二）大数据处理存在难度

1. 大数据处理设备要求高

对于大数据技术而言，对处理设备的要求较高。剖析大数据的最深层面，可以看出大数据所要处理的数据本身的基数是非常大的，而且在网络空间中会不断涌现出大量的新数据，这对传统的计算平台而言是一个巨大的挑战，所以，如果想要能够更好地去处理海量数据，需要大量搭建相对比较专业和稳定的计算集群进行处理，这在一定程度上阻碍了很多的企业想要对大数据进行研究的想法。

2. 大数据噪声大

随着数据的大量产生，大量噪声数据也随之产生，增加了数据处理的难度。先不考虑在大数据技术上是否能够成功实现数据的获取，即便最后成功了，但所取得的数据常常会伴随着很多的噪声，可以说是一个很嘈杂的样本。所以，不确定所取得的数据是否能够成功进行加工处理成了大数据即将面对的一个非常严重的问题。就好比新闻和微博所存在的一些区别，针对一篇新闻和微博进行分析，我们会发现，在对新闻进行分析的时候，有很多比较详细的信息能够去帮助读者对感情色彩进行分析、能够准确辨别语义。因此，如果想要成功地对数据进行处理，就需要对机器学习算法进行深入的研究，让分类器变得高效，从而让加工数据得到更多的内部和外部数据的支撑。如果仅仅通过引入数据这一方式来满足加工数据的需求，那么噪声数据会随之大量产生，所以，想要实现最优化，就需要针对不同情况进行取舍。与此同时，在对具有噪声数据的样本进行批量处理时，边缘设备和计算中心会涌现很多的问题，如资源受到限制、资源大量浪费、消耗变高等问题。

3. 大数据具有不确定性

数据本身的不确定性为大数据的学习和预测带来了困难。分析海量的数据进行学习和预测是大数据技术运用的基本模式，然而数据一定越多越好吗？中国台湾大学林智仁教授开发的一款学习模型在特征数和样本数相对较小的情况下，学习预测的效果最好。另外，数据本身并没有带标签，面对一个数据，单项大数据技术通过上下文、文中语境甚至其他来源的信息来判断其含义和感情色彩，这样的判断方式具有片面性并最终造成了数据的不确定性。

（三）大数据对安全性要求高

1. 数据价值高，容易吸引黑客攻击

大数据蕴含大量丰富而有价值的信息，容易吸引黑客攻击，黑客攻击是一种针对特定网络目标、有企图的人为恶意攻击行为，黑客攻击一般有两种：一种是主动攻击，主动对攻击目标进行漏洞查找、渗透、提权等，破坏目标的信息完整性；另一种是被动攻击，通过嗅探、信息收集等方法非法收集信息。成功的主动攻击和被动攻击通常都会造成攻击目标的损失，严重威胁网络安全。黑客攻击技术的不断发展将持续威胁大数据技术的发展。

2. 数据一旦丢失，难以恢复

由于大数据的收集、处理以及存储过程比较复杂，并且往往有时效性要求，所以一旦发生致命硬件故障，想要重新获取数据难度极大。而实际生产场景中，操作者参与数据操作，如果安全意识不强或者受操作技术水平限制，则会导致数据丢失。操作员设置低安全性的口令会导致恶意操作也会导致数据丢失，这些都给大数据的安全性造成了巨大隐患。例如，社保信息、档案信息等高敏数据要有安全性高的网络传输条件和存储条件，这对大数据处理设备的稳定性和安全性有很高的要求。大数据的发展在给社会带来便利的同时，也给数据保护工作带来了全新的技术挑战。

3. 大数据是柄“双刃剑”

大数据的特性决定了它会有巨大的威力，善用大数据能够为人们带来便利，滥用大数据将会造成严重的危害。2018 年上半年全球知名的社交服务网络公司脸书遭遇史上最大的信任危机，全球范围内，超过 5 000 万条脸书用户的数据被泄露，第三方数据分析机构使用这些数据进行商业分析活动，内容甚至涉及 2016 年的美国大选。此次事件不仅证明了大数据的威力巨大，也向人们证明了滥用大数据将会严重危害公民隐私。可以这样说，如果大数据的使用安全性、合法性得不到保证，人们开始抵制大数据技术，在采集数据源得不到保证的情况下，大数据技术将面临无数据可用的困境。

第二节　大数据思维特征及应用分析

一、大数据思维特征

如果想要了解大数据思维的特征，首先要理解大数据思维，进而才能更好地把握大数据思维。进一步了解大数据思维是能深刻、全面把握大数据思维的前提条件。在当前科技革命的背景下，大数据思维在各大领域都表现出了巨大的潜力，因此，对大数据思维特征进行讨论是至关重要的，本节就将从整体性与涌现性、多样性与非线性两个方面提炼大数据思维的特征。

（一）整体性与涌现性

机械论自然观的思维方式从近代开始在科学研究中广为流行，机械论自然观对科学家的科研活动具有一定的指导性，在方法论上，机械论自然观属于原论。但是，在当前科技革命的背景下，机械论自然观的一些特点直接把还原论所具有的局限性暴露出来了。辩证自然观登上历史舞台以后，在人与世界关系的问题上采取了将人与世界看作一个整体的态度，具有整体论的特点。在大数据时代，人们主要通过利用数据来考察一些人与世界关系的相关问题，从大数据这一层面来看，世界所呈现出来的是一个之前从未出现过的新景象。在大数据思维背景下，涌现性成为描述大数据最合适的词汇。整体性和涌现性成为大数据思维的首要特征。

1. 整体性

所谓的整体性，是针对系统的部分或者元素而言的，大数据思维主要是将人们所收集的数据当作一个系统，因此，整体性就是这个系统的首要特征。大数据思维的整体性要求在获取数据的时候关注的应该是整体数据的分析，把握问题时需要更加注重整体。在古希腊时期所追问最多的一个问题就是世界本原问题。亚里士多德说，世界的存在物都由本原组成，存在物在开始都从本原产生，最后又复归为它。古希腊哲学家针对世界本原的问题，经历了从对世界感性直观到对世界超感性抽象的过程。在大数据时代，人与世界的关系、思维与存在的关系通过海量数据紧密联系起来，大数据从某种角度来看成为世界本原的新解读。

大数据时代，在面对问题和解决问题的时候，最初的选择应该遵从整体性思维。数据量增长迅速的情况下，与以随机样本为核心的小数据思维形成鲜明对比的是以全体数据为核心的大数据思维，其显现出的巨大能量即整体性。大数据思维主张进行全体数据的获取和分析，也就是通过整体思维的方式来把握研究对象。

2. 涌现性

涌现性是系统整体所具有的一个特征，在系统中不会单独存在于各部分、各元素中，只有将他们组合成一个整体之后才能够具有此特征，涌现性同时也被叫作整体涌现性。由于大数据的存在，有很多新情况在不断地涌现，对此，涌现性也是大数据思维的一个非常重要的属性。只要是在整体情况下所具有的，但是在单独一部分中不具有的这种属性、功能和特征就可以叫作大数据思维的涌现性。简单概括就是在我们把整体拆成一个个小部分的时候，大数据的一些属性和特征、功能不能在这些小数据上面存在。

①构材效应。系统的涌现性归结于系统的构成，系统由组分构成，或者由它的元素构成，系统的涌现性也就来源于这里。整体涌现性出现在特定的组分和元素构成的系统中，如果更换了系统中的组分、元素，那么原涌现性就无法体现。

②规模效应。系统的规模大小也是影响涌现性的基本因素，涌现性的出现需要足够多的组分或者元素，也就是足够的材料，没有足够大的系统，是无法出现涌现的。涌现性依赖于系统在一定程度上的复杂性。

③结构效应。组分之间的不同结构以及不同组分间的相同结构均会产生不同的涌现性。在整体系统中，组分之间的相互作用、相互位置不同，产生的作用力就不同。比较特殊的两个现象是同分异构和物理学超导现象，在组分、元素相同的情况下会表现出两种不同的涌现特征。

④环境效应。系统处于特定环境条件下就会受到特定环境条件的影响和制约，现代科技条件下的系统通常是开放系统，无法避免与系统外进行信息交换，在这种条件下也会产生特定的性质，表现出涌现特征。

（二）多样性与非线性

1. 多样性

大数据的多样性主要是通过数据种类的不同反映出来的。结构化数据主要是关系数据库中所储存的一种数据，例如，一些比较整齐的文字、数据和一些同种类的文件。对于非关系数据库而言，它主要储存的数据类型就是多源异构数据，阿尔文·托夫勒（Alvin Toffler）在20世纪80年代所写的未来学书目《第三次浪潮》中，就已经提到了因电子计算机发展迅速，信息革命开始，传统的传播工具群体化特征将不再明显，传播工具将急剧非群体化，传播对象将变得多样。在人类社会中，人是关系的主要组成部分，社会关系是多样化的，文化也具有多样性。在自然领域当中，生物多样性的存在是非常重要的，它能够让生物圈变得更加丰富多彩。事物所发生的变化都会导致多样性的存在，因此，大数据思维具有多样性特征是必然的，这就需要我们在关注大数据思维多样性的时候做到对多样性进行整体把握，还要理清楚大数据思维多样性的一些具体表现，这样才能够让我们更好地利用大数据思维。

2. 非线性

在进入大数据时代之后，人们认识世界的一些方式随之发生改变，大数据思维中的非线性特征主要是有益于人类在认识世界和考察世界的时候能够奖励起非线性观点。非线性的这一特征主要是相较于线性而言的，是指方程的解满足叠加定理，非线性是线性的否定。在数学中，线性是一种具有比例关系的性质，函数表现是成比例的、直线的，方程的解是齐次的或者可加和的。而非线性是一种没有比例关系的性质，函数表现是不成比例的、不成直线的。我们在科学研究中采取的线性思维可以看作非线性现实的简化。由于世界本身是非线性的，采取线性思维就是一种近似，这样一来，我们看到的世界将是不完全真实的，也脱离了世界的本来面貌。然而，大数据思维的出现带来了非线性思维，这样的思维方式向来就对真实世界亲近又抱有好感，人类可以利用采集海量大数据的方法得到现实世界第一手的数据，通过这些数据来了解我们的世界将更加接近现实。在这一层面上来看，大数据思维表现出了非线性特征。

二、大数据应用分析

大数据安全主要是数据暴风式的增长和社会趋势的改变所导致的，从托夫勒在 1980 年提出大数据概念到现在，大数据这一概念已经成为一个很热门的话题，大数据逐渐成为现在和未来的重点研究方向。大数据利用一些较为常规的技术和工具对数据集合进行处理、管理和分析，也是海量数据和计算机的完美结合。大数据能够解决关于海量数据的问题，例如对海量数据的首存、管理、计算等应用问题。各个企业和政府，还有一些科学研究群在不断生成公共数据集和共享数据。这些数据包括文本数据（结构化数据、半结构化数据和非结构化数据）、多媒体数据（如视频数据、图片数据、音频数据）及多平台数据（如通信、社交媒体网站、传感器网络、网络物理系统和物联网）。全球范围内，每天大概都会产生 2.5 亿亿字节的数据,非结构数据就占据了其中的90%。每年产生的数据高达40亿千兆字节。大数据相较于传统的数据而言，非结构数据的占比很大，同时也需要得到更多的时效性分析。大数据出现至今为社会经济的发展做出了许多的贡献，同时也在不断提高人类的生活品质，但也给人类带来了很多新的挑战。

（一）大数据应用领域

1. 生物医学领域

从 2016 年 6 月国务院所发布的《关于促进和规范健康医疗大数据应用发展的指导意见》中可以发现，国家的战略资源包括健康和医疗大数据，对大数据进行改革促进了医疗保健的深入改革。医疗健康大数据得到了国家政策的支持，我国的医疗健康大数据已经包含了很多方面的数据集合，主要包含医疗服务、医疗机构、食品安全等多方面的数据。例如，通过对健康数据和生命体征的指标进行收集，可以形成个性化数据库和电子版的健康档案。此外，个性化数据库的共享能够提高疾病诊断的效率，还可以快速进行因用药而导致的一些不良反应的检查。

2. 金融领域

在大数据应用方面，金融行业具有一定的天然优势，各个金融企业高价值数据的储存量还是比较多的，并且金融行业的资金相比其他行业较为雄厚，可以更好地吸引大量的大数据技术高端人才，同时也有足够的能力去使用大数据的新技术。对大数据进行分析可以帮助我们区分各种欺诈行为和商业交易的合法性，银行和金融服务公司就是利用大数据分析进行商业交易合法性的辨别。通过应用分析和机器学习针对一些客户的历史数据进行信用情况的检测，可以辨别是否存在某些欺诈行为。如果发现客户有欺诈行为的历史记录，系统会提醒并且采取一定的行动，如对违规交易进行阻止等。与此同时还可以通过一些历史数据将客户分成几个不同的群体，这些历史数据包括日常的交易数据、外部数据等。接着对客户的细分市场进行分析，让他们能够找到适合自己的营销活动。除此之外，还可以进行一些风险评估或者精细化营销等。

3. 电信领域

对于电信行业而言，数据资源也是相当庞大。我国手机使用者已经达到了15.3 亿。由于用户规模较大，运营商每天所收集到的数据高达千万亿字节。手机用户每天产生的数据量也是非常大的，如话单记录、上网日志等。

（二）大数据与传统数据相比的优势

大数据与传统数据相比主要差异：数据量大，数据种类繁多，处理速度快，价值密度低。而大数据与传统数据相比，优势为以下几方面。

1. 数据获取及预测更便捷

对于传统数据而言，其获取需要通过人工的方式进行，同时还需要人工进行输入，这样会导致操作量大大增加，而且还不能保证准确性，比较浪费时间。而大数据就不同，大数据不需要通过人工进行数据收集，而是通过仪器实现数据的收集。例如，在没有电子记录仪的时候需要通过人工对路况进行记录，再根据这些路况信息进行预测，然而，如果遇到突发情况或者交通事故的时候就没有办法进行预测。有了仪器之后，除了能够记录路况，同时还可以对接下来时间段该路段的情况进行预测，这样更有利于人们选择更好的路线。

2. 大数据可挖掘性强

传统数据生成只会为了达到某种目的去进行数据的采集，但大数据有所不同，大数据开始就会对数据进行收集，想要达到某一目的时候才会对数据价值进行挖掘，同时所收集到的数据可以用于任何分析，并不只是为了达到某一目的才对数据进行收集，这也说明了大数据的可挖掘性非常的强。举个例子，就网络购物数据来讲，可以通过用户的一些购买行为对用户的现状进行预测，对于孕妇，可以看她之前是否有怀孕相关物品的购买记录，然后再根据这些物品对孕妇是否怀孕、怀孕周期进行判断，进而针对不同的人群推荐不同的商品。除此之外，商家还可以通过销售记录去分析某一商品的销售情况，然后根据具体的情况做出相应的对策。

（三）发展趋势

1. 大数据与开放平台

Hadoop、Spark 等开源应用程序已经开始主导大数据领域，且这种趋势将很有可能持续下去。调查发现，截至 2022 年年底，全球范围内 60% 的企业运行 Hadoop，且其使用量每年增长 32.9% 左右。

2. 数据挖掘与可视化分析

2022 年，分别对全球范围内 2 800 名主要从事商业智能工作的专业人士进行调查，结果发现数据的可视化和挖掘成为一个重要趋势。数据挖掘是指对数据及其之间的关联进行分析以及对数据进行可视化展现。因此，可视化模型作为数据的可视化方式将成为一种趋势。另外，许多企业研究历史大数据预测未来行为，为企业发展方向以及定位提供有力支持。

3. 机器学习

机器学习在很多的活动中被应用，如模式识别、欺诈检测、实时广告和医疗保健等。在未来，它会变得更加智能、更加高效。机器学习算法从大量结构化和非结构化数据中学习，如文本、图像、视频、声音、肢体语言和面部表情，为机器开辟了一个新的学习维度，从医疗保健系统到视频游戏和自动驾驶汽车，各种应用机器学习的程序层出不穷。另外，机器学习还可以应用于教育行业、医疗保健、人工智能等。

（四）安全问题

数据随着社会信息化和网络化的快速发展而爆炸式增长，由此大数据时代已经全面开启。大数据时代有很多的机会，但是同时也会迎接各种新的挑战，导致的一些安全问题也是需要我们重视的。大数据主要面临的问题在以下的三个方面。

1. 个人安全受到威胁

如果没有保证大数据的安全，那么极有可能造成大量的用户隐私泄露。很多的网络犯罪分子会通过用户数据对用户的具体情况进行预测。

因为现在对数据的一些处理还不是很规范，所以导致用户对自己信息的主要用途比较模糊，甚至不知道自己的信息是否已泄露，所以大数据安全首先要解决的问题就是用户的隐私问题。与此同时，很多网络犯罪分子为了使数据分析的质量大打折扣会故意伪造一些数据，并且将这些伪造的数据全部混入用户的数据集合当中。例如，当制造公司检测到生产故障的时候，网络犯罪分子侵入系统使得传感器所显示的结果是虚假的，如显示出一些错误的温度。在此之后，用户就收不到真正的预警信号，从而错过挽回损害的最佳时机。

2. 数据来源复杂

大数据安全变得复杂的原因主要是数据来源和数据的相关历史记录相当复杂。由于大数据是一个很庞大的数据集，里面包含了每一个数据项的信息。到目前为止，数据来源仍然是一个非常严重的问题。从安全这一层面进行考虑，数据来源是非常重要的，没有经过改良的数据可能会出现很多的错误，这为收集信息增加了很多困难。与此同时，没有办法对数据源进行跟踪也可能是查找漏洞时的障碍。

3. 缺少安全审计

大数据安全审计的主要作用就是查找漏洞，但是只有部分企业选择对大数据进行审计。由于在对数据进行处理的时候会面临很多问题和挑战，并且审计一般会使得难度更大，因此企业有所顾虑。除此之外，时间、资源和专业人员都是比较缺少的，这让安全审计变得更加难以实现。但并不能由于大数据会产生很多的安全问题就选择放弃大数据，在此之后不和大数据有任何的接触。这时候我们更应该做的是对这些大数据安全问题进行充分的了解，然后尽最大的努力去解决，进而建立一个更加安全的大数据时代。

大数据所拥有的一些优点显然是不能够质疑的，同时，它仍然存在着一些迫切需要解决的问题。有些问题是由大数据的特性导致的，还有一些问题是大数据本身的局限性造成的。现在，对大数据的关注重点主要放在正确理解大数据定义这一问题上，同时还有怎样对数据进行收集处理、怎样才能确保隐私信息的安全等方面。但是我们都知道大数据是具有复杂性的，所以这就导致在解决问题的时候受到了一定程度上的限制，解决这些问题的前提是充分了解大数据的复杂性，这才是最关键的。面对大数据时代的一些挑战和变化，只有通过不断调整和改变才能够让大数据发展得更好。

第三节　市场营销概述

相信每一个火锅爱好者都知道海底捞。在1994年的时候，海底捞还只是街边的一家麻辣烫摊子，截至目前，海底捞已经拥有了150多家分店，并且分布全国，还有一些开在美国、韩国、新加坡这些国家的直营店，这一火锅集团的年营业额已经达到了70多亿元。早在2016年，海底捞的火锅底料业务就在中国香港正式上市。伴随着海底捞的爆火，《海底捞你学不会》这一管理图书也非常热门，里面主要介绍了有关海底捞市场营销的相关经验。

市场营销的核心和成功的秘诀到底是什么？海底捞用实际的行动回答了这一问题，答案就是：把顾客当作导向，尽全力让顾客满意。然而，在海底捞店内没有这些方面的口号之类的东西，对于海底捞工作人员来讲，海底捞就像是他们的家。从营销这一层面来讲，员工其实也是企业的顾客，外部的营销主要是针对顾客，而“内部营销”针对的是员工。不管是内部还是外部营销，都应该贯彻顾客为导向的营销理念，只有贯彻了这一理念，才会让产品更加的优质，让服务变得更加的周到，才能让企业的业绩做到最好。

20世纪以来，美国、英国等多个国家的市场营销发展是非常迅猛的，市场营销理论与学科因此形成。营销的实践与理论的发展是相互影响的，并且具有相互促进的作用。

一、市场营销的产生与发展

（一）交换与贸易：起源阶段（19世纪及以前）

在以前的社会，人类处于一个能够自给自足的一个阶段，那时候并没有很大规模的交易。在那一时期，所谓的市场营销只是把剩余的物品进行物物交换和进行一些简单的交易。直到中世纪，劳动分工才逐渐开始，生产的主要目的就是交易，并且逐渐开始在一些正式或者非正式市场上进行简单的交换，国家和地区之间通过跨空间和时间的交易使得商品能够进行流通，例如我国的茶叶流通到欧洲的途径就是“丝绸之路”。

（二）推销与广告：形成阶段（19世纪末至20世纪初）

在19世纪，工业化促进了大规模生产，让制造业的发展速度变得极快，生产力的逐渐增强为社会提供了丰富的商品，从而导致有的商品供给大于需求，也就是出现供过于求的现象。在 1825 年，欧美爆发了一次大规模的经济危机，其主要特征是“产品过剩”，在此之后，几乎每过十年就会发生一次经济危机，因此企业最担心的问题就是产品过剩，十分重视产品的推销和销售。各大企业逐渐成立了有关的销售部门，招聘销售人员。同时，有的企业甚至还成立了专门研究市场营销的机构，逐渐开始进行一些相对理性的市场营销活动。最早成立商业研究部门的公司是美国柯蒂斯出版公司，这一研究部门是在 1911 年建立的，其部门的工作就是专门研究关于市场营销的一些活动。当时企业开展营销活动的主要手段包括广告、包装、商标等。在 1865 年，美国工商界在广告方面所投入的资金总额就达到 8 万美元，在 1904 年超过了 8 亿美元，直到 1920 年，直接达到了 30 亿美元。

（三）现代营销：发展阶段（20 世纪 30 年代至 80 年代）

市场营销中的发展阶段是指市场营销发展速度最快的一个阶段，历史意义重大，在市场营销实践与理论中产生了深远影响，这一影响一直持续到现在。这一发展阶段主要分为两个时期。第一个时期是在第二次世界大战前，市场的产品供应速度在不断提高，加上需求量的减少，使得社会经济矛盾逐渐变大，这一影响使得世界性的经济危机终于在 1929 年爆发。在 1929 年到 1933 年，由于经济危机的影响，使得大量商品积压，很多企业也相继破产，市场凄惨，失业率直线上升。西方国家的工业生产也受到一定程度影响，使得工业生产直接下降了 37%，世界贸易也减少了将近 60% 的贸易额。现实的残酷使得很多的企业都觉得竞争压力极大，同时也逐渐意识到市场营销活动对于企业的重要性，导致市场营销活动在企业间越来越普及。在危机发生之前，很多企业没有意识到市场营销活动的重要性，只是专注于研究产品本身，直到现在，关注对象逐渐转变为顾客，了解顾客的真实需求，关注市场导向，从而为企业的生产与经营指引方向，让市场营销活动变得更加的频繁。与此同时，有很多的公司在不断创造关于市场营销的手段和技术，如可口可乐、通用电气等公司。第二个时期是第二次世界大战以后，将原本应用在军事方面的一些新技术、新材料、新能源全部转变为民用，使得市场上的新产品不断涌现，供应十足；市场上的消费品质量也在渐渐提高，同时需求者的要求也变得多样化、层次化；商场逐渐成为战场，每个国家都想要将市场进一步扩大，其主要途径是通过竞争新的商业，最后实现市场扩大。随着经济全球化的发展，国际市场营销被美日韩等国家的企业运用和实施。在整个发展阶段，市场细分与定位、营销战略制定、品牌战略、整合营销传播、分销与物流、国际营销、公共关系、关系营销等都是企业采用的营销手段。

（四）数字化营销：发展新阶段（20 世纪 90 年代至今）

自 20 世纪 90 年代以来，企业市场营销的又一次改革主要是互联网数字技术的迅猛发展所带来的。通信技术让我们的生活方式发生了巨大的改变，如沟通、娱乐、购物等。据统计，网民占全世界人口的 44%；全球范围内很多的成年人都在使用智能手机，并且占比还在不断地增加。在很多互联网企业的不断研究与探索下，人类渐渐进入数字化营销时代，社交媒体营销或新媒体营销、移动营销、搜索引擎营销、视频营销、场景营销、病毒营销、大数据营销等都成为企业营销的新利器。

二、市场营销的内涵

（一）市场营销的定义及重要性

许多人认为市场营销是广告和销售。我们每天都被电视广告、报纸广告、网络广告等各种广告包围着。然而，广告和销售仅仅是市场营销的冰山一角。市场营销的种类可以分为两种：一是通过广告、推销、促销，让消费者找到需要的商品；二是根据消费者的需求，生产出他们需要的商品然后销售给他们。营销是企业围绕产品销售所做的一切市场活动的总结，是指企业发现或发掘消费者需求，让消费者了解该产品进而购买该产品的过程。

市场营销又称作市场学、市场行销或行销学。经典商管课程均将市场营销作为对管理者进行管理和教育的重要模块。市场营销是在创造、沟通、传播和交换产品中，为顾客、客户、合作伙伴以及整个社会带来经济价值的活动、过程和体系。营销主要是指企业针对市场开展经营活动、销售行为的过程，即经营销售实现转化的过程。市场营销是一门现代学科，是伴随着市场经济的不断发展、商品的极大丰富以及竞争的日趋激烈而越来越被重视起来的一门学科，“市场营销无用论”是非常错误的一种认识，我国众多高校把“市场营销”作为一门重要的学科就是对这门学科最大的认可。

市场营销似乎任何人都懂，但是又似乎任何人又都不懂，市场营销虽然要求具备一定的理论基础，学好理论知识也很重要，但事实上，真正的市场营销工作又更像一门艺术，其重要的原因在于，真正的市场营销无章可循，因为每家企业的实际情况不一样，资源禀赋也千差万别，其所处的历史阶段以及整体市场条件都存在巨大的差异，没有哪家企业的营销与另一家企业是完全相同的，在这家企业行之有效的营销手段换到另一家企业身上，可能无效甚至会适得其反。因此，市场营销的真正意义在于以扎实的理论依据结合实际工作经验来指导现实中的市场营销相关实践工作和活动。真正的营销方案要有针对性，要量身制作，要因时制宜、因地制宜、因企业制宜，这件事说起来简单，做起来要求操作者具备扎实的理论功底及大量丰富的实践经验，这一点是非常重要的，针对同一件事，营销手段与所作出的判断以及采取的方法可能有所不同。

市场营销活动在企业经营管理过程中的重要性可以简单理解为企业存在的意义就是盈利，企业要想获利就需要面临竞争，企业要解决竞争的相关问题，就必须做好市场营销。市场营销的重要性主要体现在以下两个方面：一方面，市场营销约等同于推销公司；另一方面，也是更加重要的一方面，市场营销就是为了让客户不断认可公司及产品或者品牌，满足客户的需求，不断解决和减少企业与客户之间的分歧。

系统的市场营销工作就是不断完善和修正产品及产品系列，通过准确的产品定位，发掘并塑造产品的卖点并使之不断完善，进而满足潜在消费者的需求，通过符合产品价值及品牌溢价的定价策略，结合一系列的促销活动，选择正确的商业模式和营销渠道、营销策略，让产品最终从生产厂家流通到更多、更广的有需求的潜在消费人群。客户群扩大了，客户对公司更加认可了，客户与公司的关系越发牢固了，公司对客户需求的满足程度及客户服务的能力增强了，市场营销也就成功了，销售也就成功了，当然，企业也就成功了。

（二）市场营销的两个层面

市场营销是科学，也是艺术，从这两个层面看待市场营销，有利于我们更加深刻地理解市场营销的内涵。

1. 市场营销的科学性

市场营销的科学性是指市场营销活动具有客观规律和发展趋势，企业在进行营销的过程中如果把握营销的内在规律，采用规范的营销方法，则能够促进和实现成功营销。经历 100 多年的发展，市场营销学在汲取经济学、行为学、社会学、心理学等学科养分的基础上，形成了具有独特研究领域和研究理论的学科体系。市场营销实践具有一套科学的范式，即从市场环境分析到营销战略制定、策略设计，再到营销执行、组织与控制的市场营销“一条龙”。此外，诸如定位、品牌、消费者行为、关系营销等营销理论是无数营销研究者进行理论和实证研究的结果，具有科学性，能够运用到营销实践中。

2. 市场营销的艺术性

市场营销的艺术性是指企业难以只根据理论和固定模式来进行市场营销，而需要根据具体的市场环境，有策略地、灵活地、有创意地开展营销活动。艺术是不可复制的，艺术一旦能复制，就失去了价值。而科学恰恰相反，科学能够不断复制。由于市场营销面对的是复杂的消费者心理和行为，其外部的营销环境也是复杂多变的，这种多样化、差异化、动态化决定了市场营销的艺术性。可以打这样一个比方：营销资源为颜料，市场为画布，营销方法为画笔，营销者是画家。“万物之妙，从乎一心”，能够画出多美的图画，在于营销者自如驾驭颜料、画布和画笔的才华。孙子曾经说，兵无常势，水无常形，这句话同样适用于营销。在当今复杂多变的市场环境下，营销者如果僵化、机械，不具备灵活性、应变性、适应性，必将出现失误。

此外，市场营销的艺术性要求营销者有创意地设计营销策略，尤其是在促销策略方面。因而营销者需要具有丰富的想象力和发散性思维，能够从不同角度、方向思考；具有敏锐的洞察力，善于观察市场动态和消费者行为特征；具有积极的求异性，不易于盲从，在促销等营销活动中勇于创新。在营销实践中越具有艺术性、创意性的营销实践其营销效果越好。

（三）市场营销的关键点

1. 紧盯市场

市场营销的前提就是紧盯市场上的客户，最大限度地捕捉用户当前和潜在的对产品的期望。注意不是仅仅捕捉到用户的需求，而是对用户需求下的期望进行细化，包括用户期望在什么样的时间、在什么样的地点、在什么样的费用下获得满足。

2. 企业有效运营

需要保证企业的有效运营，以支撑从市场需求到用户体验的价值传递。

3. 超越竞争对手

在同一时间有很多个企业可以满足用户期望，所以需要考虑怎样超越其他竞争对手满足用户期望。

用户期望是分级的，在多大程度上满足用户期望，以及在多大程度上超越用户期望，也是争取客户时需要重点考虑之处。

三、高效市场营销的具体方法

（一）抓住用户

作为一家企业，设备、技术、人才都可以通过金钱获得，唯有用户资源无法买到，由于用户价值无可替代的重要性，要获得用户的资源，经营者必须不断为用户提供价值，在用户获得价值的过程中企业自身也获得了价值。维护用户的利益就等于维护企业本身的利益，如何帮助用户解决问题，满足用户的需要，是企业不变的核心理念。

为此，企业的经营者第一应该关注的是用户真正需要什么产品，包括当前的需求和潜在的需求。“旱则资舟，水则资车”就是指捕捉用户的潜在需求。无论是当前需求还是潜在需求，必须细化到可以与产品的特性相关联。在对用户需求的关注中，重点要关注普遍需求和稀缺需求，这两种需求最能创造价值。产品开发之前的产品调研分为市场需求调研和技术先进性调研。市场需求调研不单要面向最终用户，更要面向经销商和销售人员。产品生产力求最短时间、最低成本、最高质量地将用户需求的产品生产出来。产品销售重点在于了解用户需求与产品的匹配度，重点向用户推介超越竞争对手的产品。产品销售之后要做到质量零缺陷、使用零烦恼、服务零抱怨，创造感动营销。世界上并不一定有十全十美的产品，但一定能通过百分之百的服务让用户满意。

（二）了解竞争对手

企业的竞争最直接的体现是产品的竞争。知己知彼，百战不殆。要在商战中获得优势和胜利，了解对手是十分重要的。

虽然企业的竞争会反映在整个企业系统中，如果从整个企业体系入手进行调研，无论是从调研的难度和时间上，都很难系统和全方位地了解竞争对手。由于企业的产品是企业系统化的产物，而且又便于分析。所以，我们可以从对产品的体验和研究出发，做到“知彼”。对竞争对手产品的体验和研究又可以反过来与自己的产品和体系对比，找到自己产品和整个企业体系有待提升之处。对竞品的体验和研究可建立一个“竞品体验研究馆”，主要用于开发部门的体验和研究，也用于其他部门的研究。按当前销量前十、销量增长前十、市场好评前十进行分类管理。再按整个产品和部件分别进行展示、体验和研究。研究整个产品和部件的优点和缺点，从而总结出对待开发产品要求和目标。对整个产品进行体验和研究主要是研究性能指标、功能、功能实现方式；对部件的研究主要是研究结构、材料等方面。如手机、汽车、电子产品、软件都可以采用这种竞品体验研究。为了保证紧贴市场趋势，竞品要根据产品的生命周期来制定，一般而言至少每年要更新一次。

（三）注重产品本身

市场营销的根本是超出竞争对手的服务，达到用户期望。所以，市场营销的根本是产品，如何保证产品本身能最大限度超出竞争对手的服务达到用户期望，是企业首要关注的。

（四）注重传播价值

虽然销售的根本是产品的性价比，但销售的核心却是宣传。组织销售、促销、广告和其他推广工作，以使该供应品为市场所知。营销过程始于产品以前，继续于产品开发之中，在产品销售之后还应延续。

企业的宣传不应局限于产品的广告，而应该注重品牌的推广。因此，应将企业的各个方面通过大众媒体、公共媒体展示出来。如企业从上到下各部门员工的敬业状态，企业的工作场所与生产场地的整洁、工作流程的规范与高效，企业顾客的满意与忠诚。对企业员工敬业的宣传还对员工的工作状态起到重要的推动作用。

（五）建立品牌

品牌是对服务信任的表现。品牌有以下三大作用。第一，对于行业而言，品牌能够成为购物标准。最常见到的市场标准是价格标准：消费者完全依赖价格来决定是否购买。而一个品牌提供的是可靠性和质量的保证。为此消费者非常理性地做出支付额外费用的准备。品牌不仅简化了选择、保证了质量，而且还带来了乐趣。第二，对于消费者而言，品牌是公司寻求建立和维护消费者忠诚的工具，因为做到这些通常需要高昂的广告投入和优良的市场营销。对于企业来说，拥有一个忠实的客户群在很大程度上是由品牌力度决定的，要在持久的时间内保持比较大的客户群必须有品牌。第三，对于内部员工而言，品牌可用来凝聚员工和指导公司的基本战略，确定种种举措是否符合公司的理念。

第四节　市场营销理念的演变

一、市场营销理念的含义

每个人行动的背后都隐含着指导其行动的哲学，包括世界观、价值观等，企业亦然。换个角度，无论企业是否意识到，每个企业的战略、策略，甚至是每个具体的管理决策和行动都在一定程度上反映出这个企业深层的经营管理哲学。企业哲学可能源自企业主要领导者（特别是创业者）的个人哲学，也可能源自企业在长年经营管理中所沉淀的文化。我们将潜在地指导或影响企业营销活动的哲学观念、思想和态度称为市场营销理念或市场营销观念、市场营销导向。

市场营销理念是企业做好营销实践最应当关注的问题。市场营销理念的意义在于，促使一切营销活动在某种适合企业盈利目标和外部环境要求的思想观念的指导下进行。市场营销理念是属于组织文化层面的战略性问题，对企业营销成败和持续发展具有全局性和方向性的影响。从这个意义上说，市场营销理念既是指导营销的思想，又是协调企业、顾客和社会关系的准则，还是贯穿和统领各项营销活动的总纲。

就企业和环境之间存在的历史和辩证关系而言，市场营销理念是对营销环境变化的反应，是关于环境中主导因素的基本对策。当营销环境的变化程度不大、环境的主导因素处于稳定状态时，市场营销理念基本上可以延续；当营销环境发生较大的变化、环境的主导因素出现根本改变时，市场营销理念将更新并做必要的调整，否则，整个营销活动和营销环境将难以实现动态适应与和谐匹配。

由于历史上企业市场营销发展存在客观的局限性，现代市场营销理念更加适合现代企业，因而我们将种类繁多的市场营销理念分成传统市场营销理念和现代市场营销理念两大类。传统市场营销理念以企业内部要素为中心、为导向，现代市场营销理念以企业外部要素为中心、为导向。传统市场营销理念包括生产理念、产品理念、推销理念；现代市场营销理念包括营销理念、社会营销理念、关系营销理念和全面营销理念。各种组织和企业无不在某一营销理念的指导下从事营销活动。

但是，传统的市场营销理念并没有完全过时，在特定的市场条件下仍然行之有效。例如，在生产理念的指导下，通过低廉的劳动力成本、较高的生产效率和有效的大众分销，在竞争激烈、价格敏感的市场上占据较大份额。推销理念现在仍然被大量用于推销那些非渴求商品。非渴求商品是指购买者一般不会想到要去购买的商品，如保险、百科全书和墓地。在一些非营利领域，如大学招生、募捐和党派竞选等，以及许多公司在产品过剩时，通常也采用推销理念。

二、传统市场营销理念

营销就是要能够与目标顾客建立有价值的关系，但是顾客、企业和社会三者间的利益通常是矛盾的，如何来体现这种价值，来平衡顾客、企业和社会之间的利益呢，这就需要一种具体的营销指导理念了。

（一）生产理念

生产理念是最原始的一种营销理念，就是低买高卖，以提供产品的方式来赚取利差。生产理念认为，经营的重心就是掌握生产和分销能力。这种方式现在依然普遍存在，它主要体现在劳动密集型领域。

（二）产品理念

产品理念的核心就是“产品为王”，认为只要向消费者提供高质量、高性能的产品，消费者就一定会“买单”。这种理念纯粹是站在自己的角度来看市场的，它忽略了消费者的具体的、真实的需求。

（三）推销理念

因为同质化竞争的激烈，随后催生的“推销理念”认为，如果不进行大规模的推销，消费者不会购买足够多的产品。例如现在常见的电销、地推、网销，都是以“主动出击”的方式去获取市场。这种方式的弊端是，它更在乎的是销售结果，是一种短频快的动作，而不是和顾客建立长久、有价值的联系，并持续为他们提供高价值。

（四）市场营销理念

市场营销理念与推销理念的区别在于，市场营销理念认为，企业的经营目标关键应该是比竞争对手更好地理解顾客的需要和欲望，以顾客导向和创造价值为宗旨，让顾客感到满意。这是典型的“用户思维”，也是主流观点所倡导的——企业存在的理由就是为顾客提供价值。

（五）社会营销理念

社会营销理念是在市场营销理念上的再一次升级。市场营销理念关注的对象主要是市场和顾客，也只需要协调好彼此两者之间的利益。但企业在经营过程中，可能还会对社会带来一定程度的影响。

社会营销认为公司制定的战略应该平衡公司利润、顾客欲望和社会利益。

支付宝就是最好的例子。它给消费者提供了更便捷的金融服务，自己收获了巨大的利润，支付宝页面内的蚂蚁森林、养小鸡等小游戏还为社会和整个人类都创造了巨大的福利。从生产、产品、推销、市场营销到社会营销，维度在不断升级。

从最开始的只关注企业功能有什么，能提供什么，到后面的关注顾客想要什么，再到能为社会提供什么。当惠及的层面和广度不断递进时，责任和能力也不断提升。能力越大，最后获得的利润也就更可观。而营销的方向也就是一个不断往高维度进化的过程。

三、现代市场营销理念

（一）营销理念

营销理念认为，实现组织诸目标的关键在于正确确定目标市场的需要和欲望，并且比竞争对手更有效、更有力地传送目标市场所期望获得的东西。营销理念也被称为市场理念 / 导向、顾客理念 / 导向。

在这种理念下，企业十分重视市场调查研究，收集每个顾客的历史交易资料以及人文、心理、媒体和购买偏好等方面的信息，在消费者的动态变化中不断发现那些尚未得到满足的市场需求，并集中企业的一切资源和力量，千方百计地去适应和满足这种需求，以期在顾客满意的过程中不断扩大市场销售，长久地获得较为丰厚的利润。企业考虑问题的逻辑顺序不是从既有的生产出发，不是以现有的产品去寻找或吸引顾客，而是从市场上的消费需求出发，按照目标市场的需要与欲望，比竞争者更有效、更优秀地组织生产与销售。在互联网时代，企业必须意识到一个事实，那就是客户的文化程度普遍提高，他们可以利用互联网等工具对他们所要购买的商品进行精挑细选、比对价格、查看其他顾客的点评。客户已经取代生产商、分销商成为强势的一方。因此，营销者应该意识到，营销活动的中心是购买者而不是销售者。

营销理念与推销理念相比有根本的不同。推销理念注重卖方需要，营销理念则注重买方需要。推销理念以卖方需要为出发点，依靠单一的推销和促销手段，考虑如何把产品变成现金，实现获得利润的目的；而营销理念考虑如何通过提高产品价值、服务水平、分销物流以及传播促销来创造和传递产品，从而使顾客满意并获得利润。

营销理念是如此重要，那么，如何在企业和组织中确立营销导向呢？

1. 明确目标市场

在市场上，一个营销机构很难做到使每一位顾客都满意。根据顾客所喜欢或需要的产品和营销组合的不同，营销者可以把他们分成具有明显特征的消费群体，进而为每个目标市场制定适当的营销方案。目标市场（target market）是企业营销活动所要满足的有相似需要的消费者群。也就是企业在细分出来的若干子市场中，根据自身的资源和技术情况、管理水平和竞争状况，选择的对自己最有利的决定进入的市场。今天的市场由不通过网络购买的传统顾客、通过网络购买的网络顾客和两种方式都使用的混合顾客组成。其中，许多顾客是混合型的。他们逛传统的商店，喜欢亲手摸摸布料、闻闻香水，并且和营业员打交道，但他们又往往在网上购物。所以，公司要重新考虑和制定营销战略，同时使用在线和离线两种方式以迎合这些混合型顾客。

2. 洞察顾客需求

首先，要对顾客明确表示的需求做市场调研、数据分析，而后根据顾客需求（customer demand）创造产品、开展营销。更重要的是，要对顾客没有明确表示出的需求进行洞察并开展营销。因为，在很多情况下，顾客并不清楚自己到底想要什么。例如，亨利·福特曾说过，如果我问人们想要什么，他们会说跑得更快的马，而不是汽车。乔布斯也声称自己从不做市场调研，因为没有顾客清楚想要什么样的智能手机。因此，存在三种类型的营销：响应营销、预知营销与创造营销。响应营销（responsive marketing）是寻找已存在的需求并满足它，大部分的消费品营销属于此类型；预知营销（anticipative marketing）是在顾客已有的需求基础上预测顾客下一步的需求并开展营销，比如过去的随身听、录像机，现在的智能手机、智能家居等产品的营销；而创造营销（creative marketing）是发现和满足顾客没有提出的，但他们会热烈响应的需求，比如过去的 Windows 计算机操作系统，现在的无人驾驶汽车、智能穿戴等产品的营销。预知营销和创造营销都要求营销者比顾客更好地理解顾客的需求，并创造产品和服务以满足顾客的潜在需求。

3. 实施整合营销

整合营销（integrated marketing）是指企业以顾客为中心，整合企业内外部所有资源，使所有的营销手段、企业部门都为顾客提供协调一致的服务，以提高顾客服务水平和满意程度。整合营销包括两方面的含义：一方面是综合使用各种市场营销的战略和策略，如市场调研、产品设计、服务营销、品牌营销、渠道管理等，而不仅仅是推销、广告及促销。这些营销职能必须从营销理念、顾客导向出发，彼此协调。另一方面是营销必须使公司其他部门，如研发部、生产部、财务部等，也接受营销理念，从顾客的角度出发开展工作。

（二）社会营销理念

社会营销理念（societal marketing concept）认为，企业提供产品，不仅要盈利并满足顾客需求，而且要符合顾客和社会的长远利益，企业要关心和增进全社会的福利和进步。

社会营销理念逐步为企业所接受有两个原因：第一，20 世纪 70 年代以来，社会对于环境保护和健康消费日益重视，这使得政府政策对有损社会利益的生产行为和消费行为的约束越来越严，从而迫使企业不得不通过树立良好的社会形象和主动协调各方面的关系来改善自己的经营环境。第二，企业认识到，如果在其经营活动中不顾社会利益，造成社会利益受损，就会面临社会公众和舆论的压力，从而影响企业进一步发展。因而，社会营销理念要求营销者在营销活动中考虑社会和道德问题。营销者必须平衡与评判公司利润、消费者需要和社会利益三个方面的关系。沃尔玛、通用电气、可口可乐、强生等许多公司都在实践社会营销理念、承担社会责任，这对品牌形象树立和长期营业额增长起到促进作用。

（三）关联营销理念

随着现在电商平台的发展越来越成熟，千人千面算法实行，我们会发现现在想获取流量是越来越能难了。因为消费者的时间是有限的，所以如何吸引消费者进店消费，从而提高自己店内的客单价就成了卖家们最头疼的问题。虽然高价格可以提高客单价，但也会对我们的转化率造成影响，甚至会造成转化率严重下滑，这是所有卖家们最不愿看到的。那么，如何去提高我们的客单价是值得重视的问题。

首先就要从消费者购买产品的件数入手，消费者在我们店内购买的件数越多，我们的客单价也就提升得越快。这里面就涉及提高客单价的方法——关联销售，也许会有很多企业在做关联销售的内容。但是效果却不是很理想。很多买家都在装修详情页的时候，在页面放上很多一些自己认为接近的产品，但是关联销售并没那么简单，一定要精准，例如页面杂乱不堪，看得用户眼花缭乱眼睛疲劳，往往会直接关掉页面。所以很多卖家在关联销售的理解上出现了问题，认为让消费者多买，但事实上却总是事与愿违，而且正是因为有这样的理解，所以在做关联销售的时候，很难让人惊艳的创意或效果。那么为什么我们要做关联销售呢？取决于三个要素：转化率、客单价、流量。

提高店铺转化率，关联企业的利润款，对比出它更好，让利润最大化，或关联爆款。销售是有层次的，你要把贵的商品和便宜的商品要能区分开，不能便宜的和贵的都是一个样。贵的一定要有贵的理由，虽然很多情况下只是原料成本问题。现在依然是后爆款时代，爆款还是最重要的引流武器，那么你需要让消费者尽可能地去买你想要卖的东西。

能够帮助企业提高客单价，要想办法留住消费者，比如满减送、满赠（尽量去送一些消费者用得到的东西）、多买优惠。

举个例子：如果客户买了一个拉杆箱，然后客服又去推另一个拉杆箱，用户会买的关联商品，绝对不是洗面奶。但如果是商品福利，买一个箱子推荐收纳盒，放鞋子专用的，省得弄脏箱子衣服。要不要来一个旅行套盒，连外出晒内裤的小钩子都给你备好了，还有相机防水袋，迷你折叠雨伞等。如果你还不想要，那么买一套箱贴吧，让你的箱子与众不同，买箱贴送一个旅行牙刷。所以，记得一句话，买大推小，推送能配合的东西。这就需要去丰富你的产品线，让你的产品线中有所谓的客单价款、套餐款。专门为了跟你的爆款去搭配，去做套餐，去销售的。

很多时候，做关联销售也要学会站在客户的角度去思考问题，一个买床的人，大部分都是家里要装修新家，他应该需要全套家具，甚至他需要两张床。但是买床垫的话就不好说了，那么关联销售就是买一大一小套餐床，价格减半。其实说是在营销，更多的是在帮消费者解决购物难题。

防止客户跳失率增加。分析客户的流失原因，总结几个理由：价格高了或低了，看到一些小瑕疵，尺寸不合适。

关联销售，按需求推送。其实很简单。举个例子，例如消费者家里装修，他一开始只想买个普通的灯管，当他看到你的推荐中还有开关、插座这些电灯有关的产品时，也会顺手买的，能够直接提升企业的销售额度。

那么如何选择关联销售的商品对于关联商品的选择，很多卖家或许还没引起重视，认为只要店铺里的有商品直接放上去，证明我也有做关联销售。这样做的效果很明显，大多数情况，这种关联销售的方式是没有任何效果的。这里企业该用什么样的商品去做关联销售十分重要。

1. 选择同一价格档次上的

产品价格档次的选择取决于目标人群的标签选择。想要知道你所关联的是不是同一价格区间、同一类目下的商品，只要搜索核心关键词就可以看到价格区间了。举个例子，如果你的店铺中既出售连衣裙，又出售女鞋，而你此时要做关联销售的不是同一类型的产品，如你想让买家在购买“连衣裙”的时候搭配上“高跟鞋”，那么此时你要看进店产品是处于哪个价格区间的，然后再搭配上在相对应价格区间上的产品。

当你搜索“男休闲鞋”时，你的进店产品刚好是在53～159元这个价格区间中，属于第三个价格区间；而当你再搜索“男休闲鞋”时，看第三个价格区间是怎样的价格。那么我们就取第三个价格区间中跟我们的产品价格较为接近价格的商品设置为关联商品。需要注意的是，绝大多数情况下，价格区间是有五档，个别情况下会出现四档的情况。而当我们搜索结果是四档的时候，你可以将即将关联的产品中五档的最后两挡合并为一档进行综合判断。

2. 同类商品关联同种风格

同类商品关联同种风格，但细节不同。这点是很多卖家会忽略的，认为同样的都是连衣裙，那我就将店中所有的连衣裙做关联就好了。其实这种做法是万万不可取的。举个例子，如果你店铺中的引流款是一件中式连衣裙，那么说明进来你店铺中的消费者是喜欢中式风格的服装，但是你此时关联了一批韩式连衣裙，消费者并不会买账，在这样的前提下，如果关联的是同类商品的话，在详情页的前端，你可以关联一些细节差距比较小的商品，因为消费者在线上购物主要是通过关键词搜索来找到自己喜欢的商品，在第一时间能关注到自己喜欢的商品，能大大促进成交；如果你把关联商品放在了详情页的尾端，那么你就可以关联一些细节差距比较大的商品，因为消费者浏览后发现商品不符合自己的需求，如果发现有其他更好的产品，也不介意多停留，这样可以减少店铺流失率。

3. 搭配关联或者互补关联

你平时在网络上购物时有没有过这样的经历：你想买一件上衣，经过一番搜索后发现自己喜欢的宝贝，点击进去，觉得不错，准备下手。刚好你觉得衣柜里面确实可以搭配这件上衣的其他服饰，你在浏览详情页发现这套衣服有其他可以搭配的服饰，价格什么的都可以接受，于是你就一整套都买下来。这就是搭配关联。

选择好要关联的商品后，接下来就是关联商品到底要关联多少能够满足客户需求又不会让消费者反感。消费关联并不是关联得越多越好，当然也不可能是越少越好。这个是要根据店铺的类目和实际情况而定的。

如果你是服饰等类目的，我们做关联的目的是让消费者有选择的余地，增加停留店铺的时间，这时我们可以关联 2 ～ 3 行，每行关联的商品不超过四个，总数不能超过九个。

而如果是准备做捆绑销售的，一般设置为 2 ～ 4 个商品就好，当设置为五个或五个以上商品时，消费者没有耐心再浏览更多商品，继而转化的可能性会大幅度降低，对提高客单价是没有任何帮助的。

做搭配关联时，要注意你搭配的数量最好不要超过两个款，太多了的推荐是没有什么意义，反而可能会让消费者觉得反感。

提到关联，相信很多人还停留在这种观念中：就是把产品用罗列的方式摆放在那里，这种关联也叫作陈列式关联。然而这种罗列方式在很大程度上取决于你摆放时的逻辑性。如果逻辑性好的话，不管是客单价的提高，还是转化率的提高都有帮助，如果没有什么逻辑性的话，那基本就是白费功夫了。

还有一种是搭配关联，就是将多个在相关情景中可以使用的产品放在一块进行推荐，此时你要做的就是设置一个场景，因为搭配只有在一定场景中才能显示出效果，激发消费者购买欲望。例如你家中装修要购买家具，此时你已经选购了沙发，而在沙发的详情页中你看到有电视柜、床，座椅等关联推荐，并且这些都符合你的装修风格，于是就愉快下单购买。从这个场景可以看出，当我们将相关产品在一定场景下进行搭配关联，能大大增加成交率，从而提高客单价。

（四）市场营销三种构成方式

市场营销是将技术创新成果运用现有营销模式为消费者创造价值；市场营销是结合现有产品，运用创新的营销模式，为消费者创造价值；市场营销是更新或全新的产品运用创新营销模式，为消费者创造价值。好的营销要回归，要创造价值，要带给消费者情感感受，要与品牌建立的联系，还要理解顾客价值、创造顾客价值、传递顾客价值。

要把市场营销做好，必须做好市场营销系统里的每一个细节。以直播行业举例：随着抖音、快手等兴起，直播已成为不少商家市场营销的标配，直播要满足消费者的需求，以多种促销形式激发消费者下单购买的欲望。市场营销在直播领域的应用就是——通过直播，满足消费者随时随地购物的需求。那从市场营销角度来看，直播面临的挑战要摆脱传统思维，摆正直播带货的位置。要通过打造品牌营销矩阵，降低营销成本，快速引流获客。要清楚直播平台的特点。根据不同平台特点，企业需要分析直播平台的各个属性，打造企业品牌。企业通过不同的营销模式，输出优质的内容。

要做好市场营销，要结合自身的产品和用户来选品。选择合适产品做直播带货，实现产品销量。市场营销在直播方面的应用，就是让用户在直播中感知产品价值。市场营销通过激发消费者下单欲望，以简洁方式，发挥着调研、营销、传播的作用。市场营销的核心是高价溢价法则 + 优质产品原则 + 热情体贴的服务体验。

以星巴克的市场营销为例。星巴克在高价溢价法则上的应用：一杯星巴克的咖啡 38 元，是产品的价值吗？不，是品牌的价值。试想一下：你作为一个白领，在上班的路上买了一杯 38 元的星巴克的咖啡，购买的是星巴克咖啡带给你的标签：精英，高品位。这就是星巴克敢把咖啡高出本身价值的原因。星巴克在优质产品原则上的应用：星巴克不断为产品推陈出新，它推出碎冰打成的卡布其诺，让更多的人爱上冰品咖啡；它开发冰激凌，满足夏季解暑需求，它随着不同节假日，推出不同产品与周边商品，就是满足顾客多样化的需求。星巴克在热情体贴的服务体验上应用：星巴克的员工都接受过专业的培训，每位员工都培训学习过咖啡的知识、口感等，以便随时回答顾客的提问。星巴克的员工要懂销售、懂产品、懂咖啡，星巴克设立有顾客意见反馈卡，及时收集消费者的反馈信息，并以此给每一位到星巴克消费的顾客良好的消费体验。

第五节　互联网时代的营销机遇与挑战

企业所处的时代正发生着前所未有的变化和革新。在这一部分，我们将分析给市场营销领域，特别是中国企业的市场营销带来深刻变革的力量、机遇与挑战，即互联网时代的营销创新、社会营销的大趋势、经济新常态的挑战。其中互联网时代的营销创新重点讲解数字化营销的驱动力和社交媒体营销。

一、互联网时代的营销创新

（一）数字化营销的驱动力

数字化生活中，数字营销成为时下常态，企业如何把握数字营销将成为未来其占据市场的关键。商业营销模式在时刻更新，企业常规的营销模式都是厂家根据自己的主观判断，不断地生产产品，然后将产品通过层层分销平台，一步步地走上市场。最终可能会出现这类现象，产品所解决的需求不是当地所需要的，或需求没有那么强烈。在这样的情况下，我们经常会看到某些店面开展一些“大促销”等广告标语。这种做法，一方面扰乱了原有的市场格局，另一方面也不利于企业自身的发展。

在这样的情况下，数字营销应运而生。准确地把握群众需求，按照不同的需求强度，有计划地生产商品，这些都是数字营销所带来的好处。群众需求数字化/群众行为数字化/群众地域差异数字化，当一切数据都数字化之后，我们会发现，这个市场的“谎言”彻底消失。数字营销指的是运用数字传播的渠道来推广产品和服务的实践活动，以一种及时、相关、定制化和节省成本的方式与消费者进行沟通。在很多场景里，数字化营销也被人称为线上营销、网络营销等。但数字营销的范围要更加广泛，还包括了很多其他不需要互联网的沟通渠道。这些年，数字营销已经成为企业市场营销的重要手段。“互联网+”时代，数字营销繁花锦簇，欣欣向荣。

在互联网快速发展情况下，数字化营销正影响和改变整个营销市场。当今社会，热点已经成为当下企业获取关注的重要途径，也是数字营销最重要的价值体现。数字营销展现的形式多种多样，短视频/精彩的内容文案/创意广告/创意线上活动等，都可以成为数字营销的重要体现形式。在过去，这些企业将数字营销发挥到了极致。

可口可乐：可口可乐瓶身营销升级，用虚拟技术探寻城市秘密。麦当劳：麦当劳为推广粥品类，推出“粥语碗”。喜茶：喜茶与表情包跨界带来“套头挑战”。农夫山泉：农夫山泉发布“最美广告片”。肯德基：肯德基推出18家“国宝主题餐厅”，一起穿越历史。

抖音：抖音第一届文物大会，让文物动起来。快手：你的小生活都是值得记录的大事件。

宝沃汽车：宝沃汽车BX7德国环游记。广汽丰田：丰田致力享受方言语音互动，玩转智能品牌营销。玛莎拉蒂：如何驾驭“人工智能+数据”，开启全新奇幻营销之旅。

各行各业，数字营销都占据相当大的营销比重。不可否认的是，在“互联网+”时代，各行业企业对数字营销的运用，如今真是繁花锦簇，一片欣欣向荣的态势。

时势造英雄，在数字化时代下，会造就一批最适合相应时代的事物，或具有时代特色的事物。为此，让我们来一起盘点一下，数字时代具有哪些特色组成。

数字营销大环境下构成的四种模式如下。

1. 公关：互联网时代下的数字营销，为公关提供了更为广大的战场

数字营销下的公关主要讲究公关策略的制定。那些拥有丰富数据的公司，在这方面具有得天独厚的优势。首先，已经熟悉的本土的市场环境。其次，丰富的时间积累，让企业拥有着其他企业不曾拥有的人脉。最后，在这个时代，数字营销的产生为他们提供了最丰富的利益来源。在数字化时代的冲击下，传统的公关模式受到了极大的压迫。传统的公关公司在这样的情况下，如果不改变自身的经营策略，快速吸收和培训相关的数字营销人才，后续公司的发展不容乐观。如今在整个公关行业里面，数字营销的人才属于非常匮乏的存在。很多的公关公司在数字化时代下口中喊着要制定数字时代特色发展战略，实行全面的改革，实际上，只不过将以前的“老一套”照搬到“线上”而已，内容上并没有本质的提升，这种“老酒换新瓶”的方式无法支撑企业在这个时代脱颖而出。

2. 广告：单方面的内容输出，终将被时代所抛弃

数字化广告，改变的是整个广告行业。在数字化广告环境下，最具有特色的便是互动型广告。随着网络广告的兴起，广告公司的格局发生了巨大的改变，互动型广告成了时下广告界重要组成部分。在互联网时代，平台用户数量的积累是决定广告招商价值的重要体现，如今的广告行业已经呈现裂变式扩散。虽然流量决定了广告的价值（流量也是数字化时代的产物），但不同平台都具有不同的特色，所吸引的用户也是不尽相同的。在广告界有这样的一句话，“广告费用一般都是使用一半，浪费一半”，许多企业为了未浪费的那一半而费尽心思。在这样的基础上，确定市场受众，定向投放特色用户的广告推广方式，数字营销让这一切都成为可能。

数字营销让信息的传播变得更加的便捷，用户与企业之间的互动已经成为时下最为流行的广告传播方式。曾经百雀羚一则神广告《与时间为敌》在母亲节刷爆朋友圈和微博，在很短的时间内，访问量便破亿。这则一镜到底的漫画式广告成为群众那时口中的谈资。也让百雀羚在群众面前产生了巨大的曝光，加深群众对品牌的印象，积累信任度。

3. 网络：海内存知己，天涯若比邻

如今，网络将全球所有的国家组合成为一个整体。群众可以在任何时候、任何地方去了解全国任何地方的现状，当然，前提是要有网络。网络已经扎根在我们的日常生活中，群众已经离不开网络。因此，在这样庞大的环境下，也造就出一些特别的人群。首先，在网络上，企业想要推广自己的产品或品牌，那么网络推广人便应运而生。帮助企业获得更高的产品排名成为他们的工作。企业在获得排名的同时，向推广人支付相应的报酬，这是双赢的局面。在市场竞争逐渐扩大之后，占据市场排名已经成为所有企业共识，这时候，推广市场的竞争也在逐渐加大。所谓有市场的地方就有竞争这一点从未改变。

其次，网红是数字化时代的幸运儿，让这些本来和所有大众一样努力拼搏的人，突然一步登天，享受到巨大关注，赚取他们之前无法想象的金钱。这是数字营销的红利。但总有那么一群人，不辞辛苦地创造内容，然后通过快速的网络环境完成传播。他们总是希望用自己独到的眼光创造出来的内容，能够被广大的群众所熟知。随后便可以积累用户，获取利润。当然更有甚者，为帮助某些别有用心的人达成不为人知的目的，传播一些有失公正的内容，在这样的市场环境下，也是常有的事情。当然，这个群体往往都是代表个人，所受到的牵扯也不会太广泛。

例如人们都具有从众心理，在这样的心理下，人们的某些想法特别容易受到干扰。因为大家都会觉得“大部分都这样想，那就不会有问题，就算有问题，也有这么多人一起”。随着网络环境的净化，群众见多识广之后，低级的网络水军所能造成的影响力是非常有限的。在这样的情况下，网络水军专业化、大众化、干货化已经成为必然的趋势。这种情况下，使得网络水军这个群体开始有组织，有条理，协同作战，很多时候能够迸发出超乎所有人想象的力量。从公关、广告、网络、水军四大流派的介绍，我们不难发现，传统的营销手段在新时代下正渐渐地失去统治力，新的营销模式正在逐渐崛起。另外群众注意力的匮乏和碎片化记忆的形式无一不是在为企业营销增加难度。营销套路和手段已经逐渐淡出了企业营销的视野，新生代“内容为王”，已成为所有营销行业的第一要素。

4. 内容为王：拥有灵魂的内容，是营销第一驱动力

内容营销一直都是数字营销活动的核心。优质的内容在整个营销活动中具有穿透力，是营销活动体现价值的重要保障。通过创意内容完成数字传播，在数字化时代已经越来越受到重视。

全球互联网及通信技术的迅猛发展，一方面提升了生活质量，提高了经济与社会的发达程度；另一方面，给企业经营管理，以及市场营销的理念、战略、策略与组织模式等带来强大的冲击与挑战。柯达、摩托罗拉、诺基亚等昔日辉煌的企业都是在这场跨时代的冲击下营销失败的例子，传统报纸和书店、音像店、百货店等经营惨淡或倒闭的例子比比皆是。但是，近年来，国内对“互联网+”战略质疑的声音也不少，他们强调传统制造业的重要性，认为互联网就是工具、载体。从营销的角度讲，互联网带来的冲击和挑战是革命性的，是由数字化营销驱动的。数字化时代，随着群众注意力的匮乏和记忆“碎片化”，优质的内容将成为这个时代营销成功的根本。

（二）社交媒体营销的发展趋势

社交媒体的重要性有比较明确的认识。现在无须服务商们多费唇舌，品牌主就会自发地考虑如何进行这部分的战略规划，过去被认为可有可无的社交网络俨然已成市场营销标配。那么，未来的社交网络营销会有哪些发展趋势。从泛社交到社群化泛社交，网站流量的大幅下滑有目共睹，在经历了微博等大众社交的繁华之后，人们最渴望的还是小范围的和亲戚朋友等亲密的人之间的沟通。就如行业内的预测，下一个社交网络的大趋势将是在小群体内分享。

现在我们以应用来区分社交平台，未来则以社群的属性进行分类。人们将按照兴趣爱好等标签组建自己的社交关系，就某个话题与有着共同语言的其他网友深入交流，形成一个个的群落。

基于此，垂直类行业开始出现社交性。中介性行业会优先发生这样的变化，例如保险、猎头、房屋中介等。以提供房地产租售信息服务的安居客为例，它不仅充当着信息的发布渠道，还提供了一块互动园地。接下来中介公司可能会在上面开设自己的“淘宝小店”，方便与租客沟通，中介之间业分享信息。

自媒体也将复制这一趋势。以前大家觉得，自媒体的内容是信息，现在惊觉，粉丝才是他们的真正内容。在自媒体人的核心号召下，他的追随者们被圈在一起，组成一个社群。

与大众社交相比，这些小众的社群虽然规模不大，但用户黏度高，商业效果也更强。如果未来他们之间形成强烈的情感纽带，就可以共同完成一些事情，例如策划一次不同寻常的旅行、定制一只社群专属的手机等。

1. 技术带来营销革命

基于社交网络的技术的快速发展是未来最明确的趋势。这包括三个层面：

新社交平台的出现、现有社交平台的完善和周边技术手段的创新。

2006年起博客、论坛、开心网、人人网、微博一众应用的更新迭代潮起潮落，毫无疑问，继眼下当红的微信之后，还会出现更加先进的平台。市场营销人员务必擦亮眼睛，保持敏锐的嗅觉。

现有的社交平台则会逐步改进。以微信来说，公众平台新版公测，开放语音识别等九大高级接口，允许更多第三方资源的介入。这个举动刷新了人们对微信的认识——原来大家觉得它可以做客户关系管理，现在能做的事情更多了。比如把微信变成控制智能家居的中枢平台，用来支付的小型POS机、地图导航……唯有平台方以融合的心态面对开发者，社交网络营销才能越发蓬勃兴盛。

技术服务也将在未来大放异彩。大数据的作用慢慢落地，社交网络营销正从传统的野蛮刷粉、大号代转向基于数据的精细化运营转变。

相关企业正致力于开发一款打通各个平台的产品：广告主的客户群分散在不同地方，微博上有一些，微信上有一些，其他媒体上也有，再加上企业内部的会员系统，希望把这些数据汇总整合，深刻洞察消费者。例如你购买了一款豆浆机，随后成为这家企业的会员并留下手机号码等个人信息，基于核心算法我们可以将这个会员和他的线上身份匹配，获取他的最新情况，为企业优化产品设计、制定营销策略等一系列环节提供建设性意见。技术的力量无疑是强大的，但社交网络营销不能靠一条腿走路，未来的营销一定是创意和技术的完美融合。

2. 社交与电商结合

经过这两年对社交媒体的持续耕耘，品牌们渐渐不再满足于曝光量等抽象数据，他们希望得到一些更为实际的回报——比如拉动销售。

电子商务与社交媒体的结合向来被认为是一种“靠谱”的发展模式，二者一个解决“赚吆喝”的问题，另一个解决“赚钱”的问题。作为电子商务的一种衍生模式，社会化电商借助微博、微信等媒介途径，通过社交互动、用户自生内容等手段来辅助商品的购买和销售行为，通过社交网络上的口碑直接拉动销售，销售再变成二次传播的口碑，如此循环往复。未来社交网络与电子商务的联结将大有可为。

3. 跨渠道整合营销

信息高速发展、网络不断普及的21世纪，消费者更加理性，游戏规则趋于合理，整合营销传播成为国内营销界炙手可热的的理论。它将企业进行市场营销有关的一切传播活动一元化，一方面把广告、促销、公关、直销、包装、新闻媒体等一切传播活动都涵盖于营销活动的范围之内，另一方面则使企业能够将统一的资讯传达给顾客。其中心思想是以通过企业与顾客的沟通满足顾客需要的价值为取向，确定企业统一的促销策略，协调使用各种不同的传播手段，发挥不同传播工具的优势，从而使企业实现促销宣传的低成本化，以高强冲击力形成促销高潮。

社交网络营销自然也不例外，多媒体联动、线上线下整合是它的发展方向，而且社交网络在品牌整合传播阵营中的地位越来越重要。

二、社交网络平台走向分析与主流形式

现在，社交媒体上基本被广告植入。直播购物、可购物视频和互动数字广告将成为新常态，几乎每个社交平台都可以购物，作为跨境电商卖家最重要的营销策略之一，社交媒体已被众多卖家选择为最佳引流渠道。分析未来社交媒体的发展趋势，为营销业务推波助力。

（一）社媒购物备受青睐

社媒商务对卖家来说商机无限。随着社交媒体消费习惯固定，加上居家办公要求，无疑为社媒购物爆炸式增长创造了完美条件。研究表明，这种消费习惯短时间内不会改变，人们还是会更偏向于社交媒体购物。

到 2025 年，社媒商务将成为市值 800 亿美元的红业。而这正得益于同样大规模增长的电商行业。让用户在社媒平台内直接订购产品，正是迎合时势。

（二）抖音将成为最重要的营销社交网络

2021 年 9 月，抖音的用户超过了 10 亿，跻身世界上第七大最受欢迎的社媒平台。剔除掉聊天型社媒软件，抖音便是第四大最受欢迎网络平台。

随着抖音近两年加快电商步伐推出多款商业工具，未来的发展前景更为乐观。如果还有品牌未涌入抖音，那也只是迟早的事。建议尚未入驻平台的跨境商家抓住红利期，赶早不赶巧，深入探索抖音获取营销内容灵感，制定抖音营销战略基本雏形，扩充渠道矩阵才能打开战局形势。

（三）品牌沟通

在封锁、全球供应链中断和劳动力短缺之间，消费者向卖家提出了比以往任何时候都更严苛的要求。他们发现使用社交媒体可以更方便地得到这些问题的答案，在一项全球调查中，64% 的人表示，他们更喜欢跟卖家文字沟通，而非电话

沟通。据高德纳公司称，2023 年全球范围内 60% 的客户服务请求将通过数字渠道处理。

因此，给国内跨境商家一些建议：考虑社媒客户服务策略；为常见问题创建特定于网络的回答模板；可使用人工智能客服提高响应速度；为社媒渠道聘请专门的客户服务代理。

（四）短视频营销

2020 年全球互联网上发布的所有视频中，有 60% 的视频长度在两分钟以下，这一数据让社交媒体平台上的视频长度变得更加合理。

（五）红人营销

许多卖家利用平台上的网红来为他们的产品赢得大量的粉丝。与网红合作是接触新用户的好方法，而且比自己创建新的内容效益更好。合作伙伴对建立一个成功的品牌合作很关键，卖家可以着重关注一些主旨明确、有着大量粉丝以及在社区内活跃的网红。

（六）社交媒体营销中的真实性问题

越来越多的消费者将真实性视为确定他们喜欢和支持哪些品牌的重要因素。全球统计数据显示，如今 90% 的消费者将品牌的真实性放在首位，高于 2017 年的 86%。对于年青一代（尤其是千禧一代）来说，真实性也尤其重要，他们比老年人更喜欢视觉、原始和真实的内容。

（七）社交媒体作为发现引擎

社交媒体作为发现引擎是社交媒体的最新趋势之一，社交媒体在消费者的整个购买过程中发挥着巨大作用。消费者越来越依赖社交媒体进行购买。根据最近的一项研究，四分之一的消费者通过社交广告和推荐来接触新品牌和新产品。除了被动消费外，消费者还采用主动方法来发现新产品。全球统计数据显示，有 43% 的消费者通过社交媒体网络在线研究产品。而且这也有年龄趋势：年青一代比老一代倾向于在社交媒体上查找产品的频率更高。

（八）碎片化内容成主流

虽然人们在社媒平台上消耗的时间直线上升，但在内容方面却越发追求碎片化信息。研究发现，现代人的平均注意力持续时间约只有 8 秒钟。各大社媒网站也紧跟趋势，推出诸多如短视频、限时内容等展现形式。

（九）社交媒体融入大众生活

近五年来，全球社交媒体的搜索量上升了17%，随着社媒用户数量不断增长，人们在社媒平台上的消费支出也在飙升。总体上，人们每天浏览社交媒体的时间约为145分钟，与2018的统计数据相比增加了一个小时。

（十）社交媒体是培养信任的渠道

品牌应该记住，社交媒体不仅仅是一个营销和广告的平台，这是培养信任、与受众建立关系的绝佳场所。社交媒体提供了沟通品牌价值和与潜在客户互动的好机会。

要做到这一点，品牌就必须找到一种自由对话的方式，展示品牌人性化的一面，增加透明度，将会在受众中建立信心。专注于有趣、简单的参与，响应客户沟通，并找到有意义的方式来显示社会责任和更深层次的社会互动。这样做可以帮助你在社交媒体上保持领先地位。

三、经济新常态的挑战

当前，中国经济面对的挑战既有外部的，也有内部的；既有近期的，也有远期的。客观认识这些挑战，才能有效应对——适应新规则、拓展新空间、发现新机遇。

（一）外部挑战：如何适应新的全球化经济发展

中国经济面对的外部挑战主要是国际贸易剧烈波动，而国际贸易背后是全球经济进入了新的发展阶段，突出表现为科学技术竞争空气激烈。科学技术竞争不仅关乎经济发展，还关乎国家安全、国家政治等深层次利益。

正如我们所正在经历的，发达国家主导的国际贸易与投资新规则涉及知识产权、市场准入、关税、政府补贴以及国企、环境、劳工等新议题，这已经不仅是货物贸易、服务贸易的政策优惠与开放问题，而是涉及深层次的体制、理念、新的竞争规则和全球公约问题，这既要求我们对外开放提高到新水平，更要求国内深化改革取得新突破。

（二）内部挑战：如何解决供需不匹配的结构性问题

我国经济面对的内部挑战主要是供需不匹配以及导致供需不匹配的制度性因素。

正如我们所见，经济运行的主要矛盾仍然是供给侧结构性矛盾：实体经济供给结构不适应需求结构变化，优质产品与服务供给不足与一些行业产能过剩并存；金融资源错配，杠杆率上升与实体经济融资难、融资贵并存；房地产市场与实体经济失衡，国民经济尚未实现良性循环。

解决经济运行主要矛盾的治本之策在于推进供给侧结构性改革，使市场在资源配置中起决定性作用和更好发挥政府作用，深化要素市场化配置改革，最大限度减少政府对资源的直接配置和不当干预。

（三）近期挑战：缓解经济下行压力，需要释放市场主体创造性

目前，我国经济面对的下行压力仍旧很大，从国内市场看，物价上涨明显、消费增长乏力，虽然就业稳定、收入增长稳定，政府主导的投资项目加大，但制造业投资、民营投资仍旧乏力，服务业投资亦未完全放开，旺盛多元的服务需求缺乏高效高质的供给支撑，还没有转化为经济增长的强大支柱。

缓解经济下行压力、稳定经济增长的关键在于深化产权制度改革，实现产权有效激励，充分调动亿万市场主体的积极性、主动性、创造性。

（四）远期挑战：人口结构变化带来的经济潜在增长率进一步回落

人口老龄化急剧增长，生育率不断下降，每年劳动力人口快速缩减，这些是制约中国经济高速增长的根本性、不可逆因素。未来五年，中国国内生产总值增速回落到 5% ～ 6% 的水平已经成为可以预见的未来。防止中国经济出现经济下滑的状态，需要从稳定劳动力就业、体制机制创新，以及科技创新上下功夫。一是通过延迟退休、城市户籍改革等，延长劳动力人口的就业时间；二是加强职业培训、技能培训，提升劳动力人口技能和素质；三是发挥大国体制、制度性优势加强政府基础性研究，发挥巨大市场需求及大数据信息积累优势鼓励企业应用性研发，同时适应新的国际规则突破技术封锁，积极寻求新的国际科技合作、产业合作、人才交流与合作。

中国作为世界第二大经济体，面对美国的科技壁垒，走上自主研发的道路是必然趋势。在全球经济一体化的大背景下，美国独断的垄断行为并不能完全令中国脱轨全球贸易。但中国面对挑战，仍需重视国产科研成果，加大科研资金投入，带动中国企业的积极性，使得尖端科技行业不再被动，方可早日“破局”。中国将以提升自身水平为核心，通过“科技门槛、全球分工、市场规模、工业门类、基础科研、举国体制、金融资本、互联网赋能”等八大变量，提升软硬双实力，在“复式化的集成能力、组织创新与组织变革、产业集群与产业生态、非对称赶超战略”等四大路径中摆脱依赖，冲破屏障，完成“弯道超车”。

技术进步始终是求解矛盾的关键因素，例如在煤炭的使用上，技术进步可使得人们的新能源用能变得极其便宜易得，使得煤炭采暖变得不再具有吸引力——又贵又脏，消灭人们增加碳排放的“作案”动机。模式创新同样可以让能源的新旧交替成为可能，例如企业创新了新的商业模式与产业链条，而煤炭等传统能源在这种体系中被排除了出去，尽管煤炭本身成本可能还是低的，但是它的物流体系变得极其昂贵或者缺乏，自然无人问津。

第二章　大数据时代消费者研究

营销的目的是满足消费者需求，这是理论研究和企业实践的出发点和终点，是判断企业营销是否成功的试金石。如果产品（包含服务）的生产、销售、使用为一条整体相连的链条，消费者是最重要的中心环节，是生产者和销售者存在的意义。

第一节　大数据时代消费者行为研究

消费者与生产者及销售者不同，消费者购买商品的目的主要是个人或家庭需要而不是经营或销售，或者说真正意义的消费者购买商品是为了获得某种使用价值或者对产品的需求与渴望，满足自身的生活消费的需要，而不是为了去转手销售获得盈利。实现消费者购买，才能够达成产品生产者和销售者的目标。因此，企业必须研究消费者的行为，研究消费者不断变化的消费理念和行为特点，这也是消费者行为学这门学科诞生的原因。消费者行为研究就是要研究不同消费者的各种消费心理和消费行为，分析影响消费心理和消费行为的各种因素，揭示消费行为的变化规律。虽然我们进入了大数据时代，但是研究营销的基本原则和内容，仍然要以消费者为起点展开。企业研究消费者行为可以简化为“8W”，如表 2-1 所示。

表 2-1　消费者行为“8W”调查

类目	研究目的
What	消费者倾向消费何种产品或品牌
Why	消费者为什么消费某产品或品牌
Who	消费产品或品牌的消费者是谁

续表

类目	研究目的
When	消费者倾向什么时候消费
Where（2W）	消费者喜欢在哪里消费，以及消费者从哪里得到产品或品牌的信息
How	消费者怎样了解和使用产品
How much	消费者愿意花费多少钱购买产品

上述消费者行为研究对于企业是至关重要的，知己知彼，百战不殆，运用得好，执行得妙才是企业立于市场不败之地的根本，因为消费者行为研究影响企业的品牌形象设计与建设、目标人群与定位、产品定位与开发、产品价格定位与产品周期、渠道选择和分销模式、品牌与产品的推广方向、广告宣传等。企业营销的成功与失败往往取决于企业对消费者的研究是否准确，说“运用之妙，存乎一心”绝不为过。

在大数据时代，迎合式销售将成为营销的主旋律，这个时代的消费者行为发生了很大的变化，但是企业要千方百计地迎合消费者，赢得消费者的关注和青睐，这是不变的主题。利用大数据技术，可以通过科学客观的定性、定量分析，更加准确地了解消费者的内心世界，真正把握消费者的各种差异化的消费观念和消费行为。

以康师傅方便面的营销为例，诞生过程似乎有些偶然，但对消费者行为研究基本符合表 2-1 中的“8W”方法，实质上康师傅方便面在产品研发、品牌形象、目标客户、价格定位、渠道分销等方面做足了功课，这才保证了康师傅方便面的成功营销。

康师傅方便面在传统营销活动中取得了很大成功。据统计，其在中国方便面市场中的份额一直居高不下，近二十多年来虽然面临统一、今麦郎、白象等多种方便面品牌的竞争，然而一直占据着中国方便面市场的“老大”地位。数据显示，2022 年上半年，康师傅方便面销售量的市场占有率为 47.4%，销售额的市场占有率为 57.1%。[①] 在中国方便面市场，康师傅市场份额已是统一、今麦郎以及白象的两倍。面对大数据时代的新竞争环境，康师傅更是张开怀抱迎接大数据时代的到来。据报道，顶新国际集团及其旗下康师傅控股有限公司与贵阳市政府、应宏科技公司签署总额达 42 亿元的合作协议。顶新国际集团 42 亿元投资中将包括在

① 本书中中国的统计数据不含香港、澳门、台湾地区的相关数据。

贵阳高新区投资26亿元建设顶新国际大陆区云端大数据总部、顶新国际工业园、大数据电商平台。

第二节　大数据时代消费者行为特性及消费升级

通过学者的研究、市场研究机构的市场调查以及企业的实际运营经验可以得出结论，即消费者行为不是一成不变的，众多的因素都会导致消费者群体或个体在消费观念、消费水平、消费习惯、消费方式等方面发生部分甚至根本的变化。

经济、文化、心理学等多方面因素影响着消费者的行为。当然，这些方面的变化也必然影响消费者的消费观念。在数字经济背景下，消费也受到深刻影响，目前正处于结构优化升级的关键节点。要重视在数字经济形态下国内的消费需求的发展态势并分析消费者行为的新特征，以便深入了解消费的发展变化趋势，数字经济背景下消费市场的发展态势数字经济形态下我国消费的主体力量不断进行更替，出现了一些消费的新生力量，并逐渐成为提振消费的重要力量。首先是1995年至2009年出生的人群。随着95后踏入职场、众多00后成年，这一人群已成为我国消费市场的新主力，他们带来了消费新需求和新机遇，蕴藏着巨大的消费潜力，对消费的要求更高，他们的群体特征与消费偏好将会成为未来消费升级与消费变革的全新驱动力。其次是中老年人。随着我国居民生活水平的不断提高，部分老年人已不再单纯满足于老有所养，而是有了许多新的爱好，加之数字经济的全面渗透，中老年人不断触网进而接触到更多新的东西。中老年人的消费越来越注重精神层面的需求，追求社交、旅游、新的健身方式等，中老年人的消费能力在不断提升，中老年人的消费升级趋势愈加明显。最后是下沉市场的消费人群。这部分消费群体的收入和消费总量虽相比于一、二线城市较低，但消费的增速有巨大优势。数字经济驱动消费内容日趋多元化。随着数字经济进程的推进和网络消费渠道的逐渐成熟，传统领域与互联网的结合开始加速发展，如汽车、房屋等高价值商品也在网上进行销售。同时，服务性消费同样也在不断发展，正在逐渐成为网络消费新热点，服务行业的发展也促进了消费的增长。数字经济形态下的技术升级促进了消费行为和消费内容的变化，推动消费升级，网络消费规模不断扩大。随着互联网技术升级、国内各大网络平台的流量持续增长以及电商平台的改版，直播带货得到了进一步发展，这种新业态的变化将加速推动电商业态的发展，从而引起网络经济营收规模持续增大。

一、数字经济时代消费者行为的新特征

数字经济不仅改变了传统生产服务模式下的消费环境与消费方式，拓展了新的消费者群体，带动了消费升级，而且引发了消费者行为的新变化，消费者行为出现新特征。

一是消费者行为更加个性化、特色化以及多元化。受互联网技术、数字技术以及人工智能技术等新技术的驱动，消费的个性化、特色化以及多元化已经成为消费者行为的重要的、不可代替的方式。在生产环节会满足消费者的个性化需求，消费者可以通过网络对产品进行个性化、特色化定制。消费者行为的新特征有利于为数字经济的发展开发出更多的消费市场与新的消费者群体。消费者行为的多元化主要是消费内容的多元化，不同的消费者群体创造了不同的商机。

二是消费者行为的不确定性增加。在互联网技术升级的影响下，由于消费者在生活中接收到的信息冗杂加大了信息不对称，且受到众多电商平台直播带货的影响，消费者的冲动性消费行为持续增加。消费者通过电商平台购买到的商品种类多，容易造成消费者消费行为的非理性化，甚至会出现冲动型消费。

三是消费者更加热衷于体验和多途径消费。伴随技术升级而来的新体验影响着消费者决策，我国消费模式正在从商品消费转向体验消费，消费者不仅重视商品品质，而且愈加关注购买商品带来的愉快体验。技术升级让消费者对购物有了新的体验，让他们有了更多的购物需求。同时消费途径也在发生变化。线上购物不断发展的同时，线下购物也在逐渐升级：线上购物方便快捷，线下消费则是综合体验。目前，消费者对“逛街”式体验的偏爱、对社交与娱乐的需求都促进着线下消费的发展。

四是社交消费需求提升。社交消费是通过社交生态来影响消费者购买行为的销售模式，可以通过线上社交媒体等与消费者互动，或通过社群的方式与消费者互动以影响其消费行为。年轻一代是线上社交的活跃群体，也同样是社交消费的主要群体。各类社交圈、社交分享的力量具有很大的影响，社交软件的出现也为社交购物提供了便利，利用碎片化的时间通过微信公众号与小程序和消费者建立联系，通过朋友圈、社交圈形成社交引力，在数字经济时代通过社群传播来让更多新奇的商品脱颖而出，吸引消费者的眼球、建立消费者的忠诚度，进而让消费者产生购买行为。

五是消费者倾向于消费共享化和运动消费。消费共享化的主力是年轻消费群体。从共享房、车到共享衣服、包，年轻消费者愈加喜欢共享的消费方式，共享

经济在年轻的消费者中受到欢迎。随着我国越来越多的人关注健康问题，运动健身成为新的生活方式。偏爱运动消费目前也成为消费者行为的一个新的特征，运动相关产业已经成为一个庞大的消费市场。随着新技术给运动产业带来的影响，运动相关消费也将要进行结构的优化升级，包含高科技的运动产品更受运动爱好者的欢迎。

六是消费者更愿意为品质和效率买单。随着智能制造等技术融入产品生产过程中，国内产品的质量得到提升，消费者在购买商品时已经实现了从追求量到追求质的提升，高质量的商品越来越受到消费者的欢迎。很多消费者往往更注重的是使用商品时的感受，商品应该满足消费者对质量的预期，越来越多的消费者愿意为质量买单。消费者也会注重效率，部分消费者选择网络平台购买商品的原因是该方式具有方便快捷的特性。例如，消费者更看重商品的配送速度，对他们来说，时间更有价值。

二、消费升级方向与实现路径

结合当前消费者所呈现出的消费行为、消费心理、消费内容等的新变化，数字经济背景下消费结构优化升级的方向以及实现路径如下。

第一，释放国内消费者的消费潜力，扩大内需。数字经济以技术的力量构建了消费的新业态新模式，拓宽了消费的新领域和新渠道，拓展了消费结构优化升级的新路径，通过促进商品使用价值的充分挖掘，激发消费者的消费潜力，实现了消费结构优化升级。促进消费结构优化升级，一方面要借助大数据、互联网与人工智能等技术的发展，针对不同类型商品的使用价值展开需求分析，引导消费者更合理、更有价值地进行消费；另一方面，要依靠物联网和智能制造等向生产领域快速渗透，并建立供给侧和需求侧畅通的机制，让消费者可以随时随地了解各种商品，进而引发消费行为。同时，借助当前消费时间碎片化的特征，依靠微博、微信等主要媒介，拓展线上消费路径，释放消费者的消费潜力。通过数字经济背景下消费变革与数字技术应用，特别是消费大数据带来的流通环节减少和空间障碍突破，释放消费者的消费潜力，合理引导消费结构升级，推动消费结构的优化。

第二，推动线上线下消费的有机融合。近年来，我国网购数量高速增长，尤其是智能设备的普及导致移动端购物的增长更为明显。移动互联网让消费者可以随时随地获取商品信息，然后下单购物。然而，消费碎片化的特征使消费者的时间成本变高，因此推动线上线下消费的有机融合，促进线上线下消费双向提速，对消费者至关重要。商家需要通过创新性的设计思考和创造性的零售元素重组，借助技术的力量重新设计店铺，营造让消费者更难忘和值得分享的愉快购物体验。当前，针对消费者越来越重视对线上线下相结合的购物体验的需求，零售业通过技术升级、共享供应链、精准营销等举措，提高电商渗透度，加强客户黏性。同时，要大力发展“云逛街”模式，让消费者通过网络即可准确了解商场的当季活动，最终形成消费行为。

第三，推动绿色、健康消费。绿色消费理念是健康、快乐、品质、环保、可持续，引导消费者以健康和可持续的方式去消费。要倡导循环经济中的减量化、再循环和再利用的理念，将崇尚自然和保护生态等行为结合到消费行为中来，最大限度地实现绿色消费和可持续发展。面对拥有健身习惯的众多消费者，运动产业是最大受益者，其可以利用数字技术、人工智能技术等新技术为喜爱运动的消费者带来更愉快的体验，相关企业还可以把商品以及市场营销活动与运动健身和健康理念挂钩来吸引消费者。有经验表明，消费者学历越高越愿意为运动投资时间与金钱，因此有必要加大力度开发高价值的产品来吸引高学历消费者群体。推动生活方式绿色化、健康化，需要加强制度建设，引导人们养成绿色健康的消费习惯。

第四，发展服务消费，推动在线服务消费升级。服务消费已成为数字经济形态下经济结构转型的重要驱动力。随着居民消费的个性化发展和升级，国内的服务消费潜力将进一步释放，以服务为主导已成为我国经济结构升级、构建新发展格局的重要方向。同时要加强基础设施建设和制度建设，促进服务消费健康有序发展。鼓励企业强化服务意识，运用新要素和新技术创新服务方式，不断提高服务质量。大力推动国内主要服务性消费的生产、消费等链条的发展与完善。

第三节　大数据时代消费者行为的分类

当然，影响消费者行为的除经济和文化因素外，还有很多其他因素。其中，个体或部分消费者往往会体现其所属群体的特征，研究不同群体消费的共同特性，可以更好地把握目标消费者具备的个性特征，为企业营销决策提供依据。

理论上，群体是指一定数量的人通过一定的社会关系结合起来进行共同活动而产生相互作用的集体。消费者群体至少可以按照三类群体划分。

一、按照年龄

婴幼儿消费群体：年龄范围在 0 ～ 6 岁，是年龄最小的消费群体。

少年儿童消费群体：年龄范围在 6 ～ 15 岁，这个年龄阶段的消费者生理上逐渐呈现出第二个发育高峰。

青年消费群体：年龄范围在 15 ～ 30 岁，这个年龄阶段的消费群体实际上可分为青年初期和晚期两个时期。

中年消费群体：年龄范围在 30 ～ 60 岁，这个年龄阶段的消费者心理上已经成熟，有很强的自我意识和自我控制能力。

老年消费群体：年龄范围在 60 岁以上，这个年龄阶段的消费者在生理和心理上均发生了明显的变化，由此形成了具有特殊要求的消费者群体。

实际上，目前营销界更加习惯将国内的消费群体按照其出生的所属年代进行划分，10 年为一周期，分为“60 后”群体、“70 后”群体、“80 后”群体、“90 后”群体以及“00 后”群体。

二、按照性别

按照性别划分为女性消费群体与男性消费群体。在消费者消费行为中，女性与男性往往表现出很大的不同。而当今中国的社会形态中，女性在经济地位、社会地位以及家庭的购买决策方面越来越表现出其巨大的影响力，表现出消费者群体的不同消费特点。

三、按照收入水平

按照收入水平可分为高收入群体、中等收入群体、低收入群体。然而，在中国目前对高收入和低收入群体的划分标准存在不同的解释。国家统计局发布的数据显示，2013 年全年城镇居民高收入组人均可支配收入为 56 389 元。国家统计局官方微信“统计微讯”发文指出，将城镇调查户按照家庭人均收入由低到高排序分成五等份，其中排位最高的那一组就是高收入组。换句话说，高收入组是指全国城镇居民中收入最高的 20% 的群体（以户为单位），约有 1.5 亿人口，不是大家心目中的百万富翁、千万富翁甚至亿万富翁群体。

但是，民间或者非政府机构则对中国的中产阶级情况有这样的标准：中国中产群体判别有十大标准，只要符合以下任何一条，即可认定为中产群体。

①个人或家庭金融资产总水平在人民币 50 万元以上。

②个人总体年收入水平在 20 万元以上。

③拥有私人轿车，价值在 20 万元以上。

④拥有高尔夫球俱乐部会员卡。

⑤拥有企业规模（企业营业执照注册资本 100 万元以上）或员工 15 人以上。

⑥在上市公司、中国知名品牌企业、地方知名品牌企业、中国企业规模排行榜前 500 上榜企业或跨国公司代表处、三资企业、外商投资企业单位中担任董事、董事长、监事长、总监、副总经理、总经理或总裁的人士。

⑦担任地级市以上工商联、青年企业家协会或其他类似组织领导或委员。

⑧是 EMBA（高级经理工商管理硕士）班就读学员。

⑨拥有私人服务人员（私人医生、律师和保健护士）。

⑩名牌大学或著名研究机构中的博导、学科带头人，知名的、有成功历史的自由职业者或专业人士。

而著名的商业杂志《福布斯》则认为中国中产阶级定义有五大要素：

①生活在城里；

② 25 ～ 45 岁；

③有大学学位；

④专业人士和企业家；

⑤年收入 1 万～ 6 万美元。

乐活族又称乐活生活、洛哈思主义者，追崇乐活生活方式的人又被称为乐活者，乐活者所推崇的是乐活着。乐活，是一个由西方传来的新兴生活形态族群，由 LOHAS 音译而来。LOHAS 是英语 Life styles of Health and Sustainability 的缩写，意为以健康及自给自足的方式生活，强调“健康、可持续的生活方式”。“健康、快乐、环保、可持续”是乐活的核心理念。乐活者关心自己的健康，也担心着生病着的地球。他们吃健康的食物，穿环保的衣物，骑自行车或步行，喜欢练瑜伽健身，听心灵音乐，注重个人成长。乐活族是乐观、包容的，他们通过理性消费、支持环保、做好事来使自我感觉良好；他们身心健康，每个人也变得越来越靓丽、有活力。这个过程就是：

①我会注意吃什么、如何吃，不吃高盐、高油、高糖的食品，多吃蔬食（素食）；

②我会经常运动、适度休息、均衡饮食，不把健康的责任丢给医生；

③我会注意自我成长、终身学习、灵性修养，并关怀他人；

④我会尽量搭乘大众运输工具、减少废气污染；

⑤我不吸烟、拒吸二手烟，支持无烟环境的政策；

⑥我会减少制造垃圾，也实行垃圾分类与回收；
⑦我会试着使用对环境友善的化学产品，如使用环保清洁剂；
⑧我支持有机（无毒）农产品，并尽量优先选用。

第四节　迎合消费者新变化

我们认为，营销要迎合消费者的新特征，或者说，揣度消费者的心意并顺从或投合他们的需求，是大数据时代营销的基本要求。

一、千方百计迎合消费者是营销取胜的关键

从 20 世纪 90 年代开始步入互联网时代起，到当前大数据的时代背景下，中国消费者的数字化生活很大程度上正在改变着中国消费者的消费观、消费方式与支付方式。全国城市商业信息网络统计数据显示，2014 年全国主要城市销量排名前 97 家的百货店实现销售额 990.9 亿元人民币，而 2014 年 11 月 11 日（“双十一”）的网络销售“狂欢日”一天，仅仅在淘宝和天猫网络销售平台就实现了 571 亿元销售额的惊人数据！到了 2020 年，中国的网络销售额达到 50 万亿元，约为 2010 年的 10 倍。所以，研究网络消费者行为已成为社会和每个企业必须研究和学习的一课，企业只有秉承营销的精神才能健康行走在市场的康庄大道上。所以，迎合消费者新特征下的新需求，是大数据时代的必然选择。那么大数据时代消费者有何种新特征？如何迎合消费者？

二、消费者的新特征

（一）新特征 1：从个体顾客到“亲们”

传统渠道（线下）面对的是个体顾客，网络销售（线上）则是面对“社群”。企业的营销，就是要迎合消费者在社群经济中的相互影响力，逐步转化为自身的品牌和产品的推动力。过去的消费者不论是到百货商场，还是品牌专卖店、超级市场等终端购物消费，基本上是 1 ～ 2 人，或朋友一起三五成群，一定意义上讲，传统的购物是个人顾客，经过培训后上岗的品牌企业数个服务人员即可为顾客提供良好的服务，消费者是否购买产品，更多的时候是自身经过分析判断而做出的决定。然而，在电子商务的世界里，即使是同一类产品，消费者也要面对几十甚

至数百个电商品牌产品琳琅满目地陈列着，这些产品如此丰富以至于让消费者产生视觉疲劳，进入一家店铺，在店铺浏览很长时间才能找到满意的产品，颇费周折；从商家的角度说，每天可以有几百、几千甚至数万人点击来到自己的店铺，搜索自己心仪的产品。如何留住进来的客户，并使客户能欣赏和喜欢自家的产品？所谓的网站点击量、页面浏览量、访问量等如何转化为实际购买行为也是商家特别伤脑筋的事情。

网络消费者很大程度上是以社群的形式出现的，在各个网络商城几乎都设有“累计评价”，记录着网络消费者购买产品之后对产品的各种评价，包括对产品本身、物流服务、小二（客服人员）服务等林林总总的由网友自由撰写的评价。不要小瞧这些评价，这些评价往往是新来的网友是否下单购买产品的最重要社群推荐意见，如果某网友对产品或服务留下了恶评，不但会影响商家的未来销售，还会导致商家在电商平台的评级下降。所以，商家对网友的留言极其关注，网络商家对恶评的网友采取极端报复措施的新闻也时有报道。

现在，微信朋友圈、公众号等形式的产品消费分享与朋友推荐也极大地影响了消费者的消费行为。

人类进入互联网时代以来，社会关系、兴趣爱好、情感互动等方面的交织与共享，在互联网与移动互联网上实现信息的连接与交流，智能手机、即时社交、位置服务等多方面的广泛使用，人们所处的位置、所在的地域、文化背景等已显得不是特别重要，大家关心的是是否有共同的爱好、共同的消费需求和消费体验、共同的话题等。线下与线上的交互通过互联网和移动网络联系起来，形成了各式各样的社群，而中国以微博、微信为代表的即时社交工具激发了巨大的生产力和传播力，虚拟世界与现实世界相互联通，使得当前消费者的消费行为出现了前所未有的新气象。社群经济沸沸扬扬，而且也有不少的企业在线下注重建立那些有关企业和产品目标的相关社群性的组织，并尽力将线下与线上的社群组织有机结合起来，为企业的营销目标服务。因此，企业必须研究新形势下社群经济特点，知晓消费者的新特征，并迎合这种新变化。

（二）新特征 2：从“我的眼里只有你”到“众里寻她千百度”

传统渠道下的产品和品牌与线上的产品和品牌相比，不论是数量上还是多样性方面，都有“小巫见大巫”之感。以在上海销售额名列前茅的上海第一八佰伴为例，其新世纪商厦位于浦东陆家嘴金融贸易区内，总建筑面积 14.4 万平方米，商场面积 10.8 万平方米，是集购物、娱乐、餐饮及办公楼于一体的多功能、现代化、综合性商业大厦。以商品品类中数量最大的服装为例，占据了 4 个楼层的商铺位置，各品牌数量大约 180 个。然而，在电商平台（以天猫为例），仅品牌女装的栏目下就有 196 个品牌，共 2 322 722 件相关商品，其中仅 2022 年当季新品的数量即达 65 376 件。在淘宝网，笔者在潮流男装中输入“外套”一词，得到的搜索结果是有“280.6 万件宝贝”。

传统营销下的消费者购买行为表现为冲动性购买和理性购买两种购买行为。冲动性购买行为是指消费者非事前计划的现场购买行为，亦称非计划性购买。这种购买行为涉及消费者的多种心理和情绪。传统消费者行为在很多情况下表现出更多的冲动性购买的特征，消费者进入商场等购物场所后受到店内现场产品的促销手段、导购人员的劝说、产品价格的折扣、现场消费者的即时需求等因素的影响，有可能促使消费者发生消费行为，或者表现为实际花费金额比预期更多。而理性购买行为通常有一个复杂的过程，对此，把这种计划性购买程序分为五个阶段，即唤起需要、资料搜寻、估价行为、购买决定和买后感觉。

电商环境下的消费者则更多地表现出理性购买的特征。正如上文提到的，电商网络上有太多的品牌和产品，使得消费者有时候真的犹如坠入浓雾之中，不知道哪个产品的功用适合自己，也不可能如同在线下可以通过现场体验来了解产品，对于网络上的产品，很大程度上要依靠消费者自己的购物经验和联想。所以，这在客观上要求消费者计划购买某个产品时，要有理性购买行为的五个阶段。先有需求买某个产品，在网络上或多个电商平台上搜索相关的某个产品（或者在社交媒体发布消息希望得到朋友圈朋友的推荐）。实际上，每年“双十一”的购物狂欢，所谓的“剁手党”，其实表现的是理性购买。例如，每年快到 11 月 11 日就有大量的网友先到心仪的品牌和产品店铺中提前关注，或者提前将产品放入购物车，而不是在“双十一”当天非理性地购买。这些典型的理性购买特征在中国互联网络信息中心发布的《中国网民搜索行为研究报告》中表现得非常明显。例如在购物搜索时，分别有一半以上的电脑端搜索用户和手机搜索用户最常使用购物网站，远超综合搜索网站常用率；有近一半的搜索用户注意到了搜索结果中的推广信息或广告；近 8 成的用户会因为广告中商品有更好的用户评价而改变其购物决策。

当然，网上品牌和产品的巨大数量客观上给企业特别是新品牌或非知名品牌的产品销售增加了很大难度。企业和消费者彼此处于虚拟世界，不像在传统营销的传统渠道中可以通过热情服务、店面气氛等手段吸引客户进店并实现客户消费。网络商家更加关注的是流量和转化率，因为，流量 × 转化率 = 网络店铺销量，所以流量和转化率都非常重要。没有流量就没有迎合消费者的机会；有客户来到店铺，如果形成不了转化率，就不可能实现销量目标。

在电商环境下，网络店铺引流是实现销售的最基础工作。要提高搜索排名，就要在关键词优化、产品上下架时间、注重买家体验等方面认真仔细地策划与执行。要推广引流，就要经常运用淘宝、天猫的很多推广手段，如直通车、钻石展位、淘宝客、橱窗推荐、发红包、抵价券、商盟、社区发帖回帖等，以达到引流的目的。

提高店铺转化率更加重要，因为转化率才是销量。商家在提高转化率上都很积极。首先，网络店铺的网页形象（整体装修）非常重要，经过特别策划的形象可以向网络消费者展示自身定位、产品风格、品牌形象等。其次，网络店铺要设立促销区域，促销活动的产品和内容要有特色，吸引眼球，能够给网络消费者巨大的吸引力，千方百计地留住用户。再次，要特别注重产品展示，尽可能将产品的多种信息通过细节图或描述性文字详细列出，对产品本身的特色更要突出显示给网络消费者。此外，优质的客服服务也很重要，严格培训过的有经验和技巧的淘宝客服可以促进商品的成交，提高顾客的转化率和回头率，建立网络商铺的口碑和品牌。

（三）新特征 3：从“亲身体验”到“想象体验”

企业的营销，就是要迎合消费者在网络购物中的体验感受。在线下，消费者可以通过身体感官对产品进行初步的亲身感受，例如，买食品可以通过亲口品尝，买衣服可以在试衣间试穿，而买床上用品即便不可以脱衣躺下感受，但可以通过手摸、观察配套产品搭配效果等手段了解面料的体感与家居的配套效果等。总之，线下消费者可以通过亲身体验帮助自己决定是否购买，有些消费者特别是女性消费者在传统渠道的购物体验更重要，甚至不购物也可以得到逛街的享受。从相反的角度讲，这种亲身体验实质上也是线下渠道有别线上网络购物最大的优势。充分发挥好这种优势，亦是在大数据时代，传统渠道营销中迎合消费者的重要手段。

1. 线下渠道迎合消费者——全力打造“体验式消费”

线下传统商场过去最关注所处的地理位置和引进的品牌影响力，而目前商场的布局、商家尤其是体验消费型商家的引进及布局、人文设施和服务的改善日益重要。特别是面对线上网络购物的巨大竞争现状，要为消费者在购物场所关心的体验、环境、情感和服务等提供保证。越来越多的商业项目纷纷开打“体验牌”，调整业态，增加休闲、餐饮、娱乐，甚至体育场馆、博物馆、儿童游乐设施、水族馆、体验式运动城等业态的比重，通过轻松愉悦的购物环境实现对客流的重新集聚。

例如，最近几年不断出现的综合性购物中心就注重在下述方面帮助消费者提升购物体验：

①在业态配比上，以休闲娱乐为主，购物功能为辅；

②在商业理念上，强调顾客的心理体验以及在购物过程中的立体感受；

③在商场设计和空间环境营造上凸显娱乐性、互动性、文化性、情景性和个性化等特点，一般为开放式购物区间；

④坐落在相对集中的高收入人群区域，停车方便，有足够的停车位。

2. 尽可能将线上的信息转化为线下迎合消费者的手段

例如，作为北京时尚地标、全业态零售购物兼体验中心的朝阳大悦城，成功的原因是将业态和顾客体验做到了极致。某种程度上顾客买的不是商场里的商品，而是贴心的服务。在服务好顾客的每个环节，潜移默化地推广大悦城品牌。线下与线上结合得非常突出，首先，通过交易数据分析顾客购买行为、商家销售行为，总结并推导出零售商业演变规律，提升购物体验和销售业绩。其次，依托数量庞大的微信会员，注重微信营销，如推送主题活动、品牌推荐、限时优惠以及商户促销等信息；利用平台互动模块，善于利用热点事件、话题或节日进行活动策划，与用户进行积极互动。然后，虚拟会员模块，发展电子会员卡，推动电子卡与实体卡的绑定与升级。

从本质上讲，不能充分满足消费者的购物体验是电子商务的先天缺陷。在网络上，消费者不能享受到在线下对产品的亲身体验，更不能享受服务员面对面的热情周到的服务。在网上看到的产品是平面的、不能触摸、不能嗅、不能试穿、不能试吃，如此的缺陷，为什么电商的网络销售却发展如此迅速并将在未来很长的时期内成为购物的主流呢？原因众多，其中各个购物平台、各个店铺和手机购物软件使出浑身解数，处心积虑地将网页上的各种各样的文字、图片、视频、链接、评论、推广等方式运用起来，重要的目的就是迎合消费者的“想象体验”，以使消费者有身临其境的感受，或者利用上述网页的多种技术帮助消费者产生感官体验。

利用网络技术引导消费者“联想”，达到体验的目的。例如，网络上有软件开发商开发的、可以在电脑端网络和手机无线网络使用的、能达到三维（3D）效果的“试衣搭配软件”。网络商家如使用这种软件，可以使消费者随时随地试衣搭配以及更换背景、发型、体型等。通过模特体型调整、网友脸型更换、发型与模特匹配，得到无数不同模特服装搭配效果；还可以让电脑自动随机组合服装搭配方案，得到无数搭配方案，点击保存搭配可以分享到社交平台等，让好朋友给她（他）提供建议。因为可以按照要求或者随机生成多种选择，消费者可以联想成为网上那个最接近她(他)的模特的试衣效果,总有一款适合自己而下单购买。

网络销售商根据自身的定位和品牌形象，在网页设计（店面装修）上使用多种方法迎合消费者体验，引导消费者实现联想，达到销售的目的。或者说，运用得当的体验式营销技巧和方法，有利于网络消费者购物时产生联想体验。例如，在感官体验上，网页设计风格可以迎合目标客户的审美习惯，针对目标客户的审美喜好确定网站的总体设计风格，字体、网页主体颜色、商标设计、导航设置、图片大小、文字叙述形式、代言人选择等，必须按照目标客户的需求认真研究，绝不可根据自身的好恶而随意调整设计。在关联体验上，很多微信商户注重客户之间的关联性，根据自身的兴趣和爱好建立了多个不同的朋友圈，创造并迎合消费者在网络上的关联交流体验。朋友圈中的“朋友”很可能各自生活在不同的城市，互相不认识，甚至不知对方是男是女，不知道真实姓名，但经常为了品牌和产品的共同感受而交流，有时候为了共同的产品和品牌联合起来反击某些客户对产品或品牌的不满和攻击。某品牌的忠实客户，除购买该品牌的产品之外，对该品牌出品的衍生品也是趋之若鹜，真正是爱屋及乌。

（四）新特征4：从接受“满意服务”到接受“有针对性的长期服务”

企业的营销要迎合消费者的信息，与消费者建立长期的服务关系。显而易见，从消费者购买产品得到商家服务的角度来讲，消费者的网络购物行为，从购物过程、接受服务的形式、付款方式、最终得到产品等全过程，与过去传统购物流程相比，都发生了根本的变化。网上购物主要步骤如下：

①选择购物平台（商城还是网店）；

②注册账号（首次，以后只要登录即可）；

③挑选品牌或产品；

④与客服协商交易事宜；

⑤填写准确详细的地址和联系方式；

⑥选择支付方式；

⑦收货验货；

⑧退换货；

⑨退款；

⑩维权；

⑪评价（不是必须，但可以帮助建立信誉）。

以某个消费者在“淘宝网”购物的流程为例（所有国内外的购物网站基本相同）。

首先，消费者必须注册一个淘宝账号，下载一个在线聊天工具。按照注册过的账号登录后，搜索比较满意的店铺（品牌）和喜爱的产品，在查询的页面，选择以商家信誉排列商品或以价格高低排列商品，帮助自己选择更加青睐的产品。

然后，如果对选择的商家和产品满意或者还有问题需要了解，可以通过聊天工具与客服人员交流需要了解的问题，可以从客服那里或者网页上进一步了解产品的更具体的细节，如促销价格及售后、物流公司和送货时间等；如觉得一切妥当了，就可以选择支付方式，如使用支付宝第三方支付平台向商家付款。

最后，消费者按照商家的约定时间收到预定的产品后，及时查验是否与商家描述相符合；收货后，消费者可以对产品是否与卖家描述相符、卖家的服务态度、卖家的发货速度等进行评价，交易结束。

仔细分析，网络购物的消费者购买行为相比于传统购物行为的突出变化在于，消费者所有的购物流程都是靠电子化平台实现的，是通过电脑、平板电脑、手机端的购物软件实现的，整个购物过程虽然享受到了商家的全程服务，但是商家和消费者没有见面就实现了销售和购买。在传统渠道的商业终端，消费者和服务人员是经过面对面的沟通交流实现购买和销售的，消费者在享受商家的当面热情服务后，带着产品离开，消费者享受的服务可能是周到的、热情的，在一定意义上讲，商家只是给消费者提供了一次短期的服务。然而，在线上销售，消费者第一项流程就是完成注册，包括消费者基础信息，如真实姓名、邮箱地址、手机号码、家庭住址，甚至收入情况等。如果注册客户经常购买产品，商家利用大数据技术可以判断消费者的购物习惯、消费能力、产品喜好等重要信息。优秀的商家可以使用这些信息为消费者提供长期的跟踪服务。目的在于迎合消费者的多种需求，与消费者建立长期的关系，使之成为商家和品牌的长期忠诚客户。世界著名电商网站亚马逊在维护消费者关系、迎合消费者需求方面做到了最大化，成为全世界网站纷纷效仿的榜样。

推荐机制作为成熟的技术应用到网站的各个方面，例如，内容网站推荐机制可以为用户进行个性化的网页内容定制，电商网站可以为用户进行商品推荐，客户中心、柜面可以利用推荐机制为用户提供个性化服务。

一个好的推荐系统，对于电子商务网站来说可以提高用户体验，更好地向顾客展示商品以提高转化率；可以发现顾客的潜在需求。亚马逊的推荐系统提高了其 30% 的销量。

但一个好的推荐系统的建立不是一蹴而就的，就像一个好的“导购员”，需要不断地进行经验积累，需要参加多种培训，以提高销售技能。不断地迭代、优化，不仅需要从算法上、计算效率上提高，而且现在加入了许多数据分析师日常工作中发现的规律（例如通过顾客的人口统计学分析对顾客进行细分，在细分的基础上再利用推荐系统的相关算法可有效地提高系统的准确性），建立了一个类似于专家库的系统，把这些知识纳入推荐系统中。

推荐形式包括三种：针对用户的浏览、搜索等行为所做的相关推荐；根据购物车或物品收藏所做的相似物品推荐；根据历史会员购买行为记录，利用推荐机制做电子邮件营销（EDM）或会员营销。前面两种表现形式是大家可以在网站上看到的；而第三种表现形式只有体验后才能知晓，一封邮件、一条短信、一条站内消息都是它的表现方式。

对于非登录用户，亚马逊中国在网站首页和类目栏会根据各个类目畅销品的情况做相应的推荐，其主要表现形式为排行榜。搜索浏览页面以及具体的产品页面的推荐形式有关联推荐（“经常一起购买的商品”）和基于人群偏好的相似性推荐（“购买此物品的顾客也购买了”“看过此商品的顾客购买的其他商品”）。对于登录用户，亚马逊中国则给出了完全不同的推荐方式，网站会根据用户的历史浏览记录在登入界面首屏展现一个今日推荐的栏目，紧接着是最近一次浏览商品的记录和根据该物品所给出的产品推荐（“根据浏览推荐给我的商品”“浏览 ×× 产品的用户会买 ×× 的概率”）。值得注意的是，每个页面最下方网站都会根据用户的浏览行为进行相应推荐，如果没有浏览记录则会推荐“系统畅销品”。

亚马逊总裁杰夫·贝佐斯曾说过这样一句话：“如果我的网站有 100 万个顾客，我就应该有 100 万个商店。”这或许就是推荐的极致，而这样一个系统必定是以用户为中心的，有记忆、进化功能的。个性化是一个永无止境的进程，它的效用可以被无穷放大。对于电商网站而言，如果推荐的页面上全是用户喜欢的物品，连尺码、颜色、付款方式、物流等细节都处理好了，或许就是对用户最好的个性化。互联网大数据时代，随着数据挖掘技术逐渐成熟，平台根据用户的浏览行为、购买历史等网络行为，为用户推荐商品成为时下流行的基础手段。2022 年中国互联网络信息中心的调查数据显示，用户网购时，遇到或者察觉到平台根据自己的浏览痕迹推荐商品的人群占 57.6%。可见，根据用户浏览行为进行销售推荐已经非常普遍，并引起了大部分用户的注意。谈及网购用户对平台根据浏览行为进行营销的问题，43.1% 的用户表示无所谓，对其个人影响不大；34.9% 的用户表示可以接受，有助于提升购物效率；仅有 21.9% 的用户表示无法接受，觉得购物隐私被泄露。

（五）新特征 5：从“盲目追随”到“体现个性”

企业的营销，就是要迎合消费者不断成长的个性化需求。国际著名咨询机构麦肯锡曾发布《“会面”2020 中国消费者》研究报告，报告提出到 2020 年，诸如商品能否体现个性的情感因素将在很大程度上影响中国消费者的购买决定，体现了消费者购物时更注重自我表达。以购买巧克力为例，2020 年时仅有 8% 的消费者受到“体现我的身份”“适合我的品牌”等情感因素的影响。2022 年这一比例达到了 19%，在富裕消费者中则更高达 24%。随着收入的增加，消费者的个人意识也在不断提高。

报告认为，小众品牌未来可能更受欢迎。部分原因是当消费者购买第一台冰箱、汽车或手机时，除了品牌的知名度以外，几乎没有品质和安全的指标可以依赖。随着消费者购买经验的丰富，他们在尝试小众品牌时会感觉更有安全感，并且把购买小众品牌作为体现个性的一种方式。

在互联网时代，电子商务的巨大发展空间，新的销售平台的无限扩张机会（理论上线下的实体渠道和终端是有限的和走向饱和的），客观上为众多的企业和个体商户的生存和发展提供了无限的机会。但是，如果墨守成规，甚至是将用在传统渠道和终端的产品和推广手段不加改变地直接转移到电子商务平台，绝对是没有发展前途的，极有可能被用户抛弃。而且，没有突破、没有创新、没有新特点、没有价格优势的产品在电子商务的海量产品数量面前是很难有发展机会的。因此，企业和个人商户都在使出浑身解数以多种手段取得突破，有的在产品设计上、有的在产品功能上、有的在服务质量上、有的在产品价格上等为各自的目标人群开发和生产、销售适合目标人群的产品。所以，在电子商务平台每天都会涌现出众多的个性化的、小众品牌的产品。这些所谓的“小众产品”，实际上在其消费群体中非常受追捧，而网络上没有地域的限制，消费者可能来自世界的各个角落，因此似乎是小众，但消费者用户并不是小众。我们经常在传统渠道如百货公司看到某些商家的品牌产品，它们似乎很有名，在每个百货公司都可以看到这几个有限的品牌产品，它们似乎垄断了百货公司的专柜。然而，在电子商务销售平台的世界中，各种各样的商铺如过江之鲫，海量的产品丰富多彩，其中充满了众多个性化品牌和产品，在为商家赢得竞争优势的同时，更加迎合了大数据时代消费者的个性化需求。如大量的所谓“淘品牌”（淘宝和天猫网络上创造的品牌产品）精心策划，取得了成功。

以家电行业为例，传统的家电行业是一个行业整合非常成熟的领域，目前已经进入寡头竞争时代。拿白色家电来说，格力在国内空调市场，海尔在冰箱和洗衣机市场，美的在小家电市场等的占有率都处于绝对领先的垄断地位，国外的家电名牌也虎视眈眈地盯着这个行业。黑电市场的集中度虽不如白电高，但也是巨头林立，小品牌几乎无立足之地。但也有淘品牌（上文提到的小众品牌）在其中找到了生存空间。小熊电器从酸奶机切入，道尔顿专攻饮水机，它们目前都在行业里占有一席之地。

（六）新特征 6：消费者人群构成更加“多层化”

企业的营销，应该迎接消费者多层化需求。20 世纪 90 年代以前的中国消费者人群相对单一，即产品似乎可以满足所有年龄层次人群的需要。例如，中老年、中年人、年轻人服装在设计、面料、色彩等方面没有特别明显的区别。销售渠道也单一，消费者购物的主要场所基本上为传统零售店、百货公司、批发市场等。随着中国经济改革深入发展，经济快速增长，产品从“短缺”进入了“过剩”，中国的经济结构发生了翻天覆地的变化，彻底改变了消费者的消费能力、消费观念，消费层次随之发生了巨大调整。

进入 20 世纪 90 年代以后，从消费者构成的角度看，有两个人群组合走向前台，并影响至今。一个人群是“60 后”“70 后”，他们成为消费的主力，同时也是企业经营的主力人群。出生在 20 世纪 60 年代、70 年代之后的人，他们开始读书的时候，正是中国拨乱反正的年代，社会充满着批判与反思的氛围，他们在继续接受中国主流文化熏陶的同时，大量的西方的新文化和新思潮潮水般涌入正在形成世界观的“60 后”“70 后”人群的思想意识中，他们的社会责任感极强。在消费观上，总体上虽表现出比较谨慎、比较节约的态度和行为，但是“60 后”与“70 后”都有的共同特点，即不排斥新产品、新品牌、新渠道，并愿意尝试。

另外一个人群就是“80 后”与“90 后”，在 20 世纪末走向经济的前台，吹响了消费的新号角。当然，不论是“60 后”与“70 后”之间，还是“80 后”与“90 后”之间，除了具有相同点之外，也存在着很大的差异，或者说完全按照年代出生时间分析消费者的消费观异同不是非常科学的方法。但是实践中，不论是标签，还是自我认识、群体文化认知和消费特征表象，这样的分类也确实存在很大的合理性，或者说，历史的时间烙印清晰地展示了各个时代成长人群的共同特征。

在互联网时代，网络冲浪、网络购物已经成为当今人们主要的工作方式和生活方式；“60后”“70后”“80后”“90后”，甚至“00后”的消费观念相互交融；消费渠道从单一的传统渠道发展成为传统渠道、现代渠道、网络渠道相互并存；消费者虽然属于不同的年龄层，但消费观在有些方面却趋于融合。

1. 复古情感消费

复古已日渐成为引起消费者深层情感共鸣的新时尚。有人调侃说，2012年最难抢的不仅是挪亚方舟的船票，还有一睹3D《泰坦尼克号》电影的“船”票。在这部影片尚未上映之前，早已在国内掀起了一股怀旧热潮。“十年前谁陪你一起去看的《泰坦尼克号》”等问题带着人们回到过去，也引发了人们回电影院重温这部电影的冲动。电影上映首周就在中国内地市场吸金4.6亿元，总票房更高达9.6亿元。主打回忆牌的《泰坦尼克号》的吸引力与魅力不减当年。同时，近年来主打回忆牌的电影不断涌现，《大闹天宫》《蓝精灵》《黑猫警长》等都引起了消费者的广泛关注。有意思的是，人群中不仅有“70后”“80后”的观影大军，而且还有众多的“90后”，了解一下父兄们10年的感情寄托不也是一大乐事吗？在电子商务平台，复古风格的产品更是比比皆是，不少精明的商家迎合了消费者的这种趋势，有人将旧货翻出来，高价出售；有人将新产品赋予怀旧和经典的内涵，将“回忆”售卖给喜欢怀旧、经典的人群。这些现象说明，商家面对变化的市场，将产品和服务多层化，迎合一个阶层的多种需求，或者，开发并推出某种产品以满足多层次人群的需要。

2. 追求互动体验

当今品牌不再仅满足于在网站打造一波活动或单纯地发布与分享一些社会化的故事，而是开始大幅度地投入复杂的数字化应用中。未来的内容将不再是单纯、分散的内容，哪怕这些内容都在传达一样的关键品牌信息。

未来的内容将会更有序、更系统化，并以带动用户的行为变化为目的，即未来的内容会更趋向游戏化的体验。这里的“游戏”，意义更广泛，不是指游戏本身，而是内容互动的游戏化——为了商业目的而设计的体验，用户的长期互动，并且会带动用户的行为变化。

我们也经常发现很多电影、电视等文化产品、网络产品引起了各个年龄层的兴趣，例如“全网民种菜偷菜”、白发苍苍的网民和小学生一起在网络上“斗地主”和“老老少少逛宜家”等有趣的风景线经常呈现在我们面前。而作为线下传统终端家居类产品销售的翘楚企业——宜家（IKEA），也在新时代寻求新变化迎合消费者体验给顾客营造美好的感受。

3. 银发族消费

人口老龄化是当今世界发展的一个重要趋势，中国已经进入了老龄化社会，截至 2021 年年底，中国 60 岁以上的老年人口已达 2 亿人，占总人口的 14.9%。预计到 2050 年，每 5 个人中就会有 1 个老年人。而随着“60 后”逐步进入银发族，以老年人为目标客户的产品市场将进一步扩大。据民政部测算，由于老年人口发展速度过快，到 2050 年我国的老年市场需求是 8 000 多亿元，现在仅满足基本需求就有 1 000 亿元左右。说“银发产业”是个大市场，不仅是因为老年人在不断增加，还因为他们有较强的购买力。有资料介绍，日本的老年人占全国总人口的 17%，而储蓄存款额却占全国储蓄总量的 55%。中国老龄科学研究中心进行过一项调查，我国城市老年人中，42.8% 的人拥有储蓄存款。随着我国经济的发展，老年人的退休金也将不断增加。预测表明，到 2030 年，将增加到 7 3219 亿元。这些资金大部分将进入市场消费，关键是商家是否能开发出迎合老年人需求的产品。

当今中国，50 岁以上的老年人并不是走在潮流之外的人群，和年轻人一样，每天上网并进行网购已经成为很多老年人生活的一部分。淘宝网研究团队曾经专门对 50 岁以上网购人群进行了调查与分析，他们的特征如下。

①男性为主。通过对在淘宝网购物的老人进行调研发现，超过 6 成是男性用户，女性用户不足 4 成，这与全网女性居多的特征略有不同。

②收入较高。老人的收入也较为可观，近 2 成用户家庭月收入（该收入不含子女收入）过万元，超过 6 成月收入在 5 000 元以上。进一步对老年用户职业背景进行分析发现，他们当中过半用户都有政府或事业单位背景，部分用户离退休后会被返聘到其他企业、学校工作。

③互联网经验。75% 以上的用户网龄超过 5 年，有 4 ～ 5 年网络经验的用户约为 10%，有 1 ～ 3 年网络经验的用户约为 12%，而少于 1 年经验的仅占 3%。

④心态年轻。这群高龄用户虽然年龄较长，但依然保持年轻的心态，追求时尚，无论是在购物过程中，还是日常生活中都会关注、跟随时代脚步，使用流行软件。对这些老人来说，使用印象笔记、美图秀秀、微信、淘宝网、炒股软件都是很普通的事。

⑤网购品类。服饰、鞋包、数码、家电、虚拟类商品是老人最常网购的5类商品，但男女购买类目上存在差别，女性用户购买服饰、鞋包类商品较多，而男性用户购买数码、家电居多。

在他们的购买决策中，商品尺码、商品详情、商品评价较被关注，对价格、店铺信誉的关注度相对次之。

第三章　大数据时代的营销管理

在十年前，我们很难想象人们只通过一个智能终端就完成了自己生活、工作、消费的相关事宜。科技进步带动生产力飞速发展，工业时代，人类创造的价值远远超越了农业社会生产的总和；信息时代，通信技术的迭代再一次助力了生产力的进步，信息传播与企业的营销环境已经产生了密切的联系。

第一节　大数据市场营销管理的问题

当大数据挑战了企业传统的营销理念和营销技术，企业管理者逐渐意识到营销创新迫在眉睫。

一、市场消费环境的变化

我国的互联网经济发展迅速，经历了从不了解互联网到凡事都向互联网寻求答案的过程，企业可以通过消费者的日常搜索向其推送产品类型。新闻客户端可以通过读者的阅读习惯向其推送不同类型的新闻资讯。综艺节目通过受众的互动程度来判断明星的被关注程度。原来的企业管理人员根据自己拥有的产品来决定如何进行市场营销，现在的企业管理人员需要通过利用大数据研究消费者再推出产品。

市场营销这一概念也随着经济和技术的不断发展从原来的“营销＝销售”发展到美国市场营销研究协会提出的市场营销是引导货物和劳务从生产者流向消费者或用户的企业商务活动过程，再到今天大家普遍认可的市场营销，在变化的市场环境中，满足消费者需要、实现企业目标的商务活动过程，包括市场调研、选择目标市场、产品开发、产品定价、渠道选择、产品促销、产品储存和运输、产品销售、提供服务等一系列与市场有关的企业业务经营活动。

面对大数据加持的大环境，更加突出了市场营销管理的重要作用，使管理从原来对集体化、社会化行为中积累起来的人文科学，有效地与科学化依据相结合，并且落实到实际工作当中，积极管理、发展企业。

二、市场营销管理存在的问题

（一）营销管理理念有所滞后

当前我国经济结构发生的变化比较大，人们在物质生活方面的水平有了明显提高，大众不仅关注产品需求问题，也更关注服务需求。市场营销在实施时，管理人员需结合市场调研展开准备工作，对管理目标进行进一步确定，以后实施的管理行为也需要基于管理目标开展。但是进行营销管理过程中，往往未能制定明确目标，很多企业在发展中未能充分认识到微观、宏观市场发生的变化，仍然运用传统方式展开市场营销，未能对市场进行量化研究与调查，也未能充分把握市场机会，更未能有效实施市场营销，进行市场营时存在多种问题。

（二）企业市场营销渠道无法有效配合

在电子商务席卷全球的时候，很多企业也纷纷开放了自己的网络营销渠道，购买服务器、设置网络营销体系，却忽略了线下的物流支持、售后服务及客户维护等相关工作，导致消费者对企业丧失信任。一些企业无法妥善处理好线下营销渠道与网络营销之间的关系，导致企业业绩受到了严重的冲击。一些企业在网络营销新兴时期带来的流量业绩中享受到了甜头，不去深刻思考如何利用大数据科学管理信息，了解客户、分析客户，改善产品，而是一味偏重网络营销的形式，最后成为昙花一现的企业。

（三）企业市场营销管理链条不够完善

一些企业虽然设置了大数据管理部门，派遣了专人负责相关工作，但是没有完善各种内部管理机制，缺乏信息传递机制和信息共享机制等，这样就无法有效地向决策者传递数据进行科学的判断，也不能给企业带来较大的决策性影响。一些企业只是将大数据用到了市场营销的前端，在销售阶段起到促进销量的作用，并没有将营销管理机制有效循环起来，贯穿到整个市场营销的环节，从而给行业中的竞争对手留下可乘之机，他们可以采用成本领先战略、差异化战略或者重点集中战略来在消费者心里占据一席之地，从而对原有企业形成压力。

三、大数据时代的营销管理方法

（一）增强营销创新意识

大数据时代下的企业领导者、管理者和员工要全面树立“市场第一、消费者至上”的营销理念，一切为了营销，一切服务于营销，建立起以市场为导向的科学规范的营销网络。要以市场为导向，根据市场营销来确定企业职能部门和人员配置，围绕市场营销抓好原材料采购、生产组织、售后服务等环节职能定位，形成多角度、立体交叉、符合企业实际的营销网络，并持续发展创新营销模式和管理手段，提高产品在市场上的占有率。

（二）强化营销组织创新

在大数据时代，企业要根据产品和市场特点建立起专门的市场体系，明确企业内部各部门的责任、职能及工作分工，确保各部门以及工作人员在开展营销工作时相互协作，充分发挥企业营销中的整体优势和资源的协同作用，促进和扩大产品营销，实现企业规模和效益的同步增长。要成立专门从事营销数据信息的收集、分析部门，整合企业营销管理部门和销售部门，建立有效的沟通协调机制，确保营销信息的顺畅、共享和使用。企业要重视市场信息数据分析的作用，公司营销管理部门和销售部门要依据大数据分析结果完善年度市场营销计划，为企业营销策略的制定提供有价值的信息。

（三）实施营销精准化建设

多数企业仍然坚持过时的传统营销策略或依靠企业发展的经验，这种营销方式缺乏必要的可行性分析，很难做到精准化营销。在大数据时代，精确化的营销方案成为企业从事营销活动的大势所趋，让一切变得可能。企业要积极通过对市场、客户数据信息的分析处理来确定哪些是潜在购买客户，哪些是重点营销区域，并对购买后的用户通过互联网进行定期回访，收集其评价内容，实现互动交流。这些信息将随着产品的生命周期形成非常有价值的行为数据。这些数据的真实性、精准度都是非常高的，对制订有针对性的营销推广方案和策略等都将发挥无可替代的重要作用。

第二节　小微企业与大数据营销管理

小微企业是我国数量最多的企业群体，但小微企业规模普遍较小，因而内部管理体制相对比较薄弱，而大数据技术的应用可以极大地提升小微企业营销管理能力，需要引起小微企业重视。本节基于大数据背景分析了小微企业营销管理创新问题，重点就如何推动营销管理创新提出了一些有针对性的策略。

营销管理是企业管理的重要组成部分，特别是对于小微企业来说，大力加强营销管理具有重要价值。大数据对小微企业更有效地开展营销管理具有十分重要的支撑作用，但目前一些小微企业还没有认识到大数据技术的作用，因而将大数据技术与营销管理进行有效融合的意识和能力不强，制约了小微企业营销管理工作的深度和广度，需引起小微企业重视，努力运用大数据技术提升营销管理水平。

一、大数据技术对中小微企业营销管理的作用

大数据是网络经济发展的产物，随着互联网经济的蓬勃发展，大数据的理念也越来越被很多企业所接受，很多企业都通过大数据分析了解消费者的内在需求，进而改变自身的营销策略，实施精准营销，提高营销效果，进而实现自身的价值。但是，大数据发展时间并不是特别长，而且大数据的发展也需要一定的物质基础，很多中小微企业的发展基础本来就比较薄弱，缺少相应的资金、技术等，不能有效抓住历史发展机遇，实现质的飞跃。还有一些中小微企业，尽管已经意识到大数据营销的重要性，但是由于缺乏相应的专业技术人才等，对大数据的数据使用频率还不是特别高，依然停留在表面，进而导致大数据使用效果不理想。

（一）大数据时代，企业营销不可故步自封

随着经济的发展，人们的物质生活水平也越来越高，人们对企业营销的要求也越来越高，如果一些销售策略比较落后，在一定程度上不能引起消费者的共鸣，则将会出现滞销的现象，因此在大数据时代背景下，改变传统的销售策略具有必要性。首先，对于消费者而言，每一个消费者都希望能够提高自身的购物效率，在较短的时间内购买到一些自己心仪的产品，如果在购物过程中企业能够及时推出自己想要的产品，将会大大提升消费者的购买欲望，并且降低购买的成本。

其次，对于中小微企业而言，中小微企业的研发实力相对较弱，其所生产的产品性能跟大企业相比还存在一定的差距，如果在此阶段不利用大数据进行销售将会使其生产的产品出现滞销的情况，进而影响企业现金流量，很可能会出现资金链断裂的风险。

因此，企业利用大数据的优势进行生产、销售，根据消费者的内在需求生产、销售产品，实施精准营销，这在一定程度上能够促进产品销售，进而提升企业经营业绩，提高企业竞争力。

（二）中小微企业销售策略存在的问题

1. 销售观念比较落后

很多中小微企业的管理者认为，网络营销需要投入大量的人力、物力、财力以及技术，这样的成本投入在一定程度上并不能带来确定性的结果，因此在心理上就拒绝用此类方式进行销售，而是采用传统的销售方式进行销售，如直销、代销等。

2. 数据使用质量比较低

一些中小微企业虽然在第一时间意识到网络销售的重要性，也积极投入较多的资源进行网络建设与发展，但是由于缺乏相应的经验和专业技术人才，数据使用质量比较低。

3. 安全意识比较缺乏

随着互联网经济的发展，很多中小微企业都开始使用网络营销，在网络营销过程中都会收集消费者的一些基本情况和资料等，但是很多中小微企业并不是特别注意保证顾客的安全隐私，也没有实施安全管理，这样就很容易导致客户信息资料的泄露。

（三）大数据时代，中小微企业销售策略改进

1. 树立网络营销意识，建立网络营销体系

中小微企业首先要做的就是树立网络营销意识，管理者要大胆实施创新变革，进行网络营销。其次，要建立网络营销体系。网络营销包括网页营销、产品营销、价格营销等。中小微企业可以通过投入一定的人力、物力、财力资源建立公司网页，进而进行网络营销。

2. 提升大数据使用质量

中小微企业在网络营销过程中对大数据的使用质量应当不断提升，所获取的信息不能仅仅局限于消费者的一些基本资料，而应当深入挖掘，了解消费者的内在需求与消费偏好，这样就能生产出适销对路的产品，进行精准营销，提升营销的效率与效果。

3. 保证消费者隐私安全

中小微企业应当建立相应的规章管理制度，加强对消费者隐私的安全管理，利用数据加密技术对消费者资料进行安全保管。同时，公司还应当成立相应部门和人员，由该部门及人员专门从事信息保管工作，增强顾客的信任，进而提升企业价值。

企业营销是企业不断发展的重要环节，在这个“酒香也怕巷子深”的信息爆炸时代，通过运用多种营销手段获取更多客户才是企业生存并不断壮大的唯一手段。

二、大数据时代小微企业营销管理的策略

（一）优质营销管理平台

优质的移动营销平台大多有以下特点。

1. 流量优质

海量优质流量和充足广告位是提升广告转化率的前提，因此优质的移动营销平台必然覆盖全球的流量网络，对接全球多款优质应用，如 360、开心消消乐等，以优质广告位和流量助力产品海内外推广。

2. 形式多样

多样有效的广告形式可以适应不同类型的营销推广，目前收益较高的广告形式包括激励视频广告、原生广告、信息流视频广告、可玩广告等。

3. 富有创意

内容营销的时代广告创意越来越成为吸引用户的法宝，优质平台应该建立一支创意团队为广告提供源源不断的创意方案，让广告变得有趣吸引。

4. 投放精准

千人千面，不同的用户群体有不同的兴趣爱好，需要平台通过数据分析和智

能算法为其画像，划分标签，然后将广告投放到相应用户兴趣范围内的设备中。投其所好的营销与海投相比，前者预算低，效果还好，可以说是事半功倍。

5. 投放程序化

程序化是大势所趋，通过实时竞价、自动购买跳过人工购买复杂程序，可以简化广告投放流程，以合理的价格获取优质广告资源以及扩大品牌影响力。

6. 自建反作弊技术

多年来移动营销界深受广告作弊之扰，广告主花费了大量的广告预算却没有营销效果。优质的平台着手研究反作弊技术，通过实时监测、离线分析等方法为广告主定制专属反作弊策略，提升广告营销效果。

7. 服务优质

优质平台的服务贯穿广告投放全程，从一开始的市场调查产品分析，到初定广告方案、优化以及后续的跟进、方案调整等都不缺服务团队的专业建议，当广告效果达到某一标准时还会提供新的营销方案，促成新一轮的广告转化。

（二）完善营销管理体系

完善的销售管理体系由七个环节组成，包括定、制、品、商、流、动、核。

1. 定：定目标

销售需要有明确的目标。如果可以的话，定团队目标，共享目标，平均分配。在很多解决方案产品公司需要这样的目标定义。主要原因是协同工作。显然，一个人不好搞定复杂的事情。很多公司定个人目标放弃团队或区域目标会有很多弊端，如恶性竞争，藏私，不公开负面消息等。

2. 制：制度

制定公开公平透明可持续性的制度，从完成开春的年度计划再具体到季度。千万不要一季一个计划，一季一变会让销售人员没有安全感，也会形成短视短利的状况。制度就像水车的引导，把水量引到最大的限度。所以制度会引导销售的方向。即使有破绽，也是故意让方向偏于希望达成的目标。大的方向不变即可。汇报机制，也就是指挥权，也是很关键的制度。汇报机制在很多初创公司里往往说不清楚，也不愿意说清楚。事实上，在销售体系里，这个是非常关键的成功因素。因为，负责人必须拥有指挥和决定权。否则，没人听负责人的话，企业无法完成项目目标。例如，企业在华南区有汇报机制，在华东、华北没有（没有任何批复权利，包括出差、请假、升迁考核等），也就是对业务负责人来说，没有控制点。那就很难发挥，也很难做得好。另外一种常见的情况是很多手伸进来管理，让销售人员无所适从，不知道应该听谁的。在组织授权和汇报系统不明确时，就会出现伪指挥、伪领导的状况。一旦没有任何控制点，将无从领导。

3. 品：产品及服务机制

产品是销售的灵魂，有好的产品，事半功倍，轻松愉快。不过，大部分时候，不是竞争激烈，就是价格战。销售好的日子必须自己把控，公司需要支持销售部门，通常，拿下一个客户不难，但是留住一个客户，不容易。因为产品的特性凸显需要识别，而服务机制可以弥补产品的不足和缺点。可惜多半的初创公司不了解这件事的重要性。客户一旦使用的不好，营销销售口碑会给企业带来不小的损失。

服务体系本身就是应该形成一个服务闭环的。一般认定的服务属于销售产品后的过程。首先，服务需要用一个流程来说明服务的各个阶段，还需要界定服务的范围任务书，包括服务的内容，服务的时间，服务的地点等。如果不是有经验的专人来设计，容易简化和忽略这个重要性。一旦服务的用户体验不好或是使用率不高都会造成用户活化率低。所以，服务的优质与否关系重大。服务得好，可以减少客户投诉，也可以提高用户使用度。反之，则造成客户抱怨和负面宣传。

4. 商：商业模式

商业模式是企业的灵魂，是企业赚钱的方法。再好的产品都需要好的、可行的商业模式。创新商业模式固然重要，但是要看企业目前的所在位置和要去的方向。

5. 流：包括销售流程和销售合同流程

销售流程需要搭配和对应汇报机制的指挥系统。计划自己的客户状况，客户不够多的时候需要寻求上面领导、行销部门或客户关系系统帮忙，以增加有效客户的数量。

销售合同如果是标准合同的话，可以直接走审批流程；如果是非标准合同，需要加入一个流程，让律师给出专业的意见。合同的谈判在销售的环节里非常突出，很容易成为销售过程的阻碍，时间会拖得很长。一旦过程比较长，意味着风险和变化也会随之而来，因此精简合同流程尤为重要。

6. 动：销售的动线

销售就是要以行动代替说话。行动有张有序就是所谓的张弛有度，这样才能事半功倍，游刃有余。

7. 核：中台

销售闭环中间转轴的地方是所谓的中台，这是闭环的动力输出来源，也是成功的关键。

销售闭环的关键点在于一个个节点，每个节点都有不同的任务和重要性。而销售要做大，必须结合好的中台。中台就是行销，也是汇聚点，就像上海虹桥枢纽一样，集合铁路、地铁、公交、长途汽车、机场、商业配套等多功能交通枢纽。

既然中台这么重要，它需要以更结构化的方式才好发挥作用。这个结构包括主动式的智能市场分析、竞争对手分析、产品分析、价格分析、未来市场分析、渠道分析、合作伙伴分析、市场活动、广告、促销、转化率分析等。看得出来，这些内容非常丰富，也非常专业。所以，中台需要和不同的团队联动才能集成信息，达到综合的效果。

从这个中心核，也就是核心区发散到定、制、品、商、流、动六大环节，带动整个销售形成一个闭环系统。

从核到定，有了市场和过去的积累，才能定出明确可行的目标。

从核到制，游戏规则是根据市场的状况订立的，游戏规则的设定最好至少以一年为单位，不要变来变去。

从核到品，产品是最需要市场的反馈的，正确的市场情报将会带来产品的更新迭代以适应需求。

从核到商，适者生存，所以商业模式必须随需而变。中台对提供商业模式的积累和转变起了重要的作用。

从核到流，业务流程需要和中台紧密配合才能从信息注入到输出保持一致性和完整性。

从核到动，销售的行动不断地反馈到中台才能使得中台发挥最佳的组合机制。

有的公司，从宏观的角度来定销售策略，在销售闭环里有三个关键点可以考虑配合落地。

①战略布局影响到工信部、立法局、证监会的认证机制、标准和流程工具。

②树立成功案例为标杆企业模范，这样有助于学习和传播榜样。标杆企业在行业里具有话语权和模仿效应，一旦让这样的企业成为自己的客户，可能比

10 家一般的企业要更有用。一家标杆企业的建立会带来 10 家甚至 100 家的企业齐聚效应。

③复制成功模式，迅速扩大市场。一旦树立标杆企业，就要想办法做复制的动作。复制就在求速度，求倍增，求裂变，求市场占有率等。

销售本身的性格因人而异，有的属于自燃型，给了明确的目标后，自然主动的会奔向结果。对于这样的员工，管理阶层需要一个公平公开透明的游戏规则，当他们回头寻求协助的时候，尽可能满足他们的需求即可。另一种类型是半自燃型，先不论是什么原因造成的，这样的员工除了对上述自燃型员工采取的态度，还需要动之以情的“鞭策”“催促”“鼓励”等。要注意的是，好的公司文化会把大家都带动到自燃型的销售氛围。一般的公司，需要靠制度、管理和管理者的人格魅力来完成。

（三）高质量发展下的营销队伍转型赋能

当前，我国发展进入新时代，随着高质量发展和建设现代化经济体系的不断深入推进，对于行业来说不仅是新挑战更是新契机。加快建设现代化经济体系，全力推动行业高质量发展，是行业保持持续健康发展的必由之路。在高质量发展的背景下，行业的营销队伍必须与时俱进，跟上时代的步伐。

1. 高质量发展形势下的新要求

当前，要推动营销高质量发展的策略和抓手有很多，从经营管理、客户服务到人员队伍等多方面改革，统筹推进管理创新、体制创新、文化创新等方面，塑造依靠创新驱动、发挥先发优势的引领型发展业态。随着市场竞争的日益激烈，企业面临的生存压力越来越大，营销队伍素质在企业竞争中的作用也日益凸显，一支健康向上、凝聚力强、忠诚爱岗的营销队伍对企业的持续、健康发展起着越来越重要的作用。

①转作风规范化。高质量推进营销市场化取向改革，切实研究制定队伍转型方案，进一步完善岗位设置及作业流程，科学调整考核导向。加快实现队伍职能从销售向营销转变、工作方式从单兵作业向团队协作转变、考核评价从结果导向向过程导向转变。

②高素质专业化。在高质量发展的大环境下，营销队伍首先要全面学习掌握行业的相关文件及要求，了解行业发展情况。其次要及时跟进时代步伐，不断在实践中提升个人能力与水平，才能为营销高质量发展贡献更大力量，才能为行业持续健康发展提供坚实保障。

③优服务效能化。当今的市场经济已由“商品竞争”发展为“服务竞争”，优质服务必须体现在销售队伍的日常工作中且成为至关重要的一部分，形成“服务至上”的意识，要真正做优、做实营销服务，提高效能。

2. 营销队伍现状分析

营销类人才不能完全满足发展需求。当前行业营销人才较为缺乏，造成这种情况一方面是招聘的问题。科学高效的招聘工作是吸纳人才的主要环节，但以往在招聘过程中，往往忽略了一些岗位需求与人才技能的对应，导致无法满足营销需求。例如，制定的招聘指标不全面，难以精准定位与实际工作相匹配的营销类员工。另一方面，是对营销人员能力要求正在不断提高，从促成交易的单一重点向提高满意度、分享体验等全方位营销发展，对人际交往能力、学习能力和创新能力的要求以及对吃苦耐劳、责任心、主动性和当场评判能力等这些营销人员的基本要求也在不断提高。

营销队伍整体素质有待提高。目前提高营销队伍素质，培养和造就一支适应新形势下社会主义市场经济发展的营销人才队伍，对企业的生存和发展将起到非常重要的作用。但现在营销队伍整体素质上还存在以下问题。

文化素养发展不均衡，新老员工衔接跨度大。一部分员工是通过转制过来、部队转业退伍或市公司自行招聘，另一部分是通过大学或专科学校毕业招录的应届毕业生。前者中的大部分员工缺乏系统的理论知识，工作方法较为陈旧，而新进的应届毕业生往往又缺乏实践经验，还不能熟练地驾驭本职工作，体现在工作中难免出现人才青黄不接的现象，使企业难以适应新形势对工作提出的新要求。员工工作纪律性不强，专业服务素质不高，员工存在纪律松弛的现象，思想上存在畏难情绪，工作中存在不同程度的懒、散、慢现象，不能完全适应工作需要，工作作风及工作纪律性有待重整和加强。

教育培训力度不够，激励机制形式单一。在教育培训方面，培训形式较为单一、内容缺乏针对性和系统性；在人员激励机制方面，其考核主要限于结果的考核，缺少过程的控制，重视量化指标，忽略细节的管控，有可能导致管理行为不够规范，进而使得员工工作主动性不高，最终影响企业的持续发展。

3. 高质量发展下的队伍转型方式

发挥党建对营销队伍意识形态的引领作用。抓党建，促发展，实现党建工作与业务工作深度融合，通过党的建设引领营销队伍意识形态工作，把党的建设和营销业务统筹起来，协调互动，全力实现党建工作与业务发展齐头并进，不断巩固意识形态阵地，引领销售队伍发展，推动营销队伍走在前、做表率。

培养专业化营销人才。人才需要实现从“硬技能”到“软素质”的转变。随着营销焦点的改变，对营销人才的要求也从商品推销的“硬技能”逐渐向满足顾客的服务和提升消费体验的“软素质”倾斜，从促成交易的单一重点向提高客户满意度、分享体验等全方位营销发展。

营销专业化技能主要包括：首先，能够根据零售户订购习惯、偏好和频率等指导其进行科学、美观、有效的陈列和上柜展示，并能根据线上线下营销类活动及不同阶段重点培育规格适时调整陈列，做好主题陈列、创新陈列。其次，能够根据零售户及消费者的诉求进行品牌的营销促销推广服务，按照营销工作服务流程开展工作，提高市场感知能力及响应速度，增强渠道掌控力。再次，能够通过数据将服务触角延伸至消费者，将面向零售户营销的传统方式转变为面向零售户及消费者营销的新方式。获取消费者会员信息、购物偏好等信息，定期对区域市场进行动态关联性分析，深入挖掘市场潜力，指导零售户科学提高盈利水平。最后，要不断提升、不断适应新要求，迎接新挑战。注重提高人际交往能力、沟通能力、学习能力和创新能力，保持吃苦耐劳精神，成为一名富有责任心、主动性、研判力的营销人员。

探索客户营销服务新方向。在经营指导方面，实现由“一成不变”到“千户千面”的转变。客户经理要迅速准确地掌握市场状况并进行科学研判，从主观判断到更多地依靠数据分析进行科学指导，熟悉辖区内各零售客户商圈及周边经营情况，做到指导因人而异，因地制宜。另一方面，通过纵向分析客户不同销售周期内的波动情况，找出季节性波动规律，有效提升经营指导作用。在异常分析方面实现由“没有问题”到“问题罗列”的转变。在客户服务过程中，客户经理很多时候面对单个零售户并不知道存在什么问题、应该开展哪些服务项目。客户经理可以通过以下三步实现精准服务：首先是了解客户基本情况，掌握他的销售结构如何、与周边零售户的定位有何区别、主要消费群体的特征等；其次是分析经营行为，清楚零售户的销售方式、偏好等，及时帮助其解决问题等；最后是直击痛点，针对不同零售户面临的问题，进行重点服务，各个击破，落实开展差异化服务。在客户服务方面，实现由“挨家挨户”到“目标线路”的转变。大数据下的服务线路以“问题轨迹”为基础，分析零售户诉求，形成以市场导向为中心的服务模式。把问题客户放在服务线路规划中，细化需求，对服务项目按轻重缓急进行等级分类。在目标线路制订过程中，做到带着问题上市场，带着信息回来，有效提高客户服务质量。

4. 营销队伍转型赋能注意事项

①转变营销意识并推广复合式的营销模式。一方面，由传统营销意识向以服务为主的营销意识转变，满足零售户和消费者多维度多层次的需求，包括进行产品规格特点介绍、宣传，消费体验分享，生产过程的观光游览等。另一方面，推广复合式的营销模式，包括推广关联营销、文化营销、口碑营销、体验营销等多种不同的营销方式来对消费者的感官、思维、行为进行刺激。

②注重提升队伍整体素质。在工作中增强主动性和创新性引导，不断学习政治理论和业务知识，促进综合素质提升。加大培训力度，创新培训形式。建立一套系统化、规范化、制度化的科学完备的培训体系，将培训常态化、周期化，把各项培训工作真正落到实处。在培训内容方面，以专业知识、专业素养的提升为重点，以网络化、信息化为支撑，不断扩大培训的范围、拓宽教育培训视野。在培训方式方面，采取理论实践相结合的方针，同时还可以采取知识竞赛、现场实操等一系列的方式，强化培训效果，提高培训质量。

③完善考核激励机制，建立学习型组织。深化薪酬体系改革，提高薪酬考核体系的公平性、科学性。以能力、水平作为考核基础，充分调动一线营销队伍工作积极性、主动性。细化薪酬制度，对相同范围、不同表现的员工实行区别对待，为员工提供更大的发展空间；在绩效考核方面，量化考核内容，减少考核中的随意性和片面性；在人才激励机制方面，以“基本需求层次理论”为指导，通过多种激励方式，不断深化改革，健全和完善优胜劣汰的竞争机制，最终实现“人尽其才，才尽其用”。提高员工素质，实质是要让员工得到全面发展，而要求员工的全面发展，学习型组织的建设就显得更加迫切。

④促进营销队伍专业化分工。将人力资源分配进一步优化，根据客户需求进一步细分客户经理职责，将原来“全能型”的客户经理转变成“专业型”，明确各类经理的核心职责，如分成经营指导类、数据分析类、品牌培育类和综合事务类等不同类型。同时结合客户经理意愿，专业化岗位配备相应人员，引导客户经理掌握专业化技能，使客户经理队伍中具备各类专业人才，提升服务的有效性和响应速度，实现差异化服务策略。

我们处在一个互联网高速发展的新时代，任何传统行业如果不主动寻求转型，很难继续在传统行业中持续保持领先地位。人才队伍的转型发展是实现营销高质量发展中关键的一环，要在创建优秀商业企业和市场化取向改革的大背景下，抓住机遇，促成转型，打通已有线上线下资源，利用大数据、新平台、新技术、新产品和新管理等，树立精益管理理念、培养全方位营销人才，实现营销队伍转型赋能，促进行业的长久可持续发展。

第三节　科学营销：大数据的营销范式

一、营销范式的发展与不足

市场营销是能够为交易或交换主体及社会创造和传递价值的一系列活动。营销活动总是为了更好地满足市场需要而出现，而市场及其需要的变化从来没有停止过。因此，营销理论也在不断变化之中，最终导致了营销范式的革新。

19 世纪末 20 世纪初，美国社会经济环境发生了深刻变化。随着标准产品、零部件和机械工具的发展，食品储存手段的现代化及电灯、自动织机的应用等，美国农业经济迅速向工业经济转变，标准化、专业化程度日益提高，出现空前繁荣。同时，交通运输（铁路运输、汽车运输和水上运输）、通信技术的迅速发展和人口的持续增长促进了美国国内市场规模的扩大，加上政府通过免费提供场地、税收优惠等各种方式刺激工业生产，大规模的生产使美国制造业取得了惊人的发展。在这一时期大规模的零售贸易逐步成为美国国民经济的一大因素：百货商店已经盛行，邮购商店也开始建立并逐渐发展壮大，连锁商店的销售额迅速增加。20 世纪 40 年代，美国国民生产总值以惊人的速度增长，工业大规模扩张导致大量库存出现，“过剩经济危机”驱使管理者从产品导向转移至顾客导向，发展一系列调查与分析市场以及制定营销战略的方法，包括市场定位法和“4P”营销组合等，从而扩大了自己的市场覆盖面和销售网络，最终达到帮助企业节约成本、最大化经济收益的目的。因此，在这一时期营销学者遵循古典经济学的假设，将市场中的行为主体视为完全理性的经济人，只关注离散的、短期的、即时的交易经济绩效，通过设计营销决策模型以减小成本、获得经济收益和竞争优势，此营销范式为交易营销。交易营销将营销主体看作无数个通过计算经济利益完成市场交易的冷冰冰的机器，而忽略了交易中双方的互动过程和心理感知，尤其是顾客的个性化需求。

随着社会生产力的发展，人们的需求水平和生活质量不断提高，企业竞争压力不断增强，管理者和营销学者开始关注消费者利益、社会长远利益与企业利润之间的矛盾和冲突以及企业与顾客在交易过程中的社会互动。良好的社会互动有助于维持长期的顾客关系，提升顾客忠诚度和重复购买率，进而提升企业绩效。尤其在竞争越来越激烈的市场环境中，建立和维持长期顾客关系是至关重要的。因此，关系营销强调与顾客建立长期稳定合作关系的重要性，而相互信赖、相互信任的合作关系是企业实现关系营销的基础。关系营销导向实现了从倾听顾客声音到与顾客对话这一根本性转变，企业不单单对顾客的反馈做出反应，还积极地发起并维护与顾客之间的参与式交易。顾客与供应商之间的紧密关系增强了交换的关系维度的重要性，并强调长期、双赢的交换关系。具有关系营销导向的企业不仅看重企业自身利益，也关心合作伙伴的利益，而关注即时交易的交易营销无法解释和指导这一时期的营销活动。因此，关系营销导向被提出来后被认为是营销范式的一种革新，开启了营销研究的另一个新阶段。关系营销大量汲取社会学、心理学及社会心理学的理论，涌现出丰富的关于角色、沟通、冲突、权力、冲突管理和投机等关注交易双方的互动过程的渠道研究，弥补了交易营销的不足，但仍然无法满足顾客的个性化需求，也不能创造更多的顾客让渡价值。

将营销战略看作一个连续体，连续体的一端为交易营销，另一端为关系营销。交易营销关注短期的、即时的、分散的交易，一次交易即为一笔生意，不考虑对之后的影响。相反，关系营销关注长期的合作关系，交易是连续的和长期的，会考虑当前的交易对以后的合作的影响。交易营销与关系营销分别适用于不同类型的产品或服务，两种营销战略由于导向的不同使营销者采用完全不同的营销方法。笔者认为，交易营销将顾客看作标有固定需求和购买能力的经济人，关系营销则将顾客看作具有购买意愿和社交意愿的社会人，两种营销范式都忽略了每个顾客的独特性及其个性化需求。

二、理解销售与营销的区别

销售与营销的本质区别：销售是卖产品，而营销是卖品牌；并且两者的核心业务能力也不同。当今社会绝大部分培训师将“销售”与“营销”混为一谈，表面上看好像对大家没什么危害；实际上反映出其对两者的业务概念与核心能力并未总结、提炼到位；其实，你想要学习的是如何执行你的业务的思路与方法，而不是听他分享他的业务成功的执行经验与人生做事的原则与道理。

分析两者区别的目的是让相应岗位的从业者能够更明确、更快速地学习、执行各自的业务。主要原因也是源于当今社会绝大部分企业在公司管理方面，销售部与营销部相应的职责是分开管理的。

（一）两者的业务概念不同

所谓销售是指销售员主动卖产品给客户；而营销是指营销员激活客户主动来买产品。也可以说营销是为了销售业务顺利地开展而营造良好的交易环境。

所以说销售就是销售员要主动寻找客户，并向其推荐所销售的产品，以此来帮助对方解决相应的问题，由此达成相应的交易行为。而营销是营销员选择一些渠道，采用一定的推广方法，通过一定的文案或活动，激发客户使其对产品产生需要感，从而使客户主动来购买相应品牌产品的行为。

也可以说营销员只负责通过各种方式发布产品价值信息，并不负责直接卖产品给客户。并且，当今社会各类型企业的营销员也是这么执行业务的，所以给营销部成员培训时，就必须按照其工作流程来阐述相应岗位的执行方法，才能使其获得能力、效率等方面的提升。

（二）两者的核心能力不同

对于企业而言，企业员工从事销售或营销相关业务的初期，必须练习该业务的核心技能。因为企业只会给你短暂的时间执行相应的业务，所以只能通过掌握业务的核心技能，从而有可能在短时间内获得一定的结果，有此稳定业绩之后再去练习相关辅助技能。

所谓核心技能是指从事相关业务需要使用到且不从事该业务就不需要使用到的一些技能。根据核心技能的概念研究得出销售与营销的核心技能。

当企业在从事销售业务时，你首先最想要获得的就是潜在客户名单信息；其次是开发出意向客户并成功邀约面谈的方法；最后就是激活客户当场购买产品的交流话术与行为能力。由此得出销售的核心技能：分析潜在客户信息的能力，开发意向客户信息的能力，激活客户购买产品的能力。

同样，当企业在进行营销业务时，你首先最想要获得的就是一份可执行的营销方案；其次是根据方案要求制作出营销内容；最后就是执行营销方案的推广工作。由此得出营销的核心技能：策划营销方案的能力，制作营销内容的能力，推广营销内容的能力。

（三）两者的执行能力不同

根据上文对两者业务的核心技能介绍，以及结合当今社会各企业现象，可以看出就销售与营销两者业务的执行能力而言，也有本质上的区别。

一般企业在招聘时，就销售业务对销售员各方面的能力比营销业务对营销员的能力要低一些，应该说两项业务对执行者所需要具备的能力项目有所不同。

销售业务需要执行力强，思维灵活，还要具有耐心与意志力，并且最好具备良好的人际交往能力，由此才能获得丰厚的销售业绩，从而将销售业务当作自己的终身事业。

而营销业务需要思考力强，写作思维具有创新精神，还要具备熟练的计算机应用能力，并且最好具备人性分析能力，由此才能获得惊人的营销业绩，从而将营销业务当作自己的终身事业。

（四）两者的本质目的不同

对于任何一个企业而言，销售业务的主要目的是销售产品，而营销业务的主要目的是提升品牌知名度。由此，可以得出两者的本质目的区别就是销售是卖产品，而营销是卖品牌。

只是对于一些小企业来讲，由于资金、人才等因素，前期只能关注销售业务，意思就是先把产品卖出去，让企业拥有一定的现金流与利润之后再逐渐关注营销业务，由此实现提升企业品牌知名度的效果，达到加快销售业务进展的结果。

综上所述，分析“销售”与“营销”之间的区别，目的在于启发销售员与营销员在从事相关业务的时候，要抓住本业务的核心技能去练习、去执行；消除一些从事销售工作的销售员内心总想着怎么样通过营销方式来卖产品的想法。不是说销售员不能做营销，而是销售员必须在履行完基本销售业务之后才能在自己的能力范围内，应用简单的营销方法激发客户对产品的兴趣，从而便于自己后期销售业务的开展。因为对于一些新上市以及使用频率低且价格过高的产品来讲，则需要销售员频繁地与目标客户接触，才会产生相应的交易行为；并且对于此类型业务，营销只是起到提升品牌知名度的效果，很难达到销售产品的目的。

三、科学营销的局限与未来研究方向

尽管科学营销通过满足顾客的个性化需求提升了顾客的满意度和忠诚度，使企业在竞争日益激烈的环境中获取竞争优势，但科学营销的实施需要企业拥有获取顾客数据信息的途径以及先进的信息收集和处理技术，而目前仅有少数企业具备科学营销的条件，因而科学营销仍处于起步阶段，如果缺乏有效的管理，可能存在以下问题。

第一，“大数据杀熟”问题。大数据杀熟指的是针对某一件商品或者针对某一个服务的时候，老客户所看到的价格反而要比新客户更高。很多经营者会利用大数据对消费者的信息进行分析以及收集，对消费者的消费偏好以及收入水平进行了解，然后将某一件商品用不同的价格售卖给不同的消费者。

“大数据杀熟”的表现最常见的一种就是针对同一件商品，老客户购买的价格会更高一些。其次就是常见的捆绑服务，比如上一次因特殊情况购买飞机票时，勾选了贵宾休息室或其他的服务，下一次购买时就会默认勾选。“大数据杀熟”使得对某件商品或者服务多次浏览但是并没有购买，价格反而会越来越贵。

如何避免“大数据杀熟”，我们可以准备一个备用的手机，然后不进行任何账户注册，在平台上对商品进行价格监测。将搜索出来的价格和监测出来的价格进行对比，如果我们日常使用的是苹果手机，可以选择安卓手机作为备用，如果日常使用安卓手机，可以选择苹果手机作为备用。一旦登录就会遗留信息，这是大数据的典型特征，所以我们要尽可能避免信息串联在一起。如果在多个平台上使用到的昵称、邮箱都是同一个，那么信息串联的概率会很大。这样，很多平台就会利用信息拼接的方式获取更多消费者的相关信息，出现“大数据杀熟”的概率会更高。最后一个经典的方法就是货比三家，如果有时间的话可以去线下多对比对比，或者在线上多对比几家店铺，对价格进行比较，就不会被“杀熟”了。因此，“大数据杀熟”违背了科学营销的理念，错误地利用大数据分析工具，分别从经济和社会两方面降低了顾客的满意度，破坏了合作氛围，为企业带来了负面影响。

那么数据隐私的重要性就被凸显出来了，在制定数据隐私政策时，产品制造商应该优化客户体验，同时将监管风险最小化。在互联网、物联网等消费技术方面，这一转变使企业需要调整其数据隐私政策，重新定义其客户交互。麦肯锡公司的业务经理表示，拥有成熟数据隐私政策的公司可以将安全和隐私作为竞争差异化的重点，不能在名誉受损或可能违反隐私法规上冒任何风险。企业对消费者的数据收集是一把“双刃剑”。一方面，他们可以做分析，更好地了解消费者，并围绕这一分析制定价值主张；另一方面，对数据正确处理的责任也会越来越大。许多组织都在努力跟上不断变化的有关隐私的条例进展，消费者们也对智能音箱、智能手机、人脸识别监控摄像头等数据设备的保密情况越来越关注。

对于制造商来说，对物联网安全框架和法规的相关研究是至关重要的。制造商应该从多种角度考虑风险。对于消费者来说，数据隐私的威胁可能来自内部，也可能来自外部。如果你是房主，你可能会想“有人在监视我吗？”“他们能打开我的门吗？”“他们能得到我的数据吗？”，同时外部同样存在威胁，如物联网设备被武器化、僵尸网络等。以前，信用卡号被盗给部分用户造成了麻烦和不便，他们不得不办理各种手续以防损失；但高度敏感数据（包括个人图像、财务和医疗记录）的入侵数量也正在逐渐增加。这种私密的、个人化影响是前所未有的，肯定会增加公众对公司维护数据水平的质疑。最终，这会带来政策的持续发展和监管力度的加大。如果一家公司数据被攻击，其应对措施很重要，这说明你关心用户的安全隐私有没有受到影响。

面向消费者的行业还必须应对公众对他们缺乏信任的问题。与消费品公司相比，消费者更信任医疗保健和金融服务机构。采用保守数据隐私策略的组织和公司可以有效向用户传达其数据管理的成熟度。创建一个地图显示组织内部及外部数据，然后制定明确的制度，规定在哪里以及如何使用用户数据等，当消费者在市场上有选择时，考虑这些特别重要。越来越多的消费者不愿与存在问题或隐私数据处理不明确的公司产生交易。如果他们对某家公司的安全措施缺乏信任，他们会避免与之有交易往来。如果一家公司未经允许与其他公司共享敏感数据，他们必将与该公司停止业务往来。

第四节　大数据时代的精准营销

本节尝试提出在大数据背景下科学营销的思想，并将其与交易营销和关系营销做比较，以期加强对科学营销的理解。通过比较发现，尽管新的营销范式是范式革命的产物，但三种营销范式之间仍存在相似之处，且核心思想都是更好地满足顾客需求，创造更多的顾客让渡价值。鉴于科学营销尚处于初始阶段，管理者和营销学者仍处于摸索过程中，尚未形成公认或标准的实施准则和管理制度，会产生一些问题，如“大数据杀熟”和顾客隐私数据问题，这就需要管理者及营销学者进一步推进和完善科学营销的发展。

随着营销行业的快速发展，精准营销概念逐渐被大家熟知，精准营销利用定性和定量相结合的方式对市场中的消费者进行细致划分，按照消费者的行为特征和消费心理采取相应的方法、技术和指向明确的策略，从而对不同的消费群体实施有效的营销沟通。

一、精准营销方法

（一）基于数据库营销

想要实现精准营销，首先需要设立完备的消费者数据库，然后需要企业进行长期的努力，若企业不具备独立的数据库，则可以在其他数据库当中选择消费者的潜在信息，从而开展精准营销活动。

（二）关键词搜索广告营销

可以使用搜索引擎对信息进行过滤，将客户感兴趣的内容推荐给客户，实现精准推送作用。一般的消费者在购买产品或者服务时会先利用网络进行搜索，此时企业可以利用搜索网站将相应的信息呈现在消费者面前，具有很强的精准性和针对性。

（三）数据挖掘技术营销

使用数据挖掘技术分析数据库当中的数据是数据营销的主要分析方法。数据挖掘主要是为了在大量的数据当中选择有用的信息及知识，这样可以对信息进行分析，从而预测客户的行为，帮助企业减少风险、调整市场政策，从而做出最正确的选择。

（四）自媒体营销

随着自媒体时代的到来，出现了很多的网络名人及自媒体明星等，他们的特点是具有一定的号召力，有助于网络数据库精准营销的发展，如微博营销，可以通过话题互动，利用名人效应进行推销，这样不但操作简单，而且费用较低，因此属于较好的精准营销策略。

二、“大数据 +”对精准营销的作用

（一）助力与客户信息的处理和收集

为了实现精准营销，我们需要大量的信息内容，主要包含描述信息，即客户的基本信息（年龄、职业、性别、联系方式和收入等）；行为信息，即顾客的购买行为特征（购买服务或产品的类型、与企业之间的联系记录、消费记录、消费偏好等）；关联信息，即顾客内在的心理因素，顾客常用的关联信息（忠诚度和满意度、流失倾向和企业间的联络倾向、对服务或产品的态度等）。

将大量数据进行汇总，使得“大数据 +”营销精准管理成为可能。数据挖掘

技术的使用可以在大量的客户信息当中获得对企业有利的信息，从而对客户的价值与行为模式进行分析和判断，筛选和自身品牌相匹配的客户，降低在品牌推销方面的无效投资，提升营销的精准性。

（二）更精准的市场定位

按照“二八”原则，80% 的企业收益来自 20% 的客户，所以应该将有效的资源投入这 20% 的忠诚客户当中，将营销的重点内容设置为这 20% 的用户，利用最小的投入来获取最大化的利益。“大数据 +”在精准营销当中的应用可以使用大量的数据以及先进的数据挖掘技术来对客户的行为特征进行发掘，从而清晰地描述消费者对服务和产品的需求特征，从多方面考虑企业提供的服务和产品以满足客户群体，对市场进行精准定位。

（三）辅助营销决策和战略设计

通过对客户信息数据的挖掘和收集可以找到相应的目标客户群，按照他们的活动目标设计相应的营销活动创意（包括产品、渠道、价格、促销等），同时对这些方案进行评估，找到最合适的创意，从而形成营销方案。好的营销方案需要对应相应的目标客户群，若不存在数据支撑，则指定的营销决策和方案就不够科学合理，难以对用户进行聚焦。在现有的数据当中可以获得不同的客户群特征，市场工作人员可以结合企业能力、战略、市场环境等因素，在客户群体中寻找商业机会，并制定相应的营销战略。

（四）对未来的预测能力

数据不但可以帮助人们分析现在发生了什么，还可以对以后发生的事情进行预测，从而早做准备，占据先机和主动性。在传统数据中，无法利用局部样本获得事物之间的联系，因此难以对未来的情况进行准确的预测。大数据与此不同，可以将客户的行为精准地关联起来。

三、“大数据 +”助力精准营销的实施

（一）用户数据的挖掘

脸书包含大量的消费者数据，用户人数超过了 12 亿，并且用户及时地更新自己的状态，并分享自己喜欢的内容。通过对这些数据的收集、存储以及分析，可以对用户的行为方式进行分析。企业可以利用脸书当中的数据对顾客群进行分析，从而获得更多的数据，进而对品牌内容进行评估，并制作品牌受众地图，

最终实现精准营销。对社交网络数据进行分析，可以找到用户之间的通性，如对用户的信息进行分析，从而找到用户消费习惯、喜好以及政治倾向等。

（二）定向广告推送

目前用户在网站上搜索过某款新产品的信息，在接下来的几天和几周内，无论去哪个网站或者社交媒体平台浏览，都会被新产品的广告所包围。这种情况大家估计曾经都遇到过，在线上营销世界中，这被称为重定向广告，已经无处不在。原理是这样的：当你访问在线商店时，供应商会在浏览器上放置一个标记，广告交易平台可以检测到该标记，并将相关广告推送到你访问的其他网站或者社交媒体应用上，广告可能来自供应商，也可能来自竞争对手。

这些广告确实有效，最近的调查显示，一些营销人员已将其数字广告预算的一半以上都用于投放重定向广告。

但关于如何有效部署此类广告仍然存在许多需要回答的问题。例如，重定向广告应该在访客浏览后立即开始投放还是等数周以后再开始？投放应该持续多久？一周或是一个月？

重定向广告确实会影响消费者的行为。无论是在整个购买过程的早期或是相对后期的阶段，都有很大一部分用户会因为重定向广告而改变其行为。这些回头客为商家提供了再一次的机会销售产品，而且这些商家还可以通过在自己网站上展示其他相关产品的广告来获得更多的收益。

在用户访问网站之后的第一周内展示的重定向广告比在随后几周展示的广告要更有效。实际上，在所有第一周投放的广告中，大约有三分之一的广告效果都发生在第一天，而另一半则发生在前两天。这一发现与当前有关重定向广告的普遍假设是背道而驰的。大家原本认为，重定向广告主要是对潜在购物者的一种“提醒”，因此在消费者访问网站后立即投放广告并不会取得最好的效果。

即使广告中没有包含任何消费者在初次访问网站时未浏览过的新信息，他们仍然可以将消费者带回到投放广告的零售商网站。这表明此类广告可以通过仅仅重复已知的信息就有效地提高网站的参与度，尤其是对于那些已经做过很多研究并将商品加入了购物车的用户而言。

（三）主题数据的开发

主题数据是指可以将消费者对主题、品牌、活动和事件等的反馈展示给企业的营销者，通过提供特定活动当中消费者的潜在行为来帮助营销工作者进行营销分析。对统计的数据实施分类处理并对相关客户的信息进行剥离，在一定意义上对客户的信息产生保护。企业可以利用网络访问来获得客户群的数据，选择性地对他们的营销方式进行改变，同时进行品牌内容的评估工作，从而实现精准的客户开发和品牌推销。利用设计网络平台中的数据，我们可以对用户的社交圈、喜好以及兴趣等进行分析，从而获得客户的个人数据，为企业的精准营销奠定基础。

第五节　大数据营销客户关系管理

随着信息化时代的发展，网络日渐成为人们沟通和交流的重要媒介，加之手机等设备的普及，给微信等新型即时沟通联系软件带来了巨大的发展空间。微信营销伴随着微信的产生和普及实现了网络经济对传统营销行为及模式的创新。如何运用新型的技术手段来加强与客户的联系，大力挖掘客户资源，对企业的营销可以提供有效的咨询和决策依据，因此通过研究微信大数据营销下的客户关系管理将会对企业或者第三方有效运用微信平台进行大数据营销有着非常重要的意义。

随着实名制社区和电子商务的普遍化，传统的客户关系管理已经逐渐不再具有营销优势，运用微信的大数据来进行客户关系管理已经成为企业营销的重要渠道，通过微信用户之间的人际关系链条形成巨大的人脉网，并最终实现交易和融合已经成为未来的营销发展趋势之一。

一、客户关系管理系统

（一）客户关系重要性

如今用户数据变得越来越强大，它可以为营销人员带来很多价值：简化信息传递、加强广告后的说服作用进而提升用户转化率；此外，我们亦可利用这些用户数据和他们建立起更加稳固的客户关系，提升其忠诚度，甚至能让消费者转化成为品牌大使或者代言人。

然而，尽管数据对营销人员的作用不言而喻，但我们仍要谨慎而负责任地行事，不能忽视客户的隐私和安全，我们应该加强这种信任关系。

1. 利用老客数据带动新客

数据最强大的作用之一，就是带来更多的销售机会，用得好就可以打动消费者，直接下单购买，用一对夫妇举例，妻子发现自己怀孕了，需要买一辆更大的车。他们在线购物路径可能看起来和其他人没什么区别，但数据告诉我们，这是他们的第三个孩子，应该需要一辆城市越野车或小型货车。如此一来，正确使用数据可引导客户进入合适的购物路径，并为建立客户关系打下良好的基础。

2. 建立客户忠诚度的三个关键时间节点

正如前文所述，利用数据能发现个人灵感时刻是提高顾客忠诚度的关键。建立客户忠诚度的三种类型的关键时间节点：人性时刻、回忆时刻以及启发时刻。

人性时刻。不同的人在不同生活阶段产生了特定的需求。一定要抓住只属于用户自身的那个时刻，比如他们刚刚大学毕业，他们需要什么，要寻找什么，要抓住他们的需求方向，不过，处处都是重大生活变化，人性还体现在很多细微的方面，简单来说，像喝完咖啡想吃薄荷糖，或者决定跑步后想买双新鞋等。

回忆时刻。其实这和外界的影响有关，我们生活在复杂的媒体环境中，每天都有各种信息的轰炸，例如看过某个短视频之后突然想重新装修房间；又例如看过一个新剧，对某个剧中人的衣服很感兴趣，突然间在某个地方看到了同样的衣服，这时候就很可能产生购物行为，要注意，这些并不是之前的浏览商品记录带来的新购物需求，而是在看过所有内容之后激起了回忆。

启发时刻。很多品牌公司都会通过电子邮件、小程序、折扣优惠和代码等与潜在客户沟通，如果触达比较精准，这个时候用户的确能想起来你，给你好评，要把这个时刻当作带给用户良好体验的机会，这样触达才会更加有效。

3. 把消费者变成品牌代言人

利用数据产生更多的回头客之后，还可以利用客户数据来创造铁杆粉丝。首先，消除任何引起不愉悦的客户体验，如简化购买步骤或表格。有时候只要减少表格上的一个字段，就能让人们觉得比竞争对手更易用。

同样，企业也应该对客户经常提出的问题和疑虑采取积极主动的态度。例如，客户往往会在购买后问很多问题，营销人员可以利用这个机会，在他们问之前就发出答案。这时候数据可以发挥替代人的作用，可以判断到底哪些问题被问得频次比较高，还有答案库里面会有哪些解答，预设这些，可以做到快速响应，这个时候用户的问题会非常多，因此可以大幅减少彼此的压力，并创造一个积极的客户体验。

最后，要提高体验预期。很多人都只关注于快速的响应，事实上，一些最好的品牌放慢了消费者体验的速度，甚至饥渴营销，让人们产生了意想不到的惊喜，而这就会创造出狂热的粉丝群体。

这样的做法甚至可以把一项平常的产品转化为一种特别的体验，例如，餐厅所供应的食物均由机器人“厨师”掌勺，而前台接待、地面配送等服务也均由机器人完成，看似很平常的餐饮服务都可以吃出惊喜，而且不仅可以吃，还可以带给用户新鲜的观赏体验，让用户能主动在朋友圈分享，并且还创造了很多品牌话题的机会。这些粉丝对品牌具有强烈认同感，主动帮助品牌进行传播。

4. 收集数据，但不要让用户反感

如今，部分消费者可能会对品牌或者平台使用他们数据明显抱有戒心，“大数据杀熟”的呼声不断，我们当然不能违背法律法规、公序良俗，但品牌又如何更好地使用用户数据而不至于让他们反感呢?

透明与诚实不仅有助于解决人们的担忧，而且还能培养一种真实感。当消费者可能会读到一些让他们感到疑惑的东西之前，反而大胆承认会更好。

另外想提示一点的是，如果有些对话留言是由企业一个有名有姓的员工发出的，可能会对大部分用户有更好的体验，他们会邀请与用户保持“友谊式的”沟通，而不是高高在上的一个命令，这样有助于拉近与用户之间的距离。建议用第一人称和用户写邮件，最好采用真实的姓名，这样消费者会产生更多的信任。

5. 思考销售之外的客户数据

当收集和分析了很多客户数据之后，需要认真思考如何将单纯的销售转化变为长期的客户关系，基于此，可以从关系的视角来看待用户数据，一方面促进如何改善与用户的体验，加强彼此的关系，另一方面发现未知的机会，最终建立起更进一步的客户关系；用户会主动将品牌与竞争对手相比较，逐渐产生了更多的信任，最终将他们转化成为长期粉丝。

千里之行，始于足下，每次与客户的接触都进步一点点，良好的技术手段是促进进步的工具，可以帮助收集、组织和管理客户数据，以正确方式加强和他们的互动，创造优质的用户体验，推动建立长期的客户关系。

（二）客户关系管理要点

1. 客户便签要到位

可以用贴标签的方式对客户进行分类。分类设置可以确定为：职业类型、性格特点、工作阶层、工资情况。例如，一个客户的标签是重点客户、意向客户、潜在客户、粉丝客户等，这样我们就可以针对性地管理了，做到精确营销。

2.“刷”存在感一定要点到即止，简明扼要

社交圈是我们塑造个人品牌和树立门店形象的主战场，一定要杜绝广告刷屏，不要赤裸裸去刷产品广告，原则上每天的广告信息不要超过两条，需要做的是让客户知道你是个真实的人，分享的内容是有价值的。

3. 社交圈点赞常有

互动是客户管理最为重要的环节，是彼此相互建立信任和好感的基础。珍惜社交圈里的每一个点赞和评论，把每一个点赞，每一个评论当作一次交流的机会，每个点赞的都会借机去跟对方私聊，20% 的时间在宣传，80% 的时间在与感兴趣的客户互动。

4. 群营销

开始做销售之后，客户不断增加，人多之后，更好的服务那就是社群营销了，群现在的营销效果骤降，营销价值也在急剧降低。那么我们如何利用群互动呢？首先是群规则，一个组织想要长久，必须有其规矩，对群成员的行为有一定的约束管理，其次是群宗旨，建立这个群想要达到什么目的，最后是群内容，想要群成员的黏性大，必须持续的输出价值。

5. 做好员工工作号监管

营销型企业一定要给员工安排专门的工作号，这样可以最大限度地避免员工私下转移客户或者删除客户等行为，所以，作为企业，要如何做好销售、客服员工的工作号监管呢？

其实，我们只要仔细观察就可以发现，大部分企业手下都会有一批员工负责营销，为了可以监管员工工作号，企业除了开始给员工分发工作号、保障员工的私生活、防止员工利用公司漏洞滥用职权从而导致客户流失以外，最多的还是想办法将每个员工工作号的客户统一起来做好监管。

（三）建立客户关系管理的原则

客户为企业带来直接的收入，从而使得企业可以赚取更多收益，而这些收益也能够促使企业为客户提供持久优质的服务，所以企业和客户之间的关系是相互的。对于企业来说，做好客户关系管理非常之重要，同时需要注意掌握策略和方法，最终实现有序、稳定的客户关系。

1. 提供优质的服务（产品）

在客户关系管理的策略中，基本的策略就是提供优质的产品或服务。客户之

所以愿意选择购买某个企业的产品，根本原因在于客户认为产品能够满足他的需求，具有一定的价值。因此在管理客户关系时，提供优质的产品和服务是首要的。优质的服务是企业和客户之间的纽带，是维系客户关系的根本之所在。

2. 了解客户并换位思考

了解客户就是了解市场，换位思考就是针对市场做出有效调整，这也是客户关系管理的重要策略。一个产品在投入市场之前，应该先做到了解市场，并有一定的预期，了解其针对的人群。有条件的企业可以进行客户画像，从而提升产品力和市场竞争力。多站在客户的角度思考问题，可以帮助企业创造成功的条件。

3. 持续沟通

客户对企业的认可度越高，产生购买行为的概率和频率相应也会提高。为了维系好客户关系，企业需要跟客户进行持续沟通。持续沟通一来可以了解客户的心理和需求，二来可以维系更好的客情关系。在对客户关系进行系统管理的前提下，对重点客户保持沟通，可以明显增加客户复购的概率，从而实现销售额提升。

4. 维护关系

在对客户进行科学有序管理的前提下，需要花费一定的精力维护好客户关系，这是客户关系管理策略中非常重要的一部分。做好客户关系的维护仅仅保持沟通是远远不够的，同时还需要企业做好配套的服务和关怀。这是一个较为笼统的策略方法，企业可以根据这一策略制订完善的计划，例如节假日礼物慰问，生日短信祝福等。这一系列动作的目的只有一个，就是维护客情关系。

二、进行客户关系管理优势及重点分析

（一）进行客户关系管理的优势

1. 用户之间具有强连带关系

目前来看，微信支持 QQ、手机号等方式直接登录，并支持 QQ 好友及手机通讯录之间的匹配，将用户在不同平台的数据进行精准匹配，加上扫一扫、摇一摇、二维码等功能的普及，微信已经日渐成为一个生态系统，微信客户数据之间具有十分巨大的价值和深度。

2. 迎合了消费者的生活方式及消费方式的转变

面对人们通过网络进行选购和交易的巨大转变，微信平台作为一款普及性较

高的软件，随着微信红包、微信支付等金融功能的投入使用，极大地满足了消费者的消费需求。通过微信客户的信息数据分析便可以把握消费者的生活方式、消费模式、消费习惯的变化，从而实现精准营销。例如，以前人们买早餐可能还要找很久的零钱，现在只要拿出微信扫一扫便实现了支付，极大地方便了人们生活的同时，也奠定了微信的超高普及度。

（二）建立微信客户关系管理重点工作

1. 建立完善的人脉资源数据库是建立微信客户关系管理的重要基础

人脉既是一种资源也是一种资本。微信企业的人脉资源一般是在日常的运营过程中形成的，微信通过直接的交流和沟通，将人脉资源关系链裂变成庞大的人脉资源数据库。因此，在企业制订人脉资源数据库建设计划时，要对选取与企业业务发展需要联系较为紧密的群体，拓宽人脉的深度、广度和关联度，并根据营销效果定期评估人脉资源现状，及时调整人脉资源结构构成，提高人脉数据资源数据库的准确性和及时性。

2. 基于资源库进行合理分析是通过微信客户关系管理进行客户分类锁定的关键步骤

通过微信公众号进行信息传播通常是以客户主动选择为前提的，客户对微信推送的数据信息排斥性往往较小，企业通过给客户推送类型丰富、灵活多样的业务信息、优惠信息等消息，通过客户的反映来了解客户的喜好，并通过对客户喜好进行深入分析和挖掘实现企业的精准营销。企业在进行消息推送和信息分析时，要尽可能精准地锁定目标客户，对目标客户的行为、兴趣爱好与需要营销的产品、业务、内容进行匹配，同时根据客户的不同行为对客户进行细分，发现未能满足其需求的细分群体，挖掘新商机，开发针对性的产品。

三、通过大数据营销进行客户关系管理的几点建议

（一）组建优秀的运营团队

具备一个优秀的营销团队对于大数据营销而言是至关重要的。企业在营销过程中所涉及的领域范围是非常广泛的，因此，这就需要营销团队的相互协调和配合，所以对营销团队的整体能力的要求是比价高的。所以，如果想要在微信上实现企业产品的营销，这就需要通过对各方面人才和力量进行一个有效的整合，同时也要加强对人才的培养和选拔，进而能够建立一支既能营销又能对数据进行整

理的优秀团队，针对基础数据库的构建、重要参数的选取、营销策略的制定和实施等多方面的工作制定明确的目标，并逐步实施，提高团队工作效率。

（二）适当通过线下活动扩大企业影响力

微信信息传播的成功在一定程度上依赖于商家或品牌在线下的影响力和声誉。企业在通过微信进行客户关系管理和营销的同时，要注意通过线下活动来提高人气、扩大宣传，充分发挥线下活动与微信活动之间的配合，通过持续性的线下活动来扩大用户信息接入口，以便于微信营销更好地发挥服务功能。如商家在进行优惠促销时，既要积极地在微信中进行营销推广，又要积极地吸引客户参与到实际的促销活动中来，通过口口相传与朋友圈分享等方式扩大活动影响力，实现短时间内企业影响力的迅速提高。

（三）迎合客户心理合理激励

在对微信客户关系进行管理、大数据营销的过程中，要懂得通过利用企业的相关数据对用户的收益心理进行一个详细的分析和研究，运用一些科学合理的手段让客户获得来自物质上和精神上的满足，特别是一些比较特殊的客户，他们可能会觉得通过微信朋友圈进行传播时，会使得他的朋友对他的朋友圈进行屏蔽或者是影响形象之类的，然而，如果企业进行一些物质上和精神上的刺激，那么也许客户会对营销和传播的积极性和主动性会大大提高。比如，在企业推广新产品的时候，利用集赞的方式让客户能够获得免费试用活动的机会，这样不但可以让客户积极地在朋友圈中进行大量宣传，同时也可以让客户对于使用新品的想法得到满足，进而让企业的营销得到明显的效果。

第六节　大数据时代的营销管理实践应用研究

一、大数据与电子商务营销管理

由于经济和科技的不断发展，互联网技术和计算机技术也随之得到了发展，社会开始进入大数据时代，大数据也变成了时代的标志和代表，同时对社会的各行业产生了很大的影响。电子商务营销对于现代社会来讲是一种非常有代表性的一种营销方式。营销管理对营销效果控制得很好，能够使企业取得很多在经济上的好处。

由于信息技术的支持，人们的生活模式和工作方式都发生了很大的改变，同时大数据的价值和作用也很大限度上得到突出，对于商业来说，大数据的出现为它的发展带来了很大的影响。对于最具有代表性的商业产物“电商”而言，它能够让企业获得更多的经济效益。因此，电子商务营销管理只有在数据环境下才会具有如此意义重大的价值，这就需要人们能够提高对其的重视。

对电子商务的理解通常是指通过各种网络渠道或者技术在网络上进行利益赚取，例如通过使用信息技术，或者是使用通过电子技术所打造的网络平台等。对于现在所处的环境中，互联网的开放能够通过对信息技术的利用拉进企业和其他客户、供应商和内部的关系，实现对信息的共享。企业和企业进行的交流主要是通过电子化模式实现的，随着计算机技术和互联网技术的不断发展，电子商务的内容和模式也随之得到扩张。在交易的时候可以在网络上进行，也就是说不需要通过接触就可以进行交易。目前，国内很多支付平台的发展日渐成熟，使得我国电子商务的发展也越来越稳定，很多经典的电商平台不断涌现。这些电商平台拥有集成性高、协调性出众、安全性良好、便捷性显著、普适性优秀的特征。

目前，我国的电商得到了很大程度上的普及，对于柴米油盐也有一大部分人选择在网上购买。电商目前已经在各行各业中进行不断渗透。它可以使得人们足不出户就能购买商品，给人们的工作和生活提供了很多的便利。同时杀毒软件、防火墙、信息加密这些手段能够使得我们的信息和资金得到保障。对于电子商务营销而言，不管是用户还是经营者，都属于获益者。电商可以帮助提高商务活动的质量和效率。

（一）大数据时代下的电商营销管理情况

对于目前的电商企业而言，有很大一部分企业的规模都是相对比较小的，截至目前，也就只有部分企业具备数据预测的功能，然而其他的企业都是不具备大数据预测功能的，也可以说预测功能比较落后，跟不上现在大数据技术发展的速度，这主要是对大数据的研究比较缺少而导致的。很显然，这对企业未来的发展和进步是非常不利的。随着社会经济的不断发展和社会不断地进步，我国的经济结构也发生了巨大的改变，然而，这种改变使得电商的相关营销手段、策略相继受到了直接的影响。而且电商企业还产生了一些困惑，那就是支出回报不相等，这种现象的出现对于企业的发展是非常有影响的。对于恶性竞争而言，也属于一种非常常见的现象，如果缺少优秀人才，那么电商行业的发展将会受到很大的限制。

（二）大数据时代下优化电商营销管理的方法

1. 数据管理思路

在对数据管理的过程中，电子商务需要对数据进行深入的研究与分析，同时还要调查一些数据资源并对数据的结果进行分析。要充分了解每一个受众的相关喜好和消费者的实际需求，根据所分析的结果提出一些能够帮助企业发展的建议。在对营销阶段和过程进行划分的时候需要结合自身的能力和条件。一切都需要建立在实际情况的基础上，不管是采用的营销手段还是营销的方法，都需要合理进行选用。同时企业也要对企业特色运行机制的建立与调查给予更多的重视，对现代信息技术进行深入的研究和分析，这样可以帮助企业数据库的建立，进而能够对数据进行准确、快速的调查。除此之外，需要针对数据库的一些条件来备份、分析和使用数据。从根本上理解企业之间的合作意义，对于企业合作，可以通过对信息平台的建设让每一个参与合作的企业都能获利，同时也可以帮助提高企业的交流能力与沟通能力。通过合作，可以提高各个企业的工作水平。

2. 技术管理思路

在大数据时代，为了保证社会不断发展和进步，人们也对大数据的一些技术提出了更高的要求，但在追求的同时使得社会技术的缺口变得更加明显。因此，各个企业应该加强对数据收集技术和工具的开发和研究，让数据收集技术得到更多的重视。从不同角度寻找在营销过程中所存在的问题，并且对营销管理中的一些数据情况进行处理，把各种现代化技术和分析软件引入企业的营销发展过程中，根据企业的实际情况，对这些数据中具有价值的数据信息进行有效筛选，并且对这部分筛选出来的数据进行分析和处理，然后再将这些数据引入企业的管理和营销当中。要提高企业的整体运营效率和管理的能力。除此之外，因为大数据的出现，也对社会的技术人员提出更加严格的要求。企业在加强技术的同时也需要对人才的培养进行强化，可以通过对人员进行知识性考核和培训的方式来提高整体人员的素质，使得队伍的素质和水平得到相应的提高。

3. 营销管理思路

从电商本身的特点和营销管理价值可以看出，营销策略手段和消费者需求之间的联系是非常密切的。也就是说消费者的消费对电商营销模式的选择影响十分突出。为了更好地应对激烈的市场环境，并在市场竞争中保持不败地位，就需要企业深入其中做好市场情况调查。巧用大数据技术分析与挖掘客户数据差异，以便及时调整营销目标，升级营销策略。此外大数据除了能够预测消费者个人喜好、消费能力以外，还可以让人们掌握今后的消费趋势、消费追求。所以要将消费者需要作为出发点，做好产品宣传工作，保障营销效果、营销质量。当然也要合理应用大数据技术，做好数据资源的判断、分析与调查，这样才能够最大化营销管理价值与大数据技术价值。

大数据时代下，电子商务营销管理模式的优化可以帮助企业获得更大的市场空间和市场资源，使得企业最后的盈利效果非常可观。当然达成这一目标就需要重视数据采集、数据整理、数据分析的过程，推动转变营销管理体系、管理模式。要提高电子商务营销管理重视度，做好大数据利用、分析与采集工作，突出数据优势、数据价值，帮助企业获得更多的经济效益，确保企业能够获得可持续发展的资源与契机。

二、大数据电力营销管理

电力企业随着我国经济和科学技术的发展迎来了很大的机遇，与此同时也将面临很大的挑战，因此，开展电力企业的工作就变得特别重要，尤其是其中的营销管理工作。特别是大数据时代下，电力企业的营销人员需要围绕大数据时代这一主题背景的相关特点进行科学的营销管理，在保证电力营销持续有效开展的同时，不断地提高管理水平。

（一）电力营销现有问题

电力营销通过这几年的发展，积累了很多的电力数据，这些积累的数据能够让大数据对其中所包含的数据价值进行深入挖掘。对大数据平台的使用，可以将不需要的数据删除，留下一些具有价值的数据信息，而且这些信息对于电力营销的发展具有一定的帮助，然而，传统的电力营销并没有这样去实施，这对于电力未来的发展产生了很大的影响。

（二）大数据对电力营销管理的积极意义

1. 有助于推动电力企业精细化业务的开展

通过以往电力企业的营销可以看出，由于数据信息的不断大量增长，使得对营销信息分析不到位的现象不断涌现。对大数据的有效利用可以帮助企业的管理人员进行营销管理，为管理工作提供了很多的便利。原本的营销管理工作是非常繁杂的，但现在只需要对数据进行分析和采集就可以了，分析和收集数据可以帮助企业在将来的营销管理中变得有据可寻，进而使得企业营销管理的发展方向更具准确性。

2. 有助于及时掌握市场需求

不管是过去还是现在，电力企业一直以来的竞争压力都是非常大的，如果在竞争过程中没有办法制定比较科学合理的营销战略，那将会导致管理变得无据可寻，使得管理的过程难度大大增加，电力企业整体的运营也不能满足现有市场的需求。然而，在大数据时代，企业可以通过对大数据的有效利用，结合自身所具有的发展特点，对电力应用的实际情况和市场的实际需求进行分析。此外，因为大数据的出现，使得电力企业间实现了信息共享，进而可以为电力企业制定营销策略打下基础。

3. 有助于避免电力企业营销管理方法的滞后

传统的电力企业营销模式在一定程度上处于滞后的状态，电力企业在实施奖罚时没有对实际的情况进行考虑，例如，对于员工绩效和业务能力等方面的评价都是通过平均分配的方式进行的，这样会很大程度上影响员工对于工作的积极性。对于大数据时代的电力企业而言，对营销管理的方式进行转变，通过按劳分配这一公平合理的方式对员工进行奖惩，实现公平的营销管理。

（三）大数据背景下的电力营销管理

1. 创新电力营销管理模式

在电力市场得到改革之后，电力企业需要对营销管理模式进行创新和进一步的完善，这样才能够满足当前电力市场的改革要求，进一步来讲，各个供电企业需要通过这一改造机会把在营销过程中所遇到的一些问题进行解决，使得供电企业能够满足当前电力企业的需求，因此，需要非常重视电力企业的营销管理。要想人员的精神面貌得到根本上的改变，那就需要从管理层和领导部门开始进行观念上的改变和创新，才能够具有创新意识，进而对电力营销模式进行创新，使得电力企业的全面发展得到实现。

2. 利用好大数据开发新产品、新市场

电力行业领域在使用传统营销方式进行营销的时候以业务为导向难以满足现在的发展需求。面对这种情况，电力企业需要借助大数据对所收集到的信息进行分析与总结，然后针对以上情况制订具有针对性的营销策略，促进电力企业进一步向前发展。此外，电力企业还需要通过对大数据的利用对用户的消费行为进行进一步的分析，开发出满足用户需求的新产品和新市场。电力企业在开发新产品的时候，需要特别强调的是对这些消费群体的特点进行精准把握，然后再把这些用户进行分类，进而针对不同类别的用户提供具有针对性的服务，开展个性化的营销模式。个性化营销有可能成为电力企业和其他企业未来发展的方向，同时也是电力企业的必然发展趋势。

3. 建立健全电力营销管理体系

在建立健全电力营销管理系统的时候，需要将电力市场划分到考虑的范围当中，不断对电力营销管理进行强化。一个完整的电力营销系统主要包含人员管理、部门管理、用户管理等。首先，独立的营销管理部门需要在创新管理模式的基础上建立，根据部门的不同进行人员配置，这样可以让营销渠道得到拓展、营销方式变得更加丰富。其次，需要加强对管理人员的培养，进而使管理水平得到提高，促进管理的发展。最后，需要加强与用户的联系，然后对该阶段的营销服务进行分析和总结，清楚客户真正的需求是什么，与此同时，对自身的工作进行反思，减少在工作中的纰漏，让营销能够正常稳定地开展下去。

4. 大数据开展多元化服务

在互联网这一时代背景下，各个行业逐渐加强与互联网的结合，电力企业也是如此。可以明确地说，电力企业的可持续发展是离不开互联网的，电力行业需要与互联网进行结合才能够实现可持续化发展。在实际的工作当中，需要让数据资源优势得到充分的发挥，使得业务的延伸和拓展、企业的多元化发展成为可能。但是，需要特别注意的是，在对电力企业实施多样化服务时，需要针对不同用户的不同情况提出一些相应的意见和建议，这样可以知道客户真正的需求，使得生产变得合理化。除此之外，电力企业需要定期进行反思，使得所用设备当中的一些不安全因素排除，进而能够更加安全地运行配电网。

5. 科学使用电力促销策略

对于促销策略的使用一定要谨慎一点，因为该策略有利也有弊，如果对它进行科学使用，能够促进电力事业的进一步发展，相反，如不合理地使用这种方法的话，会给电力企业的发展带来很多的阻碍。在电力市场已经改革的情况下，促销策略只有把市场当成主要导向，并且合理融入新型营销策略理念和管理方式才有可能增加人们对电力的需求，这样才会有更多的客户选择电力能源，同时能够满足市场的需求，电力企业的全面迅速发展才会成为可能。例如，对于供电企业而言，可以将市场化机制和差异化促销策略引入企业当中，对电力服务技术进行不断改善，使之实现自动化销售，对用户进行个性化服务，这不仅能够使购电服务的质量得到提高，同时也让电力服务变得多样化，进而使得电力企业发展得更好。

电力营销管理在电力企业发展过程中的作用是非常大的，同时它也是电力企业实现可持续发展的关键之处。在大数据时代，电力营销管理人员在开展电力营销管理的时候需要围绕大数据的时代特点和要求，这样不但能够满足客户的相关需求，同时对企业的全面发展和进步是非常有利的。

三、大数据酒店营销管理

（一）当前国内度假型酒店经营与管理现状

1. 酒店管理没有对大数据给予足够的重视

对于目前国内的旅游者来说，现在还处于一个由观光旅游往度假旅游这一方向进行转型的阶段，旅游者想要度假休闲的想法越来越高涨，度假型酒店变成了旅游者住宿的首要选择。目前很多国内度假酒店对于大数据这一概念还不是很清楚，在酒店的实际经营管理中很少用到大数据。对于整个酒店的管理行业，到目前为止还没有相对比较完整和明确的利用大数据进行管理的思维，这就使得在酒店管理的过程中内部严重缺乏沟通和交流，导致信息交流不够顺畅，进而影响了整个酒店行业的发展。

2. 缺乏大数据相应技术

尽管现在某些国内度假型酒店在进行酒店管理的时候已经逐渐引入大数据，然而还是存在一些问题，那就是酒店的现有技术比较落后，没有办法跟上当前大数据的发展速度，并且不能准确和充分地掌握大数据，技术更新速度很慢，在数据这方面的人才也少得可怜，这样一定会使得大数据技术在管理过程中的应用受到一定限制。

3. 信息与数据处理的标准化缺失

在利用大数据进行酒店管理的时候，有个迫切需要解决的问题，那就是对行业内的一些数据进行处理和信息标准化。假如没有为数据与信息设立一个标准，会导致行业内的信息和数据存在较大的差异，这也是酒店行业在大数据时代发展所存在的一些问题。

（二）大数据时代背景下度假酒店营销管理模式创新策略

在大数据时代来临之时，酒店的管理系统主要是通过利用客户关系管理这一系统对酒店的各项管理数据进行分析的，而对于这种管理业务方式来讲，最后只能得到酒店各项业务的运转情况，对酒店管理过程中存在的一些问题和酒店的发展速度都是不够清楚的。然而，通过大数据所具有的优势和长期数据积累的经验来帮助酒店的管理者对经营管理策略做出相应的调整，这有利于提高酒店的盈利水平。

有一个智能化的酒店管理软件，该软件的主系统功能能够对信息进行检测和分析，动态性高，并且操作起来也非常简单，很快就能够掌握，所以在管理酒店的过程中，操作人员只需要把公司的一些业务输入这个系统当中，通过该系统的自主分析，就能够生成一个很直观的图形。利用大数据所构建的管理系统能够对客户的一些习惯和需求进行充分的挖掘，并且可以找出酒店在经营过程中所存在的一些问题，提高服务质量和酒店的行业信誉，让客户体验到优质的酒店服务。这个系统主要包括了几个基本的模块：客户预定模块、入住模块、结算模块，这几个模块的搭建使得实际意义上传统的酒店经营模式发生了改变。

1. 客户预订模块

我们都知道，要想选择酒店入住，首先我们得预订酒店，所以客户选择酒店的第一个环节就是酒店预订，把有关酒店的相关信息发布到网络上，让客户在相关网站上就能获取到酒店的一些基本信息，这一环节也是酒店管理的开始。网络购物的飞快发展使得在网络上实现酒店的预定变得非常的普遍，很多的酒店不断涌现，如果想要在这么多酒店当中脱颖而出，就需要酒店管理能快速、准确地获取客户的有关需求信息，并且对酒店的优劣势进行分析，进而提高酒店的整体服务质量。通过大数据对客户的订房习惯进行进一步分析可以发现，从一开始的酒店预订到最后的入住，需要提前几天时间，那些即刻入住或者是提前预订时间比较短的情况是非常少见的。通过对大量数据的分析，酒店的管理者可以对所推送的信息量进行扩大，这样能够使得酒店的最新预定和客房信息及时更新，增加优惠活动的举办频率，使得酒店的竞争力得到大大提高。

2. 客户入住模块

判断一个酒店的竞争能力强弱，主要是看该酒店的入住率高不高，所以如果酒店想要提高竞争力，首先就得提高酒店的入住率。然而，酒店的入住率往往跟酒店本身的服务有很大的联系。酒店一般会举办关于会员的活动，让那些在本酒店消费额度比较高的客户成为酒店的会员，对于会员等级较高的客户而言，他们一般在网络上进行预定，而且他们对酒店的品牌和服务的评价也是非常高的，也就是说非常认可，这些会员对于经济房的需求也很高，这就表明了酒店消费依旧是以大众消费为主的，所以酒店需要做的是安排好经济客房的配比，使得客户能够享受到性价比高且舒适度比较大的房间，让客户对酒店相关服务的认可度得到提高，向客户推荐一些既有优惠又很舒适的房间，整体来讲性价比高，这样酒店的入住率就会大大提高。

3. 客户结算模块

对于酒店来讲，盈利的根本就是酒店结算，能够让客户快速完成结算对于提高酒店的整体竞争力是相当重要的，同时也是非常关键的。通过酒店的相关信息可以知道即刻入住的一些客户大部分是使用信用卡或者是存储卡进行消费的，而对于通过网络进行预定的一些客户来讲，他们一般使用微信或者支付宝进行消费。由于客户消费的结算方式是非常多样的，所以企业需要根据不同的客户消费类型制订一套最优的结算管理措施，从而让客户对酒店结算业务的满意度得到提高。

总而言之，身处于大数据时代的酒店必须知道大数据对于酒店的整体管理和行业的发展所具有的重要意义，对原本的酒店经营模式进行改革，使得行业信息和数据得到标准化。大数据对于酒店的经营是非常有利的，酒店可以利用大数据完成对自我的定位，从而创造出新的客户价值和最优商业模式，促进酒店经营模式更新换代。

四、大数据与香精香料企业营销管理

（一）大数据分析在香精香料企业营销管理中应用的现状

因为国家加强对食品的安全检测力度，还有消费者对于健康食品的需求增大，所以国内的各个龙头企业和外资企业也随之扩大营销版图，最后有可能变成国内龙头企业、外资企业“双龙戏珠”的局面。在这一背景下，国内香精香料企业的营销模式也发生巨大的改变，现在正处于从初级的销售方式到大数据营销模式转变的过程，这样才可以有一个准确、完整的价值服务体系。

1. 企业大数据分析的主要工具

（1）工具一：客户营销数据系统

客户营销数据系统是指通过信息资讯，并结合市场其他数据对客户背景、行业背景、竞争环境、消费趋势进行数据挖掘，最后推荐适合客户的产品，整个流程形成了一套完整的客户营销数据系统。

（2）工具二：香精产品开发系统

香精产品开发系统通过全球新产品信息的读取，分析出市场走势规律。通过搜集数据库内的最新产品信息，可以解读出全球风味走势、消费喜好分析等指标，为香精产品的开发起到前沿引导作用。

（3）工具三：客户需求预测系统

客户需求预测系统是利用公司自身的客服、仓库平台对接客户数据平台，在结合产品数据库和历史订单流水之后，在客户还未下订单时，提前就对客户的需求做出预测及提前安排生产，对客户的市场营销做好后方充分预备。

2. 香精香料企业大数据营销应用方向

（1）营销产品的研发方向

所谓的研发主要是对“风味”的相关数据进行研究，并且通过全球“风味”的一些具体情况来对不同国家或者地区的“风味”趋势进行分析和判断，然后再结合中国市场和行业的相关背景对其进行进一步的分析。例如，我们说熟悉的草莓“风味”，企业可以通过大数据实现对草莓“风味”成长发展轨道的读取，并且还可以将草莓的“风味”特征与中国消费者的口感进行结合，对草莓风味未来会在中国流行的证据进行获取，并且把数据提供给营销人员，这样可以让营销人员对未来营销产品趋势的把握更加准确。

（2）营销管理中的需求预测

对消费者需求进行预测的主要目的是使得内部的相关管理得到加强，这样才能够对客户的需求进行精准分析。公司内部系统会将不同客户的历史订单需求进行分析，从而能够得出不同客户在时间上的出货需求，在订单还没有生成的时候就提前对客户的需求做出了一些相关的预测和判断，并且会提前安排采购流程、生成、物流等，有利于我们建立一个更加良好的库存管理秩序，同时对企业内部组织进行强化与协调，通过数据分析可以更加高效地满足客户的相关需求。

3. 香精香料企业大数据营销主要成效

对于香精香料行业来讲，大数据在其中已经有了一些实践基础，那么，主要是通过大数据在香精香料行业当中的一些营销管理实践案例进行进一步的分析，体现出它的应用效果，这样能够帮助提供一些客户需要的产品。

企业原料的主要来源是号称肉类大省，山东省，这个企业属于禽类全产业链的企业，其中还包括生产饲料、种鸡养殖等，这一项目主要是围绕着深加工这一业务进行讨论交流的，目的其实就是维持与客户的合作关系。通过对数据库的利用，能够使得“包装食品”的相关类别进行精准的统计。除此之外，还可以对“加工肉类和海鲜”和“加工肉类”中的“常温肉制品、冷藏肉制品和冷冻肉制品”通过层级进行细分，进而可以对细分的各个领域的数据进行抓取；还可以通过读取行业的有关资料对行业的全维度数据进行分析，如行业的商品价格、竞品公司等。

另外，行业的年度发展轨迹通过“时间变化”也得到了细分，最终得出行业发展的实际情况，从宏观的角度对行业的整体情况进行判断；同时“区域变化”也能够将中国市场细分成不同的区域，即进行区域细分，这些数据主要是在中国不同的区域市场上进行数据抓取得来的，包含中部、东部、西南等区域的相关数据资料，对于地方型企业而言是非常有利的，该类型数据能够为他们的企业制定一个更好的营销战略，得到的营销版图信息也是非常准确的。

最后的报告内容主要是通过展示幻灯片的方式对数据的一些挖掘情况进行说明与阐述，从这些数据中我们可以得到一些怎样的营销信息。在项目的整个推广过程当中，最重要的环节就是对幻灯片进行演讲，通过幻灯片报告的演示能够把项目当中最重要的部分给凸显出来，其中就包括了关于行业的一些数据和消费者的一些消费趋势等。

根据数据挖掘可知，行业当中的三种品类“冷冻、冷藏、常温”在市场上的规模是不一样的，并且增长的幅度也不同，对于“冷藏和冷冻”这两种品类而言，它们的市场规模跟常温相比，是比较小的，但它们的增长速度是极快的，十分可观，通过以上的分析，让客户有一个具体的品种开发方向。进一步分析之后可以知道，“冷冻”品种在迅速地增加，如果详细到子品类的话，那么将会发现获得的市场机会大大增加。由于现在的消费者为了吃到更好吃的和更加方便的食品而舍得花费很多钱，对此，像“鸡翅、鸡肉块”这类产品所占“冷冻”市场的总规模就高达 50% 以上。

根据数据现显示，中国的“富裕阶层”的人数越来越多，其实就是高收入的占比越来越大，对于这些高端人群来讲，他们所追求的产品质量是非常高的，平均的消费水平也高，所以针对以上的这种消费想象，我们可以清楚地知道，在生产新产品的过程中，对产品的质量一定要严格把关，着重关注产品的品质和附加值。与此同时，因为当今社会的生活节奏普遍加快，导致很多居住在城市的人想要快速且方便地享受到美味佳肴，所以他们大多会食用一些饱腹感比较强的代餐类食品，所以方便食品和功能食品是食品开发的一个新的方向。

（二）大数据在香精香料企业营销管理应用中存在的问题

对大数据的有效利用让企业营销团队的经济价值能够得到充分的发挥，进而使得企业的竞争力增强，为企业未来保持领先的市场地位打好基础。但是，大数据虽然具有很多的优点，同时也会存在着以下几个问题。

1. 企业年报数据库不完善

目前对企业大数据营销数据的建设依旧在初级阶段，因为数据资源的有限性，所以还需要强化数据库的实效性和全面性。对行业层面和公司层面的分析主要是通过公众公司市场的相关数据然后对这些数据定期进行系统的统计归档所形成的。

2. 营销管理成效难以用大数据评估

大数据也可以帮助一些品牌抢占机遇，如新客户、新规律、新市场等，与此同时，还可以对品牌的营销策略进行进一步的调整和优化。其中包括应变数据管理的组织职能优化、数据模型、数据人才等，目前企业大数据营销转型的三个门槛也就是以上三个。数据的重要性主要包含了数据的量级和活性，还有数据所具有的真实性和维度的多元化。并且它也是当前各家企业实行大数据营销的一个最具真实性的切口，然而，很难利用大数据对于营销管理的最终成效进行系统的评估。

3. 大数据分析在客户服务模式中缺乏创新

对于大数据而言，不仅局限于在商业上对新客户和客户的一些潜在需求进行挖掘，同时也可以针对数据分析，利用各种渠道对大数据集进行获取，并且利用一些比较科学的方法对数据的特点、未来变化趋势和规律进行进一步分析，然后再将这些分析结果供企业使用，这样可以帮助企业提高本身对数据进行有效利用的能力，这样企业对于市场的变化和客户需求的了解就会非常清晰，进而能够快速做出一些对应的决策。

（三）大数据在香精香料企业营销管理应用中问题的解决对策

根据当前大数据的使用情况，第一，我们应该继续加大对大数据的有效利用，并且在这一基础上建立属于自己的数据库；第二，建立一套完整的评估系统，使得数据的价值得到最大化发挥；第三，对大数据的应用模式进行改革创新，让大数据发光发热，应用到各个领域、各个行业，为企业的发展创造更多有利的价值。

1. 加大企业产品数据库建设

加大企业产品数据库建设主要包括了采购市场上的一些新品和新产品的数据库，该建设主要是对数据信息进行整理，分类，并且统计产品的规格、风味等特征，进而形成一个数据统计报告。如果企业能够全面掌握新品的流行趋势，那么它可以把这些数据进行共享，同时也可以跟客户分享，有益于客户开发新产品，进而能够让生产的产品在营销中的地位变高。

如果采购的是市场上的新产品，那么应该建立一个新的数据库，这样才能够把商品的真实信息给呈现出来。对于以上的数据而言，来源都是能够看见的，但是它们同时也会存在着一些缺点，由于资源的有限性导致数据量比较少。可以在每个月进行两次数据挖掘，对新产品的品牌、产品名等进行记录，并且描述各个产品的特征。

2. 构建大数据对营销管理成效的评估方法

数据分析服务，简单来说就是提供服务的那一方利用各种方法获取数据，并且利用各种科学方法对数据的特征、未来的变动趋势进行预测，将最后所分析出来的结果供营销部门使用。现在的很多企业对大数据的利用都不是很成熟，并且没有一个相对完整的评估系统，所以大数据对企业的贡献还不足以用“标准”这两个字来形容，这样对营销活动率会产生一些消极的影响。对此，评估系统的建立迫在眉睫，能够使得大数据的价值得到充分的发挥，让大数据的利用变得更加有效。截至目前，检验实效的系统仅仅只有口味反馈表和报告统计表这两套评估系统。通过口味反馈表，我们可以知道我们所推荐的产品是不是客户所需要的，客户是否认可这一推荐。而报告统计表会对每一次的营销活动进行统计，并且会体现出我们利用市场分析和数据分析推荐出来的产品是不是客户的购买对象，这样让项目推广的效果变得更加的直观。

3. 大数据分析对服务客户模式的再创新

对于香精香料行业而言，大数据的应用是相对较少的，食品公司对于大数据的应用也不多，没有很普及，在这种情况下，企业可以让大数据营销模式在企业内进行推广，使得这种模式变得商业化，简单来讲就是企业不单单为自己服务，同时还需要走出企业大门，为其他的食品公司提供关于营销咨询的服务，将自家企业的优势逐渐扩展到非主营业务上面，这也是一种为企业获得利益的方式，同时还可以帮助企业提高自身形象。

数据服务会成为未来的一个重要发展趋势，企业如果能够利用数据共享技术来好好利用大数据，并且与企业内部的一些经营活动相结合，那将会是一件非常有意义的事情。因为数据储存容量和处理能力、收集数据成本的不断增加，这对于企业来讲是一个好机会，在这种情况下，企业能够获取到很多的结构化和非结构化的销售数据，从而大大节省跟踪用户数据量和销售的时间，使得交易率的提高变得更加容易，让营销变得更加准确。

第四章　大数据时代营销方法创新

大数据时代，企业若要更好、更快、更低成本地服务顾客并获取相应的利益，就必须善于管理，保证内部各部门之间，内部与外部的供应商、经销商、顾客之间的实时沟通与协调。快速实时畅通的管理必能创造巨大的效益，沟通不畅或信息不灵必然损害顾客和公司的利益。

第一节　新闻营销

一、什么是新闻营销

新闻营销是指企业在真实、不损害公众利益的前提下，利用具有新闻价值的事件，或者有计划地策划、组织各种形式的活动，借此制造“新闻热点”来吸引媒体和社会公众的注意与兴趣，以达到提高社会知名度、塑造企业良好形象并最终促进产品或服务销售的目的。简单来说，开展新闻营销一般分为实施期、优化期。

（一）实施期

任何营销都是不能脱离整体营销规划的，新闻营销也不例外，对热点事件的持续跟踪，长期连续的新闻输出，才能达到一定的效果。一般企业值得宣传的事件并不多，好的策划也需要人力物力的支持，这对企业来说无形中增加了成本。

最好的方式就是，化无为有，化小事为大事。找到适宜宣传的点，将企业产品或者经营理念、定位等自然而然地融入新闻宣发中。这就需要我们创造的宣传点具有持续发酵的能力，并且切合企业的产品、理念、定位。

（二）优化期

新闻本身具有很强的权威性，将品牌嵌入新闻中进行宣发，在潜移默化中可以在消费者脑海中塑造品牌形象，品牌可信度也会随之升高，企业和产品同样更具有说服力。

但想要达到这样的效果，除了持续输出新闻之外，还需要全程跟进，持续优化。在发布的过程中尽量选择大众媒体或者影响力大的媒体，并关注效果，如果发现营销的走势不是按照想法发展的话，那么就需要及时调整，确保企业的每一分钱都发挥应有的效果。关于新闻营销知识点的介绍，在互联网推广盛行的背景下，选择适合自己公司的营销推广方式是很重要的，所以多方面了解各种推广方式也是一种比较好的选择。新闻营销是以新闻的方式进行包装的，所以普通消费者很难看出其背后的真正目的是广告。他们不但不会反感，反而会主动去接受这些信息。

二、新闻营销的要点

（一）明确目标

制造新闻不是企业的目的，新闻的背后是为了达到某个目的。所以在进行新闻营销前，一定要明确营销目标，一切新闻都应该围绕目标来策划，不达目的的新闻策划对企业没有意义。如通过新闻进行危机公关、提升品牌知名度、促进销售、提升企业美誉度等。

（二）途径必须是大众媒体

企业新闻营销关键点有两方面，新闻稿撰写和新闻发布。

1. 新闻稿的标题要多下功夫，反复推敲

新闻稿标题策划是新闻稿撰写的重中之重。标题是记者们在新闻热线、订阅源以及他们邮箱中最先看到的东西。搜索引擎对网页上方的文字也赋予额外的权重，而读者也是最先看到这部分内容。

标题在把网页内容通知搜索引擎时起关键作用，前 65 个字符很关键。因为搜索引擎只索引标题的前 65 个字符（一般在 20 ～ 30 个汉字，超出有些媒体不予发布）。若想达到最佳效果，必须将最重要的关键词放在标题的前面部分，甚至是标题的最前面。但切记不要把标题做成关键词的堆砌，这样搜索引擎很容易识别判断为垃圾文件而屏蔽文章。

在标题中带有数字的新闻稿的表现较之无数字的要好。如果新闻稿中引用诸如调查结果或绩效的数据，或是给读者提供某领域一些不争的事实，那么最好在标题中点明。标题中的数字传达的信息或有关即时性，或有关事实性，无论怎样，都能增强新闻本身的可信度。

2. 要把握好新闻稿的几个要点

（1）新闻稿撰写的角度

新闻稿应当从记者角度去写，而不是从市场角度出发的。写新闻稿的时候，尽量把自己想象成记者，从记者的角度去写。保持新闻稿的客观性，避免使用我、我们、你、你们等代词。最重要的是，企业新闻稿在于让人们获得新的信息，而不仅仅是告诉人们某件事情。

（2）新闻稿风格

写一篇专业、高水平的企业新闻稿并非一件简单的事。如果创作时间有限，一般安排 800 字左右即可。文章段落基本分三段，第一段点出文章的要点，引入标题所要表达的大致内容；第二段针对要表达的观点或内容进行详细阐述；第三段画龙点睛总结。创作过程中不要采用吹捧或夸张的言论，但一定要让读者知道在行业内的地位。

（3）新闻稿中产品关键词植入

一般企业新闻稿除了要宣传企业和品牌之外，还有另外一个作用，那就是产品关键词优化。在一篇企业新闻稿中，适当插入 2 ～ 3 个产品关键词，并插入锚文本超链，那么新闻稿发布出去后，如果有些自媒体新闻发布网站没做外链屏蔽的话，那么这篇文章就收获了几个外链。这对关键词所对应的产品在搜索引擎中排名将会有提升作用。

总之，企业能够持续地创作优秀的新闻稿，选择专业网络营销机构去发布，坚持一段时间后，就会发现企业在各大搜索引擎中的曝光率很高，而且产品关键词在搜索引擎中的排名也会表现得越来越好。只有品牌提升了，搜索品牌关键词的用户才会多，品牌搜索能够返回到企业官网，那么业务量肯定会有提升。

三、新闻营销的借势策略

借势策略是指通过吸引消费者眼球，借助消费者自身的传播力来提高品牌的知名度和影响力，树立良好的品牌形象，并最终促成产品或服务销售的营销策略。

（一）节日借势

每逢佳节也是各种活动、各种广告活跃的时刻。“借”出新意，能够让人民群众喜闻乐见才会脱颖而出。

可以从以下三点出发。

①具有参与感。

②有切实的价值。

③有共鸣，说出客户想说的话，适合传播、转发、讨论。

（二）竞品借势

跟竞争对手“碰瓷”，有两个要点。

①一定要跟比自己做得更好、规模更大、名气更响的竞争对手“碰瓷”。

②突显自身的优势，但不要弄虚作假。

（三）客户借势

利用客户的心理、行为和习惯认知。例如消费者在超市购物的规律，有些产品消费者购买时有明确的目的，就放在比较冷清的角落。消费者可买不可买的小东西，或者是有隐性需求的，可以放在最顺手或者比较显眼的地方。还有更多可借势的地方，只要我们善于观察、科学分析、寻找方法。

（四）高阶借势

跟自己高几个等级的借势，可以是品牌或者知名人物，也可以是一个普通用户熟悉的理念，从而快速建立在普通用户心中的认知。

经常与普通用户认为最好的品牌和产品对标，那你的品牌形象也会越来越好。例如“手机中的战斗机”“服装界的劳斯莱斯”等都是非常经典的高阶借势。

（五）热点借势

现在碎片化的时代，人们都在追逐热点，非常容易吸引眼球引起传播。热点的种类也是多种多样：明星、名人、影视、新闻、热门活动等。要有对热点的敏感度，及时跟上，无论什么热点都能及时把握，独辟蹊径，让群众津津乐道。

四、新闻营销的核心价值观

新闻作为一种权威信息始终是人们关注的重点，新闻营销自然也是宣传之必备武器。开展新闻营销之前我们要知道新闻营销是营销策划工作，并不是发布新闻稿服务，其运营重心在于品牌公信力的构建和用户教育等方面，除了搜索收录之外，这些传播出去的内容要抓住消费者心理，体现企业品牌的形象。

（一）确立总体目标

针对新闻营销总体目标的设置，人们能够遵照品牌营销和品牌推广的两个层面来进行。一是稿件撰写，二是媒介推广。这两项在销售市场上常有相对透明的价格能够参照。融合人们的媒介对策，能够测算出相对可靠的媒体散播费用预算。

对单纯趋向于品牌推广的要求而言，这一费用预算的关键就是减少推广费用。就新闻营销来讲，保持这两个关键要求一方面能够运用新闻报道媒体本身的网站内部总流量开展转换，另一方面则能够运用新闻报道媒体刊登稿件在搜索引擎上的排行榜开展总流量导入。针对总流量的转换率，没有一成不变的参照信息，只有根据媒体推广成本费、稿件撰写成本费，参照导入的总流量和咨询量开展计算，假以时日，才能够算出相对性精确的信息，再依据这一信息反推至上述情况成本费，开展操纵。

（二）学好文笔操控新闻品质

这些方面较为好了解，关键是要在稿件品质度和媒体挑选的精确性两层面提高工作能力。提高稿件品质度锻炼的是稿件编写的写作水平及其对媒体营销要求的操控工作能力，一方面提升文章的阅读量；另一方面让稿件合乎搜索引擎引用的有关规定，关键字精确，且铺装有效。媒体挑选则是依据稿件的实际方式、涉及制造行业、散播要求和营销推广目的执行。

这里特别说明一点，主题中提到了文笔，但写新闻不是写散文，因为目的不同。散文是讲究语言优美和抒情，提升读者的体验，而新闻的本质是要传递消息，讲究语言的简洁平实，宣传性新闻要植入品牌信息，传递出企业想到传到的内涵，这个非常值得注意。

（三）以问题为导向，发现问题解决问题

最终，就是针对媒体营销实际效果的统计分析和深入分析工作了。一方面要确立此次媒体营销工作中的基础量化分析总体目标；另一方面则要有效应用第三方媒介统计分析和深入分析工具开展数据汇总和深入分析，一般通过搜索引擎的表现来分析。只有做好分阶段小结工作，才可以在新闻营销实际效果和成本管理层面累积更为丰富多彩的实践经验，进而在保持更佳的传播价值和营销推广实际效果的前提条件下，充分利用宣传费。

五、新闻的发布

不管是“借”的新闻，还是“造”的新闻，最终都要通过媒体发布出去。但是不管发布的渠道与方式如何，都离不开以下几种形式。

（一）人脉关系

在新闻营销中，人脉非常重要，如果能够拥有丰富的媒体关系，将会让工作事半功倍。所以广交豪杰、积累人脉是营销人员基本工作之一。

（二）报料投稿

如果新闻足够好，可以直接投稿，或者以提供新闻线索、报料的形式传递给媒体。其实有的时候，通过普通用户的身份向媒体投递新闻，反而会收到出其不意的效果。

（三）外包

社会上有许多专业的营销机构，它们都能够帮助企业进行新闻的投递，其效果与性价比要比企业亲自操作好得多，最重要的是可以为企业节省大量的精力与时间。不过注意，此类公司很多，鱼龙混杂，所以找外包公司时，要货比三家，仔细了解这些公司的背景与实力。

（四）资源互换

对于一般的新闻，通过资源互换的形式进行推送也是一个不错的选择。对于一些互联网网站，这是建立新闻渠道的主要方式。

（五）引起媒体主动关注

其实媒体并不是高高在上、遥不可攀的，在优质新闻面前，媒体也会失去抵抗力，甚至个别不良记者，还会为了追求所谓的大新闻，投机取巧。比如曾经轰动一时的“纸馅包子”新闻，就是某电视台工作人员为了追求轰动效应而炮制的假新闻。所以，若是企业能够为媒体奉上味美的新闻大餐，自然会受到青睐，达到双赢。

但是注意，企业要严格遵守新闻制度与规律，站在客观、公正的立场上策划新闻，不做有损公众与消费者利益的事情，否则将会适得其反，被公众所唾弃。

第二节　软文营销

一、什么是软文营销

现在很多公司都在使用网络进行市场推广，网络的影响力非常大，我们足不出户，只需要一部手机，就能了解到太多的东西，网络的传播速度非常快，而且网络的规则也是不断变化的，所以一个公司要想发展，就必须要充分利用网络营销，而软文发布是一种非常有效的营销手段，它的成本低廉，转化率高，沉淀时间长，可以为企业创造一个良好的网络环境，为企业树立口碑，要做好软文发布，就要理解什么是软文营销，这样才会帮助企业更好地开展互联网营销工作。

所谓的“软文营销”，就是用一种特殊的方式，用事实和道理来说服顾客，让消费者自愿进入企业，或者采用思维惯性和心理学方面的特征，对营销的过程进行有针对性的设计，来实现产品的销量和文字的传播，例如“街头采访”“口碑”之类的访谈形式。

之所以这么说，是因为软文本身就是一种概念，一种对产品的理解，一种对产品的分析，但归根结底，但它的本质还是公司或者企业的一种软性渗透，仍然属于商业策略的一种，只不过是以广告的形式来实现罢了。一般最常见的方法就是借助文字表达，让受众认可广告的理念、分析思路、观点，以此来宣传公司的品牌、产品。

要知道，在传媒产业中软文之所以受到人们的追捧，有两个重要的原因。

①现在各大媒体都在争夺观众和观众的注意力，大部分人对电视、报纸等硬性广告的关注度急速下降，而新媒体的关注度日益增加，这些媒体的影响力已经远远没有以前那么好了。

②软文的成本要比硬广的低，所以，当一个公司的资金还不够充裕的时候，将钱花在软文的推广上效果会更好，也更科学，所以很多公司都会通过软文来尝试加速市场的发展。

首先需要知道，广告的内容必须是公司或者企业，必须从公司的角度去策划，而不是随心所欲。

营销软文的目标必然是有利于公司、企业，因此必须以目标为中心，以目标为出发点，进行策划，没有目的的软文对企业没有任何用处。

营销软文必须表达出媒体的客观立场，因此必须尽可能做到公平，用事实来证明，从而产生新闻现象，产生相应的新闻效果。

要做好企业的软文发行，首先要了解软文营销的含义，了解软文营销的原因，以及怎样写出软文，以提高公司的网络形象，提高公司的品牌知名度，这就好比是一个企业的网络名片，只有形象好，才会赢得客户的尊重，才能为企业提供更多的信息，为企业网络营销打好基础。

二、软文营销的特点

不管企业的软文做得"软"到什么程度，采用软文营销这种形式其最终目的都是一样的，那就是把要宣传的品牌或者商品推广出去，让企业公司有利可图，要不然这个软文写得再好，也算是失败的，这就是软文存在的价值。

（一）不可察觉性

可能读者阅读完了，没发现这其实就是在推销广告，这就是软文的不可察觉性，传播特别隐蔽。这其实就是一种广告的形式，也许你觉得你读的是一篇新闻，其实他只是把广告新闻化了。现在很多地方都会出现这样的软文，上面的美妆知识都是某品牌化妆品的广告，这就是软文营销最大的特点。

（二）风格不拘，内容多样化

软文可能存在于网络的每个角落，因为大多数内容都可以写成软文，这就造就了软文的内容可以多姿多彩，风格并不会定式化。

（三）迅速吸睛

写软文的人士都会专门研究消费者，站在消费者的立场去考虑问题，你喜欢什么，他就写什么，并且用你喜欢的方式来当标题或者用当下热门的话来让你阅读。将广告隐蔽得很干净，不经意地插播，你也不会介意，因为你已经被这篇文章吸引了。这方面做得最经典的就是新闻类，以第三人称的口吻，把广告的嫌疑摘得很干净，这样你就更能接受在文章出现的产品。

（四）本质是广告

软文的本质就是广告，这是不可回避的商业本性。所以不管大家的软文如何策划和实施，最终一定要能够达到相应的效果，否则就是失败的。

（五）使受众“眼软”

所谓软文，关键点一是“软”，二是“文”。也就是说，软文的内容一定是以文字为主，包括各种文字形式，如新闻资讯、经验心得、技巧分享、观点评论、思想表达等。通过这些文字，使受众的“眼软”，只有让用户的眼光停留了、徘徊了，才有机会影响到他们。

特别是语言文字，要照顾到目标受众的阅读能力与理解能力，要浅显易懂、形象生动、贴近生活，让用户读起来有共鸣感。切忌把软文当成散文、诗歌来写，笔者就经常见到这样的软文：文笔非常有功底，辞藻修饰非常华丽，行文优美似散文。问题是我们写的不是文学作品，也不是给文学爱好者看的，这种脱离生活的软文只会曲高和寡，没有回应，自然谈不上带动产品销售。

像发布在网络上的软文，要多运用网络语言，因为网络文化的特点就是草根、快餐。可以上网看一下，网络上流行的小说和文字，写得都非常一般，甚至被人批评为“中学生的作品”。而那些被文学界奉为精品的文章，反而被冷落。

（六）宗旨是制造信任，使受众“心软”

软文的内容不是瞎写，一定是有目的地写，而不管什么形式的软文，终极目标一定是相同的，那就是通过这些文字在用户中间制造信任感；通过这些文字打动用户，使受众“心软”。只有用户看完你的文章后，相信你了，才会付诸行动。

什么形式的文章最容易打动用户，能使用户产生信任感？答案就是能够对用户起到帮助作用的文章。例如通过文章，用户解决了问题、学到了新知识等。所以软文内容一定要真实、真诚，经得起推敲，内容要实在，要能够帮助用户解决问题，应该以核心内容为主，切忌有虚假信息或糊弄受众。

（七）关键要求是把产品卖点说得明白透彻，使受众“脑软”

只是让用户相信你了，还不行，还需要在文章中把产品卖点说得明明白白、清楚透彻；否则用户搞不清楚状况，还是达不到最终的目的。所以就需要我们深入了解产品特点，并将这些卖点通过文字完美地演绎出来，使受众在了解到这些卖点后“脑软”。

这里有个重要的技巧，就是将产品功能形象化。只有赋予产品生动的形象化描述，让用户看完文章后有身临其境的感觉，才会达到出其不意的效果。

（八）着力点是兴趣和利益

用户对什么样的内容最感兴趣？不同的行业、用户群，具体的答案不尽相同，但是有一条最本质的规律肯定是一样的，那就是不管什么情况、什么行业、什么样的用户，一定对与自身喜好和利益有关的内容最感兴趣。所以深入研究用户需求是每一位营销推广人员都必须做足的功课。

三、软文营销的策略

（一）文案攻略

对营销工具的熟练使用是一个基本功，互联网有很多的工具，文案也是工具之一，并且是一个很重要的工具。

只懂软文，会写文案，还远远不够。俗话说：写重要，发更重要。这些工具的熟练使用，营销人员的专业程度，可以让软文发挥其价值。

这些工具需要配合软文一起运用，这就需要对每个工具的掌握较为熟练，有些甚至需要专业人士才能操作。

在前期，思维习惯还没有形成，需要反复编辑，如果不编辑，那软文有错别字、句子不通顺、无信息量，都是很常见的问题。

以写标题为例，一般的做法是写出 3 ～ 5 个标题，挑选一个最合适的标题。学会如何编辑，比学会怎么自己去写，对于起步阶段来说更重要。原因也很简单，不能等到会写了才开始做市场测试，否则会失去很多的机会。例如，在一张报纸上有图片、加粗的标题以及副标题，还有其他的信息，然后是文案内容。当我们在阅读报纸的时候先看什么再看什么？以什么样的阅读顺序进行？

消费者第一眼看到的一定是图片，那么在编辑过程中需要注意以下几点。

①广告的标题（目的是抓住客户的注意力）。

②图片（目的是展示产品）。

③品牌名（目的是推广自己的品牌知名度）。

④文案内容（目的是阐述产品的具体信息）。

不论是标题、图片还是副标题，不要忘记和忽略广告的目的，即文章的首句，往往就是文章的中心句。如果中心句不够吸引人，那么后面再好的内容都没人看，所有的目的都是引导用户读第一句话，这是在设计这篇广告之初就要明白的战略目的。

如果想要表达的东西太很多，软文就会写得很散，导致效果很差，但是无论如何，都应该牢记图片、品牌、价格、标题的展示，都是为了引导客户愿意去阅读第一句话。

因此，每一个阶段都有每一个阶段的战略目标。对于文案来说，每一段落有每一段落的战略目标，编辑高手能够正确地定义每一个段落的战略目标。

不要排斥需要花钱的广告环境，要靠近它，了解它，在耳濡目染、反复研究观察的过程中会提升写作能力并且学到很多有效的营销模式。有时候，一个小细节就能够提升写作能力。练习文案的目标不在于会写，而在于会编辑。这并不是说写不重要，写出优秀的软文和销售信是需要反复去练习的。人们都渴望了解新事物、学习新知识，所以新闻性软文非常容易得到人们的关注。操作时注意，新闻性软文一定要突出一个“新”字，文章中的内容一定是人们所不知道的、不了解的、不熟悉的，如新鲜事、新鲜的观点、新鲜的事物、新鲜的知识、新闻的话题等。文章的形式要符合新闻写作规范，发布的媒体及具体的板块也应该是正规新闻栏目，千万不要发到广告版。

（二）概念攻略

万物都是相通的，网络营销也是如此，不同的营销与推广方法之间有很多共性，理念和策略可以互相适用，只不过具体的表现形式不同罢了。例如，概念攻略在软文营销中同样适用。对于有用的新生事物，人们总会不惜一切代价去了解、学习和尝试，而这也是概念攻略的精华之所在。

打造概念时注意，这个概念一定是与目标用户息息相关的，要高度符合用户需求，能够引起受众强烈的关注与足够的重视；否则不管概念包装得多么漂亮，都是在做无用功。

（三）卖点攻略

在软文营销过程中必须把握好三个核心要素，即产品卖点、软文主题和内容素材，这样撰写的营销软文才有转化效果。产品卖点一定是最具优势的核心卖点；软文主题就是怎么对这个核心卖点进行包装；内容素材就是让软文主题具体实现的材料。

首先，必须对自己的产品有深刻的了解，明白产品的特点、优势、劣势，罗列出产品的卖点并整理汇总，挖掘一两个可植入软文的核心卖点，这个卖点必须是产品最有特色、最让人印象深刻的点，越独特、越具体就越好。挖掘卖点必须站在用户的角度，千万别自己以为很好，软文最吸引用户的是用户感兴趣的“料”；而我们要宣传的产品，通常来说没什么趣味，也没什么人会感兴趣，所以我们要尽量减少软文里的产品信息，以免影响用户的阅读体验，导致传播效果不好。为了平衡这个矛盾，就必须做“单点突破”，抓住产品的 1 ～ 2 个核心卖点进行包装。例如 XX 香皂，它有很多卖点，香味好闻、清洁度高、包装漂亮等，但是它最终做推广软文，传递给顾客的核心卖点只有一个：除菌。

其次，软文主题是连接用户和产品信息的通道。选择主题的时候需要先找产品对应的目标人群，然后了解这类人有什么普遍的“痛点”。选择一个能迅速戳中他们“痛点”的软文主题。在选择主题的时候要考虑到这个主题是不是能很好地围绕核心卖点来包装。最好在写软文以前就先把衔接部分写出来，再去收集其他素材。就像上面提到的 XX 香皂，他们做推广的文案当中定下的目标人群就是孩子妈妈，根据年轻妈妈对孩子的关爱呵护心理，担心孩子在玩耍过程中被细菌感染，用 XX 香皂给孩子洗手能去除细菌，这个主题一下子就抓住了妈妈们普遍的“痛点”，引起了她们的共鸣，为产品能大卖奠定了基础。

再者，找到吸引眼球的内容素材。确定好产品卖点和软文主题以后，就需要搜集好内容来提升用户的阅读快感，用有力的论据来支撑你的观点。软文主题可以天马行空，但落到具体写作上，就要做到自圆其说，要围绕主题收集相关素材来论证。还是以上面提到的香皂为例，它的广告文案素材，孩子们在快乐地玩耍（这个内容画面是所有妈妈都爱看的）、显微镜里面看到孩子们手上身上到处都是细菌（制造焦虑，妈妈们看到这个画面，一定会赶紧寻找解决方案）、用他们家的香皂洗手洗澡能有效除菌（解决方案来了）、他们家的除菌效果和使用普通香皂的对比展示（选择我的理由）、XX 医学会推荐（权威背书，给予妈妈们依据），通过这些活泼生动、环环相扣的素材内容，最终使妈妈们放心大胆、高高兴兴地选择了这个香皂，产品大卖也就不足为奇了。

核心卖点、软文主题、素材内容三个要素确定以后，在细节上精雕细琢，就能写出给人留下深刻印象的推广软文，并且获得不错的转化效果。再比如说写一款笔记本的软文，它的核心卖点是“史上最薄最漂亮”，为了体现这个卖点，作者就用笔记本外形发展史来包装。在软文里，作者先介绍了最早又笨重又难看的笔记本，通过一代代不断改良，笔记本演变得越来越轻、越来越美。最后把自己的笔记本放在文章的末尾，跟读者说这款笔记本就是演化过程中最薄、最漂亮的一代。

（四）权威攻略

对于权威的东西，人们总会情不自禁信服与顺从，所以，树立权威是软文营销的一种策略。

我们可以围绕企业背景打造权威，通过好的企业背景会很快建立起权威性。例如奇艺网上线之初便获得了高度关注，原因就是它是由百度公司投资创办的。如果我们的企业没有这样的好背景，那么可以通过一些后天的方式弥补，如通过各种合作形式挂靠到权威部门或大公司旗下。

除了企业背景外，还可以围绕产品打造权威性。例如，产品的技术特别先进、品质特别好，都可以奠定其权威地位。如著名杀毒软件卡巴斯基，在进入中国市场初期就是先通过技术打造其产品的权威性，以此快速奠定了在国内市场的地位，获得了用户的认可。

除了企业和产品外，还可以通过名人打造权威性。例如创新工场，虽然是一家新公司，但由于其是由前谷歌公司全球副总裁兼大中华区总裁李开复先生创建的，所以没有人敢轻视它，因为李开复老师的权威性不容置疑。当然，不是每家企业都有这么强的名人，所以我们可以自己打造名人，如将企业老总打造成领军人物就是最常用的一种方法。

四、如何写新闻类软文

新闻类软文是近几年企业较为依赖推广方式，一篇好的新闻类软文如果可以出现在一些权威的网站上，可以在短时间内吸引大量的关注，提升品牌和企业的曝光量。

相对于图片硬广的短时间聚焦效果，软文页面内容一旦被成功收录，可以保存很长时间甚至于永久存在，其中包含关键词能够让它随时被需要的客户找到，为企业在长时间内塑造品牌形象，传播品牌和产品信息提供有力的帮助。

随着搜索引擎规则的变更，现在的搜索引擎收录相比以前更加严格，更注重收录的内容，如果发布的软文原创度高，符合发布版块的分类，且内容新颖更有创意，那么用户的停留时间以及访问量都会增加。搜索引擎将毫不犹豫对页面进行收录。

软文在推广过程中，一切的目的都应是产品销售，所以软文的推广需要掌握主动权，让消费者有足够的兴趣，主动进行软文的阅读，这就涉及主动认知方面的相关问题，主动认知是软文推广营销中最重要的内容，增加消费者的主动认知，消费者对产品信息的了解影响会更加深刻。

判断软文营销有没有效果的标准只有一个，即品牌知名度和产品销量有没有上升。也就是文字的力量是否将读者转化为实际用户，这关乎企业要不要继续开展软文营销，以及作为文案工作者的你能获得的收入水平高低。

为此，就需要你想方设法写出能够说服读者购买产品的文案，发挥出软文营销真正的效果。关于这一点，历来有很多的方程式，如注意力、兴趣、渴望、行动、认知、理解、确定、行动和描绘、承诺、证明、敦促。

但相比起抽象性的概念，下面这五个软文营销促进销售的具体阶段，更容易令人理解。

（一）吸引注意

正所谓“人靠衣装马靠鞍”，靓丽的打扮总能吸人眼球，毕竟有时间慢慢去发现和欣赏“清水出芙蓉，天然去雕饰”的人只是小部分。软文营销也一样，标题和正文开头就是它最能吸引注意的地方。

有些文案创作者喜欢在标题和开头玩文字游戏，错误地认为这样能够吸引人。但事实上，无论你的文字游戏玩得多出色，如果跟你的产品或者品牌，没有直接的关联，那也就只能够证明文字游戏玩得不错，对于实现软文营销的目的毫无帮助。

假如没有在一开始就点出产品最吸引人的点，读者甚至连开完标题的兴趣都没有。

有效的做法应是在标题和开头直接体现出你最想要传达给读者的、能够对他们带来很大帮助的点，不一定需要华丽的修饰，但一定要体现实际的用处。

（二）指出需求

无论是哪一种产品，都可以在某种程度上解决某个问题或是满足某种需求。例如 U 传播能够解决软文营销的发布问题、软文发稿平台的构建问题；空调能够让人在天气炎热的夏天不再汗流浃背。

但是对于大部分产品来说，消费者需求可能并不明显或者是心中并没有深刻的匮乏感。为此，就得为消费者指出他们为什么需要这项产品。

（三）提出满足需求的方案

指出消费者的需求并让他们确信之后，就需要给出满足这种需求的方案。要知道的是，能够提供方案的产品并不只有一家，市场上类似甚至具有相同特点的产品非常多。那么，消费者为什么要选择你的方案，而不是其他人的？最重要的就是你提供的方案（也就是你的产品）比其他人的具有更好的效果。

如 U 传播的“开放 API 接口”这一产品，针对的需求是软文发布渠道建设。内容和渠道是软文营销离不开的关键点，尤其在渠道上需要投入大量的时间和人力。而通过 U 传播开放的 API 接口就无须再自己去建设渠道，因为可以共享 U 传播平台上万家的媒体资源。

（四）证明提出的方案

既然想要消费者将自己辛苦赚来的钱花在你的产品和服务上，而不选择竞争对手的产品，那么光靠说是不够的，还得给出证明。这里面就有三种技巧。

一是指出产品的实际好处，指出产品能够发挥什么样的功效；二是见证者现身说法，比起自说自话，第三者的担保更有说服力；三是与竞争对手作比较，说明为什么你的产品比别家的更胜一筹。

（五）要求实际购买

进行软文营销，写一篇文章出来，最终目的不是给读者看，而是给读者看完之后令其产生购买的欲望，并转化为实际的行动。

因此，不要吝啬字句，在文案的最后一定要呼吁购买你的产品，不管是哪一种文案。

当然，如果软文营销并非为了直接销售产品，那么就可以找出销售流程的下一个步骤，然后告诉读者应该怎么做。就算今天不购买，也可以在之后多注意你的产品。

软文营销要达到的目的只有一个，提升品牌知名度和产品销量。为了更好实现这一目的，就需要写出能够说法读者购买的文案。

软文的投放媒体资源决定了软文最终的命运，最适合软文的媒体需要与我们的行业属性、营销目的相结合来进行筛选。例如一家婚庆公司的软文可以投放在房产家居类型的媒体；或者根据意向客户年龄段，投放在 20 ～ 35 岁群体较多的媒体上（娱乐站、资讯站等），因为这类意向客户是较多的。软文城发稿优势在于为用户提供行业媒体筛选服务，提供近期收录稳定、行业关联性强的优质站点。

当一个企业需要扩大知名度或是在遭遇公关危机而亟待解决的时候，它就十分需要一个强有力的传播平台为他发声。这时，如何选择一个专业的传播平台就非常重要了。对于品牌方来说，如果这个平台能直接代写、代发新闻稿，那么就能帮助品牌方提高解决问题的效率，且其平台的传播渠道还必须多样化，以保证消息的快速传播。

五、经典案例

软文营销作为一种常见的经典的营销方式，在20世纪的纸媒时代中就发挥过重要的营销作用，而到了当下网络媒体盛行的年代，只要人们阅读的需求没有消失，这种方式就可以一直发挥其效用。

优秀的软文内容性较强，能够将广告植入得无迹可寻，凭借生动的文字内容吸引人群，并与此同时让阅读者在阅读之后了解产品，或对此产生兴趣与印象。

我们可以通过软文营销的一些经典案例来总结出软文推广中可以借鉴和需要注意的点。

（一）经典的脑白金软文营销

脑白金曾经在几代人的心中留下了它的广告和大名，“今年过节不收礼，收礼只收脑白金”的洗脑广告一度成为这一辈年轻人的童年回忆之一。其实在一开始，脑白金这一品牌和产品是根本没有资金进行电视广告投放的，当时脑白金的创始人史玉柱正负债2.5亿，但凭借着天才般的经商头脑，在三年内就依靠脑白金赚得了超过10元的销售额，而促成这一成就的，归根结底还要归功于脑白金的软文营销。

大多数人认为史玉柱是软文营销的开创者，让人们看到了文字推销的作用。

脑白金在一开始主要投放新闻式的软文，也就是将文章刊登在新闻刊物上，当时的老百姓看新闻报纸是非常普遍的，借助新闻纸媒可以有效地提高接收率和传播度，且权威性较高，而且在成本上也相对较低。在内容上，脑白金的软文以医疗健康科普类的话题为主，与其产品的保健功能非常吻合，并且在专业度上拥有权威机构或者专家的认同，可信度很高。取材主要是人们普遍关注的健康、养生、长寿等话题，在标题上不仅具有浓厚的严肃学术科普的风格，还总是很巧妙地设置悬念、疑问或者渲染恐慌情绪，引起阅读者的关注和重视。

脑白金的软文营销主要分为两个阶段，在第一阶段，推出如《人类可以长生不老吗》《两颗生物原子弹》这样的新闻性软文，在其中并没有插入脑白金的产品信息，而只是反复出现一个“脑白金体”的器官，故弄玄虚。人们出于对自身健康的重视以及猎奇心理，对这类标题和文章很容易产生兴趣，而在多次看到“脑白金体”后，就会不由自主对其产生好奇和探究，在软文的渲染和描述中，这一器官的神秘性引发了很多人的兴趣。

在引起人们对“脑白金体”的关注后，脑白金的软文方向开始出现了变化，推出了像《宇航员如何睡觉》《一天不大便等于抽三包烟》等一系列的健康科普类文章。这些文章内容以非常专业的健康知识科普为主，阐述人们生活中常常遇到的睡眠和饮食问题，提供一些解决之道，并趁此插入脑白金的产品功效，不断地突出脑白金的益处和重要性。

脑白金的软文切中了人性中对于生命和健康的看重，以及好奇的天性，并且其权威性和科普性具有非常强的说服力，而且是站在人们的健康角度上提供了非常多常见的有用的问题和方法，以理服人，赢得了很多人的信服，因此成为脑白金获得巨大成功的最大功臣。

（二）华为《千万不要用猫设置手机解锁密码》

曾经的贴吧、论坛、博客、空间等都是软文盛行的地方，之后涌现出的微博、微信等新平台也成为软文的新圣地，不管是论坛还是微博，软文都能够侵入网民的视野，甚至多个渠道的传播更加有利于营销效果。

2014年的《千万不要用猫设置手机解锁密码》这篇文章曾经登上过微博热搜，在很多其他的网络社交内容平台上也有很高的阅读量和转载量。光是看这个标题就已经觉得非常有趣，引发了很多人的猜想和疑惑，而其内容更是意趣盎然，主人公以轻松通俗的口吻记述了自己某一天突发奇想用猫设置手机密码的缘由、经过、意外和结果，还附上了手机和猫的照片，真实度非常高，并且行文非常接地气，事件也非常有趣。

在当时，作者是如何用猫给手机设置密码的呢？原来他使用的手机是华为MATE7，其自带的指纹锁屏和解锁的功能才让作者产生了奇妙的想法，用猫爪设置指纹密码。而之后因此引发的一系列趣事，也让网友们忍俊不禁，很难不注意到这款手机。

很明显这就是华为手机的一篇软文，但无论是从作者的叙事以及具体的内容来看，生动幽默、通俗真实，非常具有感染力和说服力，加上“有图有真相”，标题吸引人、事件有趣、猫咪可爱，文章所呈现出的个人风格也非常鲜明，让大多数人看过就能产生深刻的印象，同时注意到华为手机及其指纹解锁功能。

我们可以注意到，华为的这篇软文成功在内容的丰富和真实上，口语化讲述，穿插没有滤镜和后期的图片，生活化气息非常浓厚；而其标题也非常具有悬念性，让人产生好奇，或是想知道怎么用猫设置密码，或是想知道为什么不能这样做，总之非常吸引人点进去观看；加入猫这种可爱、受到大众喜爱的宠物元素能够为文章增加很多好感，同时很好地将猫和手机结合在一起，创造出有意思的点子，让人注意到华为的这款产品，并且内容中的这一行为很容易模仿，让人产生消费的欲望和模仿的冲动。

（三）德芙巧克力软文《青春不终场，我们的故事未完待续》

除了有意思的内容外，软文还可以注重情感上的更多共鸣，借助大众普遍都有的亲情、友情、爱情等情感，创造出有感染力的内容，让观众产生更多的共鸣，在情感上建立产品与内容、观众之间的联系。

德芙巧克力的软文《青春不终场，我们的故事未完待续》，就很好地针对年轻人的情感世界，写出了非常动人的情感故事。文章作者讲述了自己在大学与一个男生从相知相恋再到相伴相惜的心路历程。文章真挚动人，语言文艺优美，通过煽情、富有感染力的故事引起很多年轻人的共鸣，而文章中德芙的植入与作者的情感成长融合得非常自然，“不变的是德芙巧克力”，非常符合故事的场景，同时也淋漓尽致地凸显出德芙巧克力的定位和品牌内涵，丝丝入口，细腻和谐，让很多人不仅对德芙巧克力有了很好的印象，同时也潜移默化地传达了德芙的品牌价值。

面对自身的市场定位，德芙给出了一篇符合年轻人情感生活与审美的软文，引发人们内心的情感共鸣。以情动人，是其内容构思与语言上的特色与优点，从而给予了观众在审美上的收获，符合目标人群的情感需求；除了煽情之外，德芙品牌的文化内核与软文内容主题非常契合，虽然没有非常明显和详细的产品信息，但其品牌符号与内涵却与内容浑然一体，并为其打上更多的情感烙印，让读者在为故事动容的同时也对德芙这一核心象征元素产生了正面印象，加深了对这个品牌的好感和记忆点。可以说，这篇软文成为德芙软文营销的经典案例，并非偶然。

从以上这些案例，我们可以得出成功的软文营销都普遍具有以下特点。

①以内容取胜。丰富的素材，有料的故事，可读性非常强，同时在真实性上较为突出，让人信服。

②针对目标人群的特点进行内容题材和风格上的选择。脑白金针对中老年市场，软文以医疗健康养生为主，走新闻科普这类干货多权威性强的风格，华为通过年轻网民对个人生活、奇闻轶事、电子产品、宠物们的关注，推出一篇轻松有趣的文章，也非常新颖。

③通过人性和心理上的一些普遍现象和需求吸引关注。对健康长寿的追求、追求新意、同情心、对感情的共鸣等，这些都是人的普遍心理，从这些根本因素切入，在内容上更加注重对这些方面的诱导，可以获得更多注意力。

④产品植入浑然天成，润物无声。软文的核心在于“软”，也就是不生硬，

是其特点，也是关键。一旦有迹可循很快让读者意识是软广，很有可能会产生排斥的心理，产品植入与内容融合得好，需要既突出内容又需要凸显出产品作为必要元素或者重点道具的存在感，符合内容和情境逻辑，让读者自然而然注意到。

软文的成本低，但效果却可以达到非同一般的高度，网络内容社交平台的普及增加了软文发布与传播的渠道，有利于这种营销方式的进一步优化和发展，而对于内容的需求当下也呈现出了增长的趋势。在网络时代，软文是非常好的产品营销手段，看起来虽简单，但要想做好却要在内容上做出更多的创新。

六、如何写软文标题

俗语说“题好一半文”是有道理的，一个优秀的标题相当于整篇软文的门面，决定了用户是否点击、是否感兴趣，很大程度上决定了文章的命脉所在，不过对于标题的撰写往往也是相当困难的，要经历长期的训练，而不是纯粹靠“标题党”这样的形式。

“标题党”是截获流量的绝佳方式，但从长远来看，绝不是正道，甚至对于整个软文生态都是极大的伤害，所以“标题党”的使用要把握好度，适当用一下吸引用户的眼球，也不失为一种办法。整理标题撰写的十三种思路如下。

（一）数字型标题

“盘点十大不为人知的历史秘密，总有一个你想不到”“教你如何用三个月的时间，从月薪 3000 升至 3 万”，数字型标题的好处就是直白简单，人对数字更敏感，更容易直观感受到文案的核心，留下更深的印象，同时，让软文更具说服力和可信度。

（二）借势型标题

“他曾被王思聪邀请参加生日宴会，现如今这个地步”“长安十二时辰大火，我却心心念里面的美食”，巧借名人、明星、网红、热播剧、热播综艺等，只要能扯上关系，就能搭上流量的顺风车，便是这个逻辑。同时，借势毕竟免费，所以蹭热点的难免太多。

如何承接热点，自然而然地转接到想要传达的信息上，一方面需要准确的切入点，另一方面需要成熟的文字驾驭能力。

（三）揭秘式、警告型标题

“警告：这几种食物在减肥期千万不能吃”“揭秘刚毕业大学生如何在职场青云直上”，这类标题能满足人的好奇和窥探欲望，吸引点击，例如揭秘黑色产业、行业秘密、明星八卦，警醒大家养生、健康、健身、保养、育儿等的不当操作，能让用户在恐慌的心理下点击观看。

（四）疑问型标题

“婴幼儿奶粉怎么选？”“百元耳机不会选？看这里就行”，这种标题适合做优化，方便用户检索并查看，做好了能带来很高的曝光。

（五）活用网络流行语

“我太难了！老天爷求你救救我吧！”“确认过眼神，是森女的街拍风”，网络流行语的活用和改编能增加标题的趣味指数，迅速吸引网友的注意力，运用得当也是一种方式，显得活泼、时髦、有吸引力。

（六）干货分享型

“干货·2019年平台运营进阶指南”“分享·如何让两人恋爱关系迅速升温”，简洁明了，有指向性，能迅速吸引到感兴趣的受众，不需要花里胡哨的简单就好，目的性也强，文章的干货属性也鲜明可见。

（七）名言名句改编型

“是金子，总会花光的”“有钱人终成眷属”，灵光一现地对名人名言、俗语、流行语、古诗词进行改编，为标题增加趣味和灵性，仅凭标题就能让读者会心一笑。

（八）极简型标题

“腾讯不再伟大”“战投时代，巨头的修罗场”，在标题中以极简的“主谓宾”等三段式结构去勾勒文章描述的核心，语言不仅精炼，还足够精准，当然，这类标题需要极高的文案功底。

（九）联想型标题

“原来，我们被父母骗了这么多年…”“追上校花后的第二天，她走了”，以好奇心式标题引起读者的联想翩翩，吸引他们点击阅读一探究竟，仅看到标题就足够引人遐想，好的联想坏的联想不重要，只要在文章内容中制造反差，让读者有一种“万万没想到”的阅后观感，就“套路”成功了。

（十）结论型标题

“原来这些都是谣言，今天总算明白了！”“人类大脑只被开发了 10%？假的！”，以结论的形式为整篇文章盖棺论定，奠定文章的观点和表达核心，直接明了，迅速吸引到对话题感兴趣的受众。

（十一）引战型、矛盾型

“隔壁钻石王老五的艰难生活”“我中了 500 万，但我却没办法开心起来”，通过制造矛盾、冲突、观念差异型的标题，能引发读者心理上的难以理解、抗拒、不认同，看着有一种“欠打”的意味，能吸引读者点击内容查看内容到底是否属实。

但同时，这类标题也该谨慎使用，避免挑起争端、引起社会矛盾。

（十二）逆向思维型

“钱，就是躺着赚出来的”“我这么聪明，肯定成不了大事”，打破僵化思维模式，对司空见惯、似乎已成定论的观点、事物反过来思考，往往能得到新颖、富有创造性的结论，这种思维直观反映在标题上，能迅速引起读者注意，甚至让读者惊艳。

（十三）夸张型标题

“20 岁的人，60 岁的身体”“不买净水器，你至少少活五年”“男朋友说这十句话，我分分钟想锤死他”，夸张型标题是把“双刃剑”，一方面能迅速引来流量、点击率和分享，另一方面容易引起争议，所以在起标题时可以适当夸张，但不可太过，更不可触及道德底线，甚至道德绑架，引发读者反感、抵触，同时也要熟知平台的审题规则，不然容易被平台否定。

七、软文内容结构技巧

文章重在开头，升于结尾，好的开头被称之为“虎头”，好的结尾被称之为“凤尾”。正如古人作诗一样，讲究开头“工于发端”，结尾“余音绕梁”。

在一篇软文之中，读者最先看到的肯定是开头，开头决定了读者是否产生兴趣，是否继续阅读。所以在开头部分就需要仔细思考，如何撰写才能吸引读者的视线，吸引读者一步步看下去，决不能平淡乏味，要足够出彩、吸睛，同时做好铺垫，引出下文。

开头难写，这是业内所公认的，如何去统领全篇，如何去承接下文，需要有清晰的思路，接下来就分享几种开篇的思路。

①引经据典。撰写软文时，可以查阅一下有相关性的名人名言、俗语、典故、案例等放在软文开头，更容易留住受众，形成一种作者涉猎广泛、学识涵养高的印象，潜意识之中增加对文章的信任感，点明主旨的同时显得意蕴深厚。

②修辞手法。对各类修辞手法娴熟运用是文案工作者的基本能力，一个得体的修辞，如比喻、借代、拟人、夸张等手法运用下衍生的开头能为文章增色不少。

③春秋笔法。春秋笔法，即“微言大义”，是孔子发明的一种语言艺术，在软文的开头就可以合理运用。以细节的刻画不去直接评述好坏，但读者却能从“暗含褒贬”的文字中感受到孰优孰劣，借此委婉而微妙地传达作者的主观思想。而春秋笔法下的开篇通常是通过一个任务的细节描写、内部消息的流出或相关人士的“透露”开始，以此开展，不断层层递进，去揭开软文的后续。这种写法能让读者有代入感，能参与到各个环节的思考之中，并产生自己的“判断”，当然这个“判断”也正好是作者所要传达的。

④工笔白描。工笔白描在涉及人物、事件类的软文之中可以使用，开篇以人物所处的大环境，如生活环境、心理状况、感情生活等着手，去着重刻画人物的某个性格切面，能有很好的文学张力，引起读者继续阅读的兴趣。

⑤幽默、诙谐段子。人类从不抗拒幽默和诙谐，这是最讨巧的一块敲门砖，改编的也好，照搬的也好，以段子开篇能迅速奠定全文的阅读基调和中心思想，极大地吸引读者的注意力，让阅读变成一件愉悦的事情。

⑥开门见山。在描述一件本身就有这极高关注度或热度的实践，可以采用这种直截了当的方法，迅速阐明文章的主旨、人物、时间地点、情节等。如果事件本身不具备较高的热度，当然就不建议这种开头方式了。

⑦设置悬念。以想象和猜测合理地在开头设置悬念，能引发受众继续阅读的兴趣，俗称“吊胃口”，给读者以想象的空间，同时文章内容不断展开，读者越发想要一探究竟，去验证自己的猜测是否正确。

⑧气氛烘托。在一些产品发布、新品推出、新店开业、展会开幕等软文中，会在开头进行气氛渲染，隐性地烘托出现场人流不息、群众众多、气氛高涨、万众期待、引发抢购等盛况，能让读者感受到产品、品牌、活动的火爆程度。

⑨热点借势。热点借势是自媒体之中运用最多的，通常以热门综艺、热播剧、

热点事件、重大新闻等开篇引领视线，或阐述或评价或讨论，再通过热点中的某个细节去延展到想要植入的信息，这种思路也是最为常见的。

软文的开头是文章吸引力的体现，那么结尾则是文章价值力的体现。如果用户兴致勃勃地看完一篇文章却发现结尾很烂的时候，会对整篇文章产生失望的情绪。

正如谢榛《四溟诗话》所说："凡起句当如爆竹，骤响易彻；结句当如撞钟，清音有余。"这里的"当如撞钟"，就是说要韵味深长，才能引人深思和回味。下面简单叙述软文结尾的书写方法。

①第三方祝福。第三方祝福最常见于产品发布、企业参展、企业公益、新店入驻等企业新闻的软文之中，在结尾会以第三方的角度发布美好祝愿和对远景的希冀。这种类型的软文在达到一定量级和覆盖度之后，效果会很可观。

②引人深思法。引人深思法的要点在于在结尾制造遐想和深思的空间，引领读者展望、企盼、回味等，所谓余音绕梁三日不绝，故意留白之后才能让人回味无穷并且印象深刻。这也是一种互动手法，通过引领读者的思索，让读者发挥想象、思维力和创造力，与作者形成情感的共鸣。

③抒发感情法。使用抒情手法为整篇软文画上句点也是较为常见的。在文末，作者流露出真情实感去表达某种情绪，并以煽动性的文案去表现，能让读者感受到作者情感的波澜并形成共情，而这种共情很大程度上能携带产品的植入信息。在这之中，切忌言之无物，矫情作势，最后只感动了自己。

④思维扩散（神转折法）。思维扩散操作难度会较高，但其带来的收益也更加可观，简单来说，就是会让读者惊艳到。在文末出现的思维发散式的奇思妙想或者神转折往往能让读者惊呼作者的脑洞之大，才华之高，会让读者获取到"爽感"，所以能让读者自发式点赞和转载，加速文章的自传播和裂变式曝光。

⑤号召法。当文中出现了值得宣扬的正能量，或者探讨到三观取向，在引发认同后就可以在文末去号召读者们也这么去做，利用这种引领作用逐渐输出值得效仿的价值观、观点、行为指导，逐渐形成号召力，能为日后的销售提供更便捷的途径。

⑥首尾呼应。在总分总结构的软文之中，首尾通常是呼应的，开头引题，中间进行论证和申述，最后在结尾中再次点一下题，将核心主旨收回来，这样的好处在于使得行文的逻辑自洽，结构严密，阅读感完整，同时凸显主题，加深印象。

纵使有上述几种方法，但在实际操作之中，还需要根据具体情况去选择使用，当然同时使用也是可以的，怎样效果最好就怎样使用。

说了开头和结尾的写法，接下来就分享下什么是“胸腰”，“胸腰”是指软文的内容要饱满有力，其写作要点有以下三点。

①如船长般的策略力。你必须像个船长般策略准确，对于整篇软文有着清晰的规划，如何布局、如何引出主旨、从哪个角度切入、怎么获取信任，都需要精准的策略去指引。

例如一篇关于医美的软文，从服务好的角度去切入，那么需要知道如何站在自家机构的角度，而不是为同行做了嫁衣，或者从技术角度去着手，那么策略就可以是将复杂的专业名词浅显化地表达给受众，去消除大众的隔阂感，增加信任度，让大家相信自家机构的专业能力。

②如猎头般的洞察力。你必须目标清楚，知道自己的软文是在针对哪一部分受众，然后对这个群体进行深刻洞察，并挖掘主诉素材。

不同的细分群体有着不同的思维方式和表达体系，弄清楚他们所思所想，理解他们的集体语境，再去深入思考他们所需要的，挖掘对应的痛点，并以此发挥。在这之中，洞察力必不可少。

③如挚友般的亲近感。在同质化软文大行其道的当下，如挚友般的共鸣是利器。软文营销不是展示华丽辞藻的地方，也不需要震撼人心，而是要推心置腹说家常话，站在受众的角度去感知他们的需求。并以此为卖点，一字一句都是为消费者的需求着想，让消费者惊呼“这个品牌也太懂我了”，挚友视角除了激发共鸣外，还能培养消费习惯。品牌在与受众产生共鸣后，就能顺势引导消费者的思想，告诉他们什么样的习惯才是更好的。

例如一篇电动牙刷的软文，在通过专业背书和实例认证论述了电动牙刷优于传统手刷方式后，就逐渐获得了读者的认可，再然后去“教育”消费者要培养良好的刷牙习惯，这样消费者不仅会买电动牙刷，而且会三个月更换一次刷头。

对于内容来说，软文要做到使消费者的眼耳脑都软。软文借以各种伪装形式，如行业揭秘、人物采访、新闻稿件、论坛发帖、评测心得等，让用户看着不像广告，也不容易拒绝，让受众“眼软”；软文的利益站点是挚友的角度，而不是如商场导购般吹得天花乱坠，以朋友的角度去向你推荐，让受众“耳软”；软文能呈现出其清晰的产品画像，并能营造出信任和专业感，能让用户深切感知到产品或品牌的“好”，实现“脑软”。

有些软文，能“软”到让你根本看不出来，例如，有些品牌会在专业论坛发布一些行业知识、深度解读、干货分享等，通篇没有提到本品牌一个字眼。但是其作者信息和署名在那里，也能产生软文的作用，其专业性也能让目标用户对其建立品牌认知，也能促进品牌曝光。

软文的布局也要尽量合理，追求观点一致、逻辑自洽、章节有序、段落连贯、互相呼应。而不同的软文也有着不同的布局，比如层层递进型、疑团悬念型、平行罗列型、总分总式、倒置式、镜头剪接式布局等，不同的布局适合不同的软文类型，需要甄别使用。

在涉及体量较大、观点较多的软文时，在排版时注意多复合型标题的使用，将文章内容进行切分，并用对应的小标题去概括，各个小标题平行罗列，各个大标题层层递进，能以清晰的主线去展现文章的逻辑或观点，能很大程度提高文章的阅读体验。软文想要呈现在大众面前，就需要一个桥梁，这时候“渠道”的作用就显现出来了。不同的渠道对应不同的平台，也有着不同的发布规则。

渠道大致可分为：行业媒体、地方媒体、门户网站、自媒体、论坛、博客等。

平台就比较多了，五花八门，最知名的有微博、微信、抖音、百度、今日头条、搜狐自媒体等。

营销规划有两个层面，第一个层面是策略规划，第二是时间规划。软文要与品牌整体的市场策略相统一，在制定规划时，要视公司的实力、行业环境、营销风格等因素去决定。要明确方向，再进行选题策划。一篇软文之中，选题、标题、内容这三个要素缺一不可。同时考虑到软文的投放和付费推广，还需要视具体情况而定。在时间节点的规划上，大部分营销人员会有“营销日历”这一参考，除了突发的热点之外，还有重要节气、名人诞辰、纪念日等，也需要做好相关的软文规划。

第三节　活动推广

一、活动推广流程

如果是针对品牌效果外化，那活动主题、活动规模、活动预估效果，是自己单独承办还是由合作单位自己承办，是不是需要活动招商从而获得很多的资金支持，如果是合作承办，合作方可以为我们提供哪些资源和支持，我们又能给合作方什么，这些都是需要提前明确的。

如果做会员招募，现场能成交，那我们要明确现在有哪些获客渠道，这些渠道来源的客户背景是什么样的，我们是不是已经有足够清晰的客户画像，这些客户喜欢或者更关注哪些信息能吸引他们参加活动，哪些内容又更能促进他们活动现场直接下单支付成交。

同时要发布招募活动，这个是一定要做的，但是做之前，我们一定要知道我们现有的客户资源的属性、数量，以及他们的影响力，从而判断出是不是需要针对这些已有客户制定特俗的活动规则，特俗规则就是，例如需不需要填写基本信息，或者是老用户参加可以比新用户得到更多的优惠。另外，老客户拉新，介绍其他人可以有什么优惠，这里最关键的是我们一定要给客户提供有趣的、有吸引力的文案，指导或者说能够让老客户自愿、自发地转发。最后，活动报名的流程一定要清晰，操作简单。详细的流程操作如下。

①自有媒体的信息发布，如网站，公众号，抖音号，视频号，朋友圈等，应该有针对性地，特别是在时间节点上进行信息发布，重视互动前一周、前三天、倒计时一天、活动当天开始前、活动现场以及活动结束后的效果延展。

②外联媒体的品牌宣传，这个一定是要有专项的预算费用支出的，我们需要官方或者大众媒体的发声，如果有可能，我们应该制定特殊玩法，这样让招募和宣传统一起来。

③活动招募平台需要专业的活动招募工具。

④行业的朋友、组织、社群等，通过业内朋友进行资源的整合，相关组织给活动发声，现有的客户一对一私聊沟通，邀约。

⑤报名活动的客户一定要有优惠券或者其他礼物，要鼓励他们积极转发，获取更多的流量和客户。

当然，我们也可以评估预算、目标用户获取信息的渠道等，决定投放策略。策略包括：在哪些渠道进行投放？每个渠道准备投入预算为多少？各渠道的投放时间、节奏。

线下活动最好采取一键扫码即可快速签到的方式，减少多余的补签环节，避免数据信息造成缺失。在客户签到的时候，为客户提供活动的宣传资料，单页，或者折页，同时引导客户关注公众号，抖音号，网上商城等，可以现场进行活动朋友圈转发，赠送带有品牌标志的吉祥物。

活动中间应该有互动抽奖活动，可以采取微信活动小程序抽奖，分享朋友圈，再次获得抽奖机会，如果人多可以采用微信大屏幕互动抽奖。

现场不管是抖音号直播还是微信号直播，直播间提前 3 ～ 5 天直播预约推送，提前设计好直播主题和直播间的规划，直播当天现场选择好直播角度，需要有直播助理配合进行直播间的实时回复和答疑，直播中途互动、直播间进行线上抽奖等，邀约现场的客户进行直播链接分享抽奖

活动结束后，及时进行会后调研，收集用户需求，可以将表单包装为网络页面或者小程序，当客户填写调研表单后及时向客户发送感谢函或者是相关方案、干货资料，让客户更愿意参与调研动作。再根据收集的客户调研数据和表单提交情况找到活动实施过程中存在的问题，避免下次出现同类型问题，给客户带来不好体验感的地方及时优化妥善处理。

二、策划活动的要点

（一）活动预算

在开始策划之前，就要决定活动的规模，而规模取决两个要素：资金和目标。总不能策划到一半的时候发现预算不够，那就是在做无用功。活动开始前粗略估算出举办活动的主要费用（场租 / 住宿 / 交通 / 会场布置 / 灯光舞台布置 / 嘉宾 / 演员 / 主持人 / 安保 / 摄影摄像 / 劳务 / 视频制作 / 物料制作 / 第三方开发 / 礼品采购 / 公关费用 / 各种杂费等）。

（二）活动目的

此次活动的目标和动机是什么？希望达成的目标？活动必须要有意义，例如：吸引媒体关注，提高公众知名度，推出新产品、新形象，表彰答谢员工、客户或供应商等。

（三）活动场地

明确了活动目的和活动调性，就要甄选合适的活动场地。一场令人记忆深刻的活动场地占了一半因素，如果想选择一个与众不同的地方，或许是博物馆 / 美术馆 / 艺术剧院 / 私人住所 / 历史遗迹 / 高级餐馆 / 俱乐部 / 风景名胜 / 网球场 / 仓库 / 游船等，数之不尽，只怕你想不到或者资金不够用。

（四）核心内容

如果是一场产品发布会，那么核心内容就围绕产品发布来设计；如果是一场

颁奖答谢晚会，核心内容就围绕颁发各种奖项来设计；如果是周年庆典，就好好包装企业奋斗历程。核心内容是整场活动的内核，围绕核心内容可以提炼主题、口号，通过什么样的发布形式让受众感知核心内容，最考验策划团队的创意能力和执行经验了。

（五）活动亮点

一场与众不同的活动总要有几个亮点，非凡的体验受众会自动进行二次传播。如果你的活动像白开水一样平淡，受众会连自拍的欲望都没有。活动亮点不一定都是明星、网红、新媒体、新技术，也可以通过创意的方式给受众意外的惊喜，创造不一样的体验。

三、活动的形式

互联网上各种各样的活动有很多，但是不管活动形式如何，万变不离其宗，总有规律可循。常见的网络活动形式可以分为以下几种类型：利用“校园营销活动”来提升品牌知名度，大致可以分为抽奖、投票、打卡、游戏、热点五种方式。活动规模可大可小，并不需要账号本身有较高的关注度。在投入较少的情况下，也可以做出效果佳、粉丝黏性大的活动，所以引得运营者争相尝试。

（一）抽奖

抽奖是所有营销活动里最简单的、最好操作的一种，所有类型的账号都适用，并且适合长期进行。

电信曾推送了一条关于抽奖活动的消息：“在后台随机抽十位幸运儿，每人将获得新上市的魔法装一份，请回复‘我要福利’。”活动一出，短短两个小时，电信就收到几万条“我要福利”，10G 流量就能换来几万粉丝，这无疑是营销活动的魅力所在。

抽奖的形式可灵活把控，可选择在留言区任意抽取几位，也可选择在后台回复关键词的用户中抽取几位获得福利，只要你想得到，怎么有创意怎么来。并且在奖品的选择上，越受用户喜爱的，越新潮独特的，越能激发用户热情。

（二）投票

投票是吸粉较强的营销活动，在短时间内效果显著。但其缺点也很明显，投票活动容易造成热闹之后就是一地鸡毛的现象。

此外，在活动的过程中需要注意刷票的行为，可通过后台数据的小时报进行控制。在短时间内效果不错，但无法持续化、规模化进行活动，长期的涨粉效果不明显，活动结束后也要注意后续优质内容的输出或活动的跟进。

（三）打卡

打卡的方式千篇一律，打卡的效果各有千秋。通过普通的打卡形式结合衍生出的成就卡、排行榜，还有主题社群，起到迅速增粉的神奇功效。

简单来说，打卡是通过物质和精神的激励培养了用户的习惯，从而达到提升公众号活跃度、涨粉的目的。朋友圈经常能看到用户的健身签到图、“21 天早起计划”的记录图等，为打卡用户营造了一种仪式感，通过打卡记录自己的生活，刺激了用户对外分享，增加公众号曝光度，一定程度上也能够拉新。

除此之外，打卡与商城相结合，还能够拉升营收。例如打卡领积分、积分兑换商品或者换取优惠券。

（四）游戏

制作一个网络游戏，也是获取关注的好方法。运用“二八法则”，通过 20% 的人去调动 80% 的人的热情，这样就能通过老用户进行拉新。

游戏在社交中常充当着桥梁的角色，将有趣、鲜活的游戏转发到朋友圈，分享给身边的朋友，或者邀请好友来打榜、助力，都能在分享的过程中，吸引更多的用户参与进来。当然，游戏一定要调和广大用户的口味，越独特，越受关注。

（五）热点

可选择一些特殊的时间节点，例如在情人节、春节、“双十一”、“618”等时间节点举行活动，借助热点造势引流。

热点营销活动首先必须要有创意，新颖，能够引起用户的好奇心，紧跟热门，能给用户打造不同玩法和特别的用户体验。毕竟时代在进步，开创够独特的玩法一直是广大运营者与用户的追求。

四、撰写活动方案

活动策划方案通常不会在一开始就完成，往往要经过好几版的修改后才会逐步完整。因为许多的信息都还在搜集与确认的阶段，确认下来才会将之更新。但这里要提到的是，场地定下来后就可以着手撰写第一版（初版）的策划方案，初版至少要包含如下内容。

活动目的、目标、(大方向/未定的)研讨会主题、目标听众、活动日期与地点、议程、讲题方向与欲邀请的发言嘉宾、现场预计会展示的产品。

还有项目管理用的时程表，以表的方式写明接下来谁要负责哪些事项，何时需要完成。让读这份活动策划方案的人（项目的负责人/发言嘉宾）知道自己什么时候该做什么，也让他们了解活动的进程。

活动策划方案不是一次就能写好、写全的，随着信息日积月累增加，再逐步补充到策划方案中即可。因此，一份活动策划方案基本上就是人、事、时、地、物，以及如何做（参会报名）的汇总内容。

第五章　大数据时代精准广告营销

随着“85 后”“90 后”的成长，已经是中国互联网主力消费群体的他们开始进入为人父母的人生阶段，生育理念、消费水平都已升级。企业与顾客之间的沟通互动，就是企业向用户传播商品信息、品牌价值，用户做出相应反馈、互动等行动，如此形成一种双向信息传递机制。而广告是企业进行信息传播的核心手段。在数字经济蓬勃发展的今天，大数据、5G 通信、云服务等信息技术逐渐发展成熟，广告更是利用互联网发挥出了巨大的威力，从传统广告向精准广告升级，不断提高企业收益、优化用户体验。

第一节　精准广告概述

一、精准广告的内涵

精准广告是指一种依托于互联网，应用大数据信息检索、受众定向及数据挖掘等技术对目标消费者数据进行抓取与分析，针对消费者个性化特征和需求，推送具有高度相关性商业内容的信息传播与沟通互动方式。2020 年中国互联网投放的广告规模已达 7 665.9 亿元，占广告业收入总量的 90%，已经成为广告行业的“绝对主力”。依托于互联网的精准广告也因此在广告市场中占据关键地位，成为企业进行产品推广的首要选择。

在深入了解精准广告之前，我们需要理解广告活动的三个核心参与方：广告主（Advertiser）、媒体（Media）和受众（Audience）。广告主是指决定广告内容的出资方，是广告传播的起点，是需要自己的产品得到宣传推广的企业（也有可能是企业委托的广告代理商），因此也称为需求方（Demandside）。媒体负责广告呈现，是指提供广告位将广告对外发布的一方，因此也称为供给方（Supplyside）。传统媒体包括报纸、杂志、电视台等，而在精准广告的背景下，媒体通常是指包括各个网站、平台和应用程序等在内的新媒体。受众则是指接收广告信息的用户，是广告主希望通过广告影响到的群体，也是广告传播流程的终点。

由此可见，广告主和媒体是一项广告活动中两个主要的核心参与方，受众被动参与其中，但其反馈却能直接决定广告活动的效果和质量。精准广告就是在这一信息传播流程的基础上，不断提高传播效率和传播精确度，使广告能在合适的时间、地点、位置通过合适的媒体向合适的受众进行投放。

二、精准广告的产生背景

精准广告的产生主要由两个关键因素推动：一是网络媒体的迅速发展；二是大数据技术的日趋成熟。

第一，网络媒体的迅速发展为精准广告奠定了数据基础。网络媒体就是依托互联网进行信息传播的信息载体。与电视、报刊、广播等传统媒体相比，网络媒体在资源丰富性和互动性方面具有巨大的优势。

网络媒体的资源丰富性体现在网站数量和移动应用的开发量上。截止到2021年8月，全球网站数量已经超过18.3亿个，超过103万个开发商在移动应用商店中发行应用程序，内容涵盖全球各行各业。丰富的网络资源使得网络媒体发布信息的边际成本降低，信息能够被快速复制和传播，更多全民“爆款”商品被打造出来。同时，网络媒体具备传统媒体无法比拟的互动性。传统媒体时代的传播是单向的，难以获取顾客反馈；而网络媒体的传播是一种双向互动，媒体向用户呈现内容，用户能相应地做出行为反馈（如点赞、收藏、转发等）。例如，在传统媒体时代，如果我们想要知道顾客对报纸中哪个栏目更感兴趣，可能只能通过信件的方式来收集相关信息；而在网络媒体时代，我们只需要在征得用户同意后收集其个人信息和行为数据，便可以分析用户的偏好，为不同的用户呈现不同的内容。

第二，大数据技术的日趋成熟为精准广告奠定了技术基础。精准广告需要有海量数据处理技术和用户画像技术作为支撑。例如，海量数据并行编程模式（MapReduce）、非关系型数据库（NoSQL）等技术用于支持海量数据存取，数据挖掘技术用于提取信息间的潜在关系，用户画像技术用于将用户数据标签化等。多种技术相互配合，形成一套自动化投放广告的程序化机制，使企业在投放广告时具备了指定目标用户的能力，精准广告因此产生并不断发展。

三、精准广告投放的分析方式

互联网精准广告具有传播范围广、不受时间限制、互动性强、方式灵活、制作简便、投放费用低等特点，在大数据时代下，互联网精准广告还可以对收集到的信息进行分析，对客户进行精准投放。在传统媒体广告市场增速下降的情况下，互联网精准广告应运而生，迅速发展成为新兴广告的主要形式。

精准广告投放是互联网广告投放行业的特色，区别于传统广告的时间空间限制、受众的选择限制等。精准广告投放的核心在于让移动广告在合适的时间，通过合适的载体，以合适的方式，投给合适的人。

精准广告投放可以根据广告主和广告内容，在数字精准广告“精准投”平台上，选择特定的目标用户和区域，采用文字、图片或视频三种形式，精准地将广告投放给用户。

互联网精准广告行业是一个新兴行业，庞大的商户市场前景，顺应大数据发展趋势，打通线上线下获客渠道，提升转化率，降低运营成本费用，提升营业额。

平衡触达和关联是精准广告的核心思想。需要注意的是，精准的用户触达是以用户数据分析为前提的，企业在此过程中一定要征得用户同意，确保用户对个人数据使用的知情权，注重消费者隐私保护。

实现高触达量的方式是寻找具有较高横向覆盖率的媒体。例如，中国每年收视率最高的节目——中央电视台的《春节联欢晚会》就是一个能实现极高触达量的媒体。微信支付通过在 2015 年中央电视台《春节联欢晚会》推出摇一摇发放 5 亿元现金红包的营销活动，一跃成为中国最成功的支付工具之一。制造高关联度则需要寻找在某一个细分领域得到较高关注的媒体。例如，哔哩哔哩是一个以动漫为核心内容的视频平台，动漫制作公司米哈游选择在该网站投放招聘广告，精准吸引更多动漫爱好者前来面试。

这一思想也被应用到企业的实践中。企业投入成本投放广告通常希望达到如下目标：提升品牌认知实现关联，以及创造即时转化实现触达。当企业投放广告的目标是借助媒体的力量快速接触大量客户从而宣传品牌形象，提高用户的品牌认知，提升中长期产品购买率时，这种广告称为品牌广告。同时，也有广告商希望通过广告带来大量即时购买或其他转化行为，如应用下载、注册新用户等，目的是促进销售，这种广告称为效果广告。

例如，豪华轿车品牌梅赛德斯奔驰会在各大媒体投放视频广告，广告内容往往强调“高级感”与自我价值的实现。奔驰投放这些广告的目的显然不是希望用户在看到广告之后就立刻购买一辆奔驰轿车，其目的是塑造消费者对于奔驰品牌的认知，给顾客留下“奔驰 = 豪华舒适”的品牌记忆。这就是典型的品牌广告。品牌广告通常需要生动形象的广告内容以及吸引人的故事来提高品牌认知。

效果广告则关注顾客看到广告后的即时反应，常在电商、游戏行业被投放。效果广告通常会将产品信息隐藏在用户点击广告后展现的落地页中，落地页包括商品详情页、问卷填写页、游戏下载页等。例如，消费者在互联网上看到一款榨汁机广告，点击广告就进入榨汁机的商品详情页面，消费者便可以在页面中直接完成购买。这种在广告背后隐藏着明确且直接的操作指引路径的广告，都可以称为效果广告。

衡量不同类型广告的投放效果，也有不同的标准。企业在投放广告前需要明确现阶段进行商业信息传播的目的是寻求用户的即时转化行为，还是提高用户的品牌认知，然后再进行后续的策略制定。无论基于什么目标进行精准广告投放，都应该注意用户知情权和隐私权的保护。在未经过用户允许的情况下获取用户信息或向用户展示精准广告的行为都是违法的。2021 年 11 月，微信和微博由于在提供个性化广告功能时存在未明确区分个性化广告和非个性化广告、默认开启个性化广告权限等问题，被法院判令整改。我国《个人信息保护法》规定，利用算法给用户进行个性化推荐（包括精准广告投放）时需要保证算法规则透明公正，并公示算法的基本原理，同时用户有权对这类个性化广告的展示予以拒绝。

四、精准广告的类型

根据广告的展现形式，精准广告可以分为展示广告、搜索广告、视频广告、信息流广告四种类别，下面具体进行介绍。

（一）展示广告

展示广告（displayad）是广告在互联网中最早出现的形式，应用广泛。媒体在自己的网站页面中插入广告位，由需求方通过需求方平台或广告交易平台进行采买。展示广告的内容元素通常包括文案、图案以及落地页的链接等，一般显示在网站的顶部或两侧，有时也会出现在阅读内容的中央。展示广告具备经济高效、效果可衡量的特点。

企业可以针对不同网站吸引的不同用户群体，精准投放展示广告。例如，一家篮球运动用品企业在投放展示广告时选择新闻门户网站的体育频道，能够让更多的体育爱好者看到广告并进行购买。企业需要明确各个媒体网站的特点及其所吸引的用户群体，将产品广告投放到目标用户最可能浏览的网站。

展示广告包含多种表现形式，每一种形式都具备不同特点，主要包括横幅广告、开屏广告、对联广告、插屏广告等，广告主可以根据需要选择不同形式。

1. 横幅广告

横幅广告（bannerad）又称旗帜广告，一般在网站或应用程序的顶部、底部、栏目或频道间隔出现。它是横跨于网页上的矩形公告牌，因类似在线下活动中拉的横幅而得名。当用户点击这些横幅时，通常可以链接到广告主的网页。横幅广告的内容形式主要包括静态图、动态图和轮播图。

2. 开屏广告

开屏广告（top-viewad）是移动互联网时代产生的广告形式，出现在用户打开应用程序时。开屏广告一般会全屏展现 3 ～ 5 秒，展示完毕后自动关闭并进入应用主页面。开屏广告的优点是巨大的流量优势，占据启动时的全屏页面，并对所有使用应用程序的人群进行强制曝光。对于需要大面积触达用户、提高品牌大众认知度的广告主来说，开屏广告是一项最佳选择。但流量优势也代表着开屏广告价格昂贵。

需要引起重视的是，开屏广告因出现在用户使用应用程序的必经入口，而且不是用户自主选择，有强制推送嫌疑。有些开屏广告缩小、弱化关闭按钮，甚至用各种套路误导、诱骗用户点击进入广告页，包括弹窗整屏为跳转链接、定向推送时提供虚假关闭按钮等场景。违背用户意愿强制让用户点击广告，这样的做法不仅在道义上站不住脚，也侵犯了用户的隐私权。2021 年 7 月，工业和信息化部重拳出击，全面开展应用程序开屏弹窗信息骚扰用户问题整治，特别是对用户反映强烈、投诉较多的弹窗信息标识近于无形、关闭按钮小如蝼蚁、页面伪装瞒天过海、诱导点击暗度陈仓等违规行为进行了集中整治。工业和信息化部表示这些泛滥的开屏广告已经侵犯了用户权益，为了让人民群众的获得感、幸福感和安全感得到保障，各大企业必须根据用户的诉求，彻底解决以广告欺骗误导用户的问题。

开屏广告本身是一种客观的广告形式，关键在于如何使用。企业在设计广告内容、数量、位置、形式等方面都应当合法合规、合情合理，尤其是作为消费者投诉最多的问题，广告的“关闭功能”要更加规范合法，不能出现假“关闭键”，否则将对用户隐私和用户体验产生较大的负面影响，不利于应用程序和平台的长期发展。从长远来看，要想留住用户、保护来之不易的品牌口碑，需要企业使用技术为用户营造更安全、更健康、更干净的应用程序使用环境。

3. 对联广告

对联广告（coupletad）是指利用网站页面左右两侧的竖式广告位设计的广告形式。对联广告通常采用悬浮设计，显示时随页面浏览而跟随移动，使广告持续展示，同时不干涉使用者正常浏览页面。与横幅广告相比，对联广告具有更长的曝光时间，但对网页内容的整体样式具有一定的破坏性。

4. 插屏广告

插屏广告（interstitialad）一般在应用程序（游戏、视频应用居多）暂停、过关、跳转、退出时以半屏或全屏的形式弹出，用户可点击进行关闭。插屏广告和开屏广告一样具有强制曝光性，触达能力较强，但需要避免过于频繁运用，以免用户产生反感心理。插屏广告的表现形式主要是静态图、动态图等。

（二）搜索广告

搜索广告（searchad）也叫搜索引擎广告，是指广告主根据自己的产品或服务的内容、特点等，确定相应的关键词，撰写广告内容并自主定价投放的广告。当用户搜索到广告主投放的关键词时，相应的广告就会展示，并在用户点击后按照广告主对该关键词的出价收费。搜索广告对于广告素材的要求较低，大多数搜索广告采用文字链接，即以“文字 + 超链接”的形式混排于正常搜索结果当中，优先显示，用户点击即可浏览企业相关网站。部分搜索广告采用“图片 + 文字链接”的形式，使广告的曝光位置更为醒目。由于搜索广告具备明确的转化目标，即吸引顾客点击，因此更加适用于效果广告的投放。

企业能够通过搜索广告实现较高水平的精准投放，投放的依据是搜索关键词。搜索广告与展示广告的本质差别在于，展示广告利用定向投放的思路“主动”地寻找对内容感兴趣的受众，搜索广告则是“被动”地等待用户进行搜索，利用检索关键词进行广告内容和用户之间的匹配。例如，当篮球运动用品企业在投放搜索广告时，可以设定“篮球”“姚明”“NBA”等与篮球运动有关的词汇作为触发广告展示的关键词，当用户带着明确的目的在搜索引擎上检索时，便能精准地使广告触达“篮球爱好者”这一受众人群。

（三）视频广告

视频广告（videoad）就是将电视广告迁移到互联网环境中的广告形式，指的是视频、内容分享类网站中正文内容的片头、片尾或者插片播放的广告。

广告主可选择的视频广告形式包括贴片广告、暂停广告、角标广告等。贴片广告就是在视频（电影、剧集）内容正式播放之前（或之中、之后）进行播放的广告；暂停广告就是用户在观看视频的过程中点击暂停后会出现的广告；角标广告则是出现在视频播放窗口角落进行播放的广告。视频广告相比其他类型的广告，具备显著的生动性和故事性，因此适合企业进行品牌传播，投放品牌广告。

企业可以通过视频广告实现精准投放的依据是广告所依附的视频内容特点，根据视频类型来区分受众，将产品广告投放到正确的用户群体当中。例如，销售剃须刀产品的企业可以将广告投放在男性观众占比较高的军事节目的视频中，销售美妆产品的企业则可以将广告投放在女性观众占比较高的娱乐节目当中，使产品精准触达目标受众。然而，在应用算法对用户精准推荐视频的时候，不得向未成年人推送可能引发未成年人模仿的不安全行为和违反社会公德行为、诱导未成年人不良嗜好等可能影响未成年人身心健康的广告信息，不得利用算法推荐服务诱导未成年人沉迷网络游戏。2022 年 3 月 1 日，国家网信办等四部门联合发布的《互联网信息服务算法推荐管理规定》特别强调，防止算法向未成年人推荐易沉迷的信息。

（四）信息流广告

信息流广告（in-feedad）是将广告内容混排于非商业化内容当中的一种广告，其形式、风格、设计与网站或应用的其他内容保持一致。信息流广告的核心是“内容即广告”，也就是让用户看到广告却难以分辨其是否为网站中原有的内容，在社交媒体应用、新闻应用、生活服务应用、电商购物应用中都有广泛投放，因此，信息流广告也被称为“最不像广告的广告”。

信息流广告能够以如下五种模式精准投放到每位用户。

1. 基于社交网络的关系模式

基于社交网络的关系模式主要是以微信朋友圈广告为代表，通过对用户微信社交数据、微信支付消费数据的分析，充分挖掘用户行为习惯和偏好，进行有针对性的广告投放。

2. 基于阅读偏好的兴趣模式

基于阅读偏好的兴趣模式以今日头条为代表，主要是通过用户的阅读兴趣和偏好，对用户兴趣进行准确洞察，并据此推送相应的信息流广告，满足不同行业的广告主的营销需要。

3. 基于社交和兴趣的混合模式

基于社交和兴趣的混合模式以新浪微博为代表。微博拥有全面详细的用户社交行为数据，这些数据包括用户状态、话题参与、互动与社交网络，可以实时捕捉与挖掘用户之间的社交关系及兴趣，进行信息流广告的推送。

4. 基于用户搜索的推荐模式

基于用户搜索的推荐模式模式主要以百度为代表。百度采用“搜索 + 推荐”双引擎模式，再加上人工智能、知识图谱、大数据算法作为技术支撑，提升广告和内容的匹配度与精准定向能力。

5. 基于地理位置的导流模式

基于地理位置的导流模式主要以大众点评为代表，通过与地理位置信息结合，使用基于位置的服务进行广告推送。商家可以根据门店的地理位置向附近的人投放广告，以吸引潜在顾客到店消费。

综上，四类精准广告各具特点，如表 5-1 所示。信息流广告的精准投放能力最高，具有最细的精准投放粒度，因而成为业界最常使用的精准广告形式，但企业在使用时要注意前面提到的问题和准则。同时，不同广告形式之间并非泾渭分明，而是呈现相互融合的态势。例如，百度客户端应用程序中根据搜索结果展示出现的信息流广告本质上是一种搜索广告，抖音短视频平台的广告就是视频广告和信息流广告的融合，开屏广告支持以视频的形式展示等。企业在进行广告投放时融合多种方式有的放矢，能获得更好的投放效果。

表 5-1　精准广告的不同表现形式及特点

表现形式	精准投放能力	精准投放粒度	适合投放目的
展示广告	较低	网站	效果广告 / 品牌广告
搜索广告	较高	关键词	效果广告
视频广告	中等	视频内容	品牌广告
信息流广告	高	用户社交关系 / 兴趣 / 地理位置	效果广告 / 品牌广告

第二节　精准广告投放

通过上一节内容，我们了解了精准广告的相关知识，本节将从投放流程、投放依据和投放价值三方面对精准广告投放相关内容展开介绍。

一、精准广告投放流程

精准广告投放流程包括投放前、投放中、投放后三个阶段，以及根据投放效果进行实时调整的优化过程。

（一）投放前

在投放前阶段，广告主需要做的是明确目标用户和确认营销目标。

1. 明确目标用户

进行广告投放前，企业最需要考虑的就是“广告给谁看”这一问题。只有明确目标用户，才能在投放中有针对性地向特定群体提供广告信息，更好地实现精准投放。对于目标用户的定位，一般通过构建用户画像来完成，即通过对现有已形成转化的消费者数据进行收集和分析，得到消费者的属性标签（如人口属性标签、行为偏好标签、购买力标签、社交网络标签等），构建出消费群体的用户画像，进而明确下一步的投放目标人群。以一个实例来理解，美的豆浆机在进行广告投放时，首先通过消费者数据得出了“上班族、30～40岁、已婚、亲子、健康、女性”的人群画像标签，然后重点对这类群体进行精准广告投放，提升效率。

2. 确认营销目标

除了明确目标用户，还需要确认投放的营销目标是什么。如果企业进行广告投放是为了宣传形象、提高用户认知，那么投放策略重点在于将广告展示给尽可能多的目标受众，需重点关注广告触达量。如果企业的投放目标是提高收益、增加销量，那么投放重点在于说服用户形成转化，需重点关注产品下单量、应用下载量等。

（二）投放中

相较于传统广告投放对目标消费者判断的模糊性，在大数据时代，通过大数据技术的充分利用，基于互联网平台数据，可实现对用户信息的全面记录和动态追踪。通过多平台数据结合，以及多维度的数据分析和挖掘算法，可全方位地分析用户的状态，不仅能通过性别、年龄、地域、职业等人口统计学基本属性信息判断用户身份，还能通过用户在网页的搜索记录、在电商平台的收藏加购记录、在社交平台的信息分享记录等行为数据判断用户的近期需求，以及基于用户的兴趣爱好、消费特点、社交关系等用户特征数据判断用户偏好等。总之，广告信息的接收者是受众，精准广告之所以能做到“精准”，重要的一点是对投放受众进行了筛选和匹配，只把广告投放给有潜在需求的目标用户，实现精准触达。在此过程中，受众定向方法的应用是进行受众筛选和匹配的重要依据，是精准广告投放用到的关键技术。

需要注意的是，平台在追踪和利用用户信息的过程中，一定要保障用户隐私安全，合理进行数据利用。中国互联网络信息中心在 2021 年 8 月发布的第 48 次《中国互联网络发展状况统计报告》显示，有 22.8% 的网民曾遭遇过个人信息泄露。

（三）投放后

在一个投放周期中，广告投放后还需对投放效果进行分析，形成完整闭环。对应广告“曝光→点击→访问→转化（或成交）”的过程，广告效果分析常用指标有曝光量、点击量、访问量、转化量（或成交量）以及收益等。其中最直接的方法就是通过最终收益来评价，常用投资回报率（ROI）指标进行测度。ROI 越高，说明广告投入的单位成本所带来的净利润越高，广告效果越好。

精准广告的“精准”除了依托于大数据信息检索、受众定向及数据挖掘等技术对广告与用户进行精准匹配，投放过程中的实时调整和优化工作也至关重要。在投放周期内，一般通过效果指标的数据变化来监测精准广告当前投放情况是否正常。一旦发现可能与预期目标有偏差，立即对问题进行诊断分析，以便更好地归因并及时调整策略。例如，发现曝光量远不达标，在确保用户定位准确的情况下考虑是否为受众定向方法选择不恰当导致，可以尝试更换其他定向方法或多种方法组合，对投放方案进行调整改善。通过对转化用户数据的洞察，如果能够发现在广告主给定用户画像特征外的高转化群体，应根据这部分群体的特征对目标用户画像进行补充，以增加广告受众群体的覆盖面依此不断调整，直至不断优化，得出最适合广告主产品或品牌的投放方式与投放对象。

二、精准广告的定向投放

精准广告之所以能实现精准，是因为能在对的时间把对的广告通过对的渠道精准投放给对的人。定向是使广告投放变得精准的重要环节，精准广告在投放过程中需要对受众、时间、渠道等多方面根据需求进行定向，下面对精准广告投放过程中常用的定向方法进行介绍。

（一）受众定向方法

在投放过程中，综合广告主的需求、产品特性、数据条件等因素进行定向方法选择。

1. 人口统计学属性定向

人口统计学属性定向（demographical targeting）主要定向因素包括年龄、性别、受教育程度、收入水平等因素。由于该属性具有相对固定的性质，因此这种定向方法是使用最为广泛的方法。例如，某美容机构想要推广针对大学生的优惠活动，那么根据活动目标人群，将受众锁定在“20～26岁”“在校大学生”“女性”范围内，在进行广告投放时就可以只在该范围内定向投放，以精准找到适配活动的目标受众。但应用该定向方法也是有条件的，当没有相应的数据来源时，例如没有在软件或平台上进行实名认证或完善个人信息，就难以对用户的人口统计学属性做出判断，只能通过用户的其他行为数据进行近似推断。

2. 行为定向

行为定向（behavioral targeting）的技术原理是广告系统根据用户在互联网上的历史操作记录，分析用户的兴趣和需求，从而面向可能对广告推荐商品感兴趣、有需求的特定受众进行广告投放。短视频应用程序的广告内容分发依据就是用户以往观看视频的行为记录。例如，某用户在旅游相关的短视频上停留时间长，并产生点赞、评论、收藏或分享等行为，系统便会记录下来，将该用户作为旅游产品广告的目标受众。当有旅游产品的广告投放时，系统就会对这类用户进行定向投放。

3. 地域定向

地域定向（geo targeting）通过判断用户当前所在地理位置，实现广告的分地域定向投放。一些广告主的业务有区域特性（如餐饮、住宿、美容等线下就近消费门店），地域定向是这类广告投放时使用的主要方法。举例来说，假如某用户的注册信息所在地为北京，但长期在外地不固定地点出差，如果系统不对该用户所处的真实地域属性进行判断，仍持续为其推送北京当地广告信息，则该类广告投放的有效转化就很低，既不能实现有效的流量利用，也不能为顾客提供所需的信息服务。

4. 上下文定向

上下文定向（contextual targeting）是根据网页或应用程序的具体内容来匹配相关广告的方法，一般通过对网页的关键词抽取或主题抽取的技术来实现。假设某用户正在通过搜索引擎浏览汽车相关的资讯，此时在网页上向用户投放与他所浏览的汽车品牌、价位、车型等属性近似的汽车广告则非常适时。除了对上下文内容的关键词或主题进行判断，还需要对内容的情感进行判断，如果用户检索或浏览的是某品牌汽车的负面信息，那么在此时投放该品牌广告则会适得其反。可以看到，通过上下文定向技术，即使不知道用户的人口统计学属性、行为等相关信息，通过对用户当前浏览的页面形成综合概览，也可以推测用户当前的兴趣，从而进行精准广告投放。因此，上下文定向也是广告投放中常用的定向方法。

5. 重定向

重定向（retargeting）是对之前已经访问过特定页面的用户进行广告投放的定向方法，被公认为是精准度最高、效果最突出的定向方法。以下通过一个例子来进行说明。假设用户打算通过购物网站为朋友选购生日礼物，在浏览了某品牌的一款商品（如项链）后没有购买便退出了软件。此时系统会记录下这次行为，将该用户视为这款项链的意向购买客户。当用户再次打开该购物软件，或是其他购物软件，甚至是非购物软件时，系统会向用户投放该商品的广告，以刺激用户产生二次浏览并做出购买决策，这也正是“重定向”中“重”字的由来。重定向一般需要获取访客身份才能进行，因此该方法覆盖的用户数量往往较少。

（二）其他定向方法

受众定向使广告精准投向了“对的人”，如果对投放时间和投放渠道加以分析判断，找到“对的时间”和“对的渠道”，形成更完善的投放策略，便可实现更精准的投放效果。

1. 基于广告投放时间

在广告投放过程中，并非全天全时段投放就能实现效果最大化，也并非局限于早、中、晚短短几小时的“黄金时间”。精准广告投放通常根据产品特征结合目标受众信息（如职业特征、上线时间、情绪状态）选择“最佳时机”进行定向投放，从而使广告内容有更高的接受度，使广告投放取得更好的效果。

2. 基于广告投放渠道

在广告投放过程中有多种媒体及广告位可供选择，同样的广告内容通过不同的渠道进行投放，效果自然不同。业界中常用方法实现渠道定向选择，该方法依据媒体类型、媒体频道、屏幕位置、广告位面积、广告位形式等多维度设计算法进行分析，匹配合适的渠道形式自动投放，实现精准投放效果。

三、精准广告投放价值

（一）广告主层面

传统广告投放过程中，广告主对受众的特点、行为和心理等方面的了解并不清晰，使用“广撒网”投放策略，投入大量资金和时间却无法衡量准确效果。精准广告投放借助大数据技术进行用户信息的分析和判断，受众群体不再是一个模糊的整体，而可以对用户描绘清晰的全方位画像，进行用户细分，只把广告定向投放给符合目标定位的受众，减少了无效曝光，大大降低成本。此外，精准广告投放通过全方位受众分析，不仅能快速定位目标用户，还能准确把握受众的需求和心理，实现以用户为导向的个性化广告信息内容推送，从而形成有效触达和转化，大大提升投放精准度和命中率，提高广告效率；并且，在投放过程中实时对精准广告数据进行跟踪检测，通过数据分析结果指导广告策略的动态调整优化，实现最佳投放效果，帮助企业顺利实现营销目标。

（二）媒体层面

对于媒体而言，更关注的是流量的价值问题。传统广告投放模式下，广告主争相抢占处于“黄金广告位”和“黄金时间”的头部流量，尾部流量却无人问津，难以得到充分利用。精准广告投放使得媒体可以更好地利用流量价值，不仅对优质头部流量价值“精耕细作”，还能有效管理长尾流量价值，充分发挥出剩余流量的变现能力，可通过对不同流量位差异化定价，提升流量价值和收益。另外，通过精准广告投放，媒体可为广告主提供更多的选择方案，广告投放效率也大幅提升，更能得到广告主的满意和认可，有利于未来带来更多价值。

（三）用户层面

相比传统广告的“千人一面”展示相同内容令用户感到枯燥乏味，精准广告则是以量身定制“一人一面”或“千人千面”的形式只推送用户感兴趣的内容，减少用户反感抵触情绪，提升用户体验。而且，精准广告借助大数据技术，能快速、精确地捕捉用户的偏好变化，进行实时优化调整。例如，后台检测到用户开始缩短原本感兴趣的商品浏览时间甚至采取一些屏蔽行为，则会判断用户对该商品的偏好已改变，将立即减少或停止相关投放，及时纠正偏差。此外，精准广告不仅能够满足顾客表现出的有明确购买欲望的现实需求，还能通过大数据技术挖掘用户的潜在兴趣和需求，进行商品推荐，制造惊喜，提升用户体验。如抖音的“兴趣电商”通过帮助消费者发现潜在兴趣、满足潜在需求的方式来满足消费者对美好生活的向往，实现生活品质的提高，直戳目标用户的内心。

第三节　精准广告实现

一、程序化购买

（一）程序化购买概述

1. 程序化购买的内涵

程序化购买是指广告主通过数字平台，从受众匹配的角度，由程序自动化完成购买并实时反馈投放效果的一种广告投放方式。在传统媒体环境下，广告的购买模式通常是广告主委托广告代理公司，广告代理公司负责采购媒介资源。这种交易模式中，媒体处于主导地位，存在媒体与媒体之间关联性低、广告主的议价能力低、交易效率低等弱点。要实现广告的精准投放，需要保证有庞大的媒体资源、公平的交易机制和极高的交易效率，程序化购买便是保障精准广告实现的一大利器。

程序化购买具有以下四个特点：第一，程序化购买通过在线平台完成，而非线下交易；第二，程序化购买通过购买受众的方式进行广告投放，而非按照购买广告位的传统方式进行；第三，程序化购买全程自动化，广告的购买、投放、效果分析全环节都是程序在毫秒时间内自动完成的；第四，程序化广告可以获取实时数据，广告主可以据此管理广告投放，从而开展更有效的精准营销活动。由于能够做到广告精准投放和广告效果的可控化，程序化购买已经成为在线广告行业的主流方式。

2. 程序化购买的产生背景

在线广告的实现模式先经历了两个时期：合约广告时期和竞价广告时期。接着，程序化购买出现，广告投放进入了程序化广告时期。

（1）合约广告时期

合约广告指采用合同的方式约定网站的某一广告位在某一时间段为特定广告主所独占。媒体根据供需双方的要求，制定广告创意和投放策略。合约广告沿用了传统媒体的广告售卖方式，类似于报纸杂志中会预留广告版面供企业进行广告投放，媒体网站上的广告位置也是通过和广告主提前约定投放时间、投放位置的形式进行售卖。在合约广告的发展后期，也出现了受众定向的基础形式。例如，一个企业同时有剃须刀和化妆品两种产品需要推广，则可以通过判断用户在网站留下的性别信息，将剃须刀广告分配给男性受众，将化妆品广告分配给女性受众，这就是最基础的定向广告形式之一——按照人口属性中的性别进行定向。

合约广告可以帮助广告主和媒体完成交易，但也存在一定的局限性。第一，合约广告的价格灵活性不足。合约广告在投放之前就限制了固定的投放时间和投放数量，媒体和广告主都无法根据投放效果好坏实时进行调整，也因此难以实现更加精准的受众定向。第二，媒体资源没有得到有效利用。广告主往往更加青睐大型媒体上的广告位，从而使小流量媒体或大型媒体的小流量广告位无法通过合约方式进行售卖，产生了大量的剩余流量。合约广告无法解决剩余流量的浪费问题。

（2）竞价广告时期

第二个时期为竞价广告时期。竞价广告的出现解决了合约广告存在的两个问题。首先，竞价广告采用“价高者得”的决策原则，对广告的曝光机会进行“拍卖”，出价最高的广告主将获得广告展示的机会并支付相应的费用。这种模式的出现使每个广告位的价格都能与流量相匹配，广告的投放价格变得灵活。其次，在竞价广告发展时期，一些企业将多个小型媒体的流量集中打包售卖，为无法用合约售卖的剩余流量找到了可能的变现渠道。

搜索广告是最早运用竞价模式的广告形式。用户输入某个检索词汇时，网页会在搜索结果中展示匹配该词汇的广告内容。当有多个广告同时竞争时，使用竞价的方式决定广告展示的位次是一种公平的解决办法。例如，针对“运动鞋”的检索结果，A 品牌对广告的一次曝光出价 0.5 元，而 B 品牌对一次曝光出价 1 元，那么 B 品牌广告的展示位次会更加靠前，获得更好的产品曝光机会。

（3）程序化广告时期

竞价广告从根本上改变了广告的运营模式，逐渐成为在线广告市场的主流。而随着行业的发展，广告主希望能够更加自由地选择流量，并将竞价机制细化到广告的每次曝光中，于是广告的竞价模式进一步发展成为实时竞价模式，实现在极短的时间内（通常在 50 ～ 100 毫秒）完成广告竞价，将竞价广告的“拍卖会”细化到了广告的每一次展示之前。实时竞价模式也使广告的程序化购买正式进入从业者的视野，支持广告自动且精准投放的智能广告系统被开发出来，将广告投放推进到程序化广告时期。在程序化广告时期，广告精准投放能够在程序化购买机制的支持下，得到最大限度的实现。合约广告时期、竞价广告时期、程序化广告时期的特征对比，如表 5-2 所示。

表 5-2　精准广告不同时期特征对比

时期	合约广告时期	竞价广告时期	程序化广告时期
交易模式	一对一协商	价高者得（竞价）	价高者得（竞价）
人为介入程度	较高	中等	较低
交易速度	较慢	中等	极快
定向能力	较弱	中等	较强

（二）程序化购买机制

程序化购买的基本作用机制是广告主依据提前设定好的广告位资源和投放规则（如定向、预算、排期等），自动将每一个广告位的每一次曝光合理分配给各个广告，满足多个广告主面向不同用户群体的个性化需求。这一机制的实现，离不开程序化购买各个参与方的协同。精准广告遵循“广告主—媒体—受众”的基本信息传播流程。而进入程序化广告时期，精准广告基于基础信息传播流程加入了许多新角色，实现了更加便捷的广告投放流程，也使信息传播更加准确。

程序化购买的流程通常，广告信息从广告主开始，需要经过需求方平台、广告交易平台、供应方平台的处理后，才能精准地传递至最适合的媒体中的对应广告媒体位置，触达目标受众。此外，这一过程还需要数据管理平台提供受众定向的能力支持。下面对程序化购买流程的核心参与方进行介绍。

1. 广告交易平台

在合约广告时期，广告主在投放广告时，如果想要将信息触达更多受众，就需要和大量媒体一一谈判。从广告主的角度看，广告投放效率低、效果差；从媒体的角度看，这种形式会产生大量剩余流量。因此，广告交易平台应运而生。广告交易平台就像一个菜市场，各家媒体将自己拥有的“菜”（即广告位）登记在平台上，由需要“买菜”（即投放广告）的广告主或者代理商自主选择购买。国内外著名的广告平台有谷歌的 Adx、阿里巴巴的 Tanx、腾讯的广点通等。

2. 需求方平台

在广告交易平台出现后，如何在庞大的平台里挑选出优质且低价的流量资源，成为广告主的难题：在使用广告交易平台的过程中，逐个寻找自己想要的广告位并购买，同样需要花费大量的时间和人力成本。需求方平台的出现解决了这一问题。需求方平台的核心作用是在广告主和广告交易平台之间搭起一座桥梁，并将原先广告位的概念转化成了目标受众的概念。需求方平台负责从广告交易平台挑选能够触达不同目标受众的广告位，并依据受众定向原理，将不同的目标受众转换为人群标签的形式供广告主挑选。如果继续使用菜市场的例子，那么需求方平台就像一位厨师，为广告主按照菜式提前购买好了原材料，广告主只需要告诉需求方平台想要的菜式即可。

3. 供应方平台

供应方平台与需求方平台的作用相似，不同点在于，需求方平台为广告主服务，而供应方平台为媒体提供更便捷的服务。供应方平台通过帮助各个媒体进行流量分配、资源定价等，使媒体能够更清晰高效地管理广告位的库存，并根据广告质量、用户体验和广告收入筛选广告主，以避免低质量广告对媒体内容质量产生的负面影响。

4. 数据管理平台

数据管理平台能够帮助广告位的需求方和供应方管理数据，提供专业的数据收集方式，从各种途径收集人群数据，建立用户画像，并依据定向原理，将不同的目标受众转换为人群标签，提供给广告交易平台、需求方平台、供应方平台使用，以增强各平台的受众定向能力。数据管理平台的用户数据收集工作必须在遵守国家法律法规、征得用户同意的前提下进行。同时对于身份证号码等用户隐私数据，数据管理平台应进行脱敏处理，以规避数据泄露带来的风险。

（三）程序化购买的交易模式

程序化购买的交易模式按照交易是否公开可以分为公开交易式。公开交易模式主要指实时竞价模式。非公开交易模式主要包括三种：程序化直投、优选交易和私有竞价。

1. 公开交易模式：实时竞价

实时竞价是程序化购买的核心技术，是精准广告投放时最主要的交易模式。实时竞价模式的突出特点在于，广告位通过多个广告主竞价获得，并将一次竞价需要的时间控制在 100 毫秒以内，使竞价可以在广告每一次向用户展示前瞬时进行。实时竞价模式出现的重大意义在于，将广告的定价权从媒体完全转移到了供需双方的博弈和市场——哪些广告位更有价值，就会被需求方更加热烈地追捧，它的价格也会更高。

实时竞价的流程可以分为六步。

①当用户进入网络媒体（网站或手机应用程序）的某个页面时，网站或应用程序后台会发送通知到供应方，告知此页面的某个广告位等待广告内容的填充。在该通知中可以包含多维度的用户信息，如国家、地理位置、设备信息等，以便后续进行受众定向。

②供应方平台收到竞价请求后，匹配到平台提前录入的广告位信息，向广告交易平台发送一个广告请求，请求中包括广告位素材的格式以及用户身份等相关数据。

③广告交易平台收到广告请求后，利用用户身份向数据管理平台发起查询，得到该用户的人群标签，并将广告请求转化为一个包括用户标签信息的竞价请求，发送到其对接的各个需求方平台，发起竞价邀请。

④需求方平台收到竞价请求后，利用其平台算法和数据管理平台数据，甄别竞价请求中包含的信息，识别该广告位和用户是否符合广告主的受众定向要求，决定是否参与出价以及出价方式。如果用户 A 的信息不符合投放定向要求，则需求方平台不会参与竞价。如果用户 A 的信息符合投放定向要求，则需求方平台会按广告主事先设置的出价方式进行出价，向广告交易平台返回一个出价响应。

⑤广告交易平台在收到所有需求方平台的出价响应后进行竞价，在竞价结束后向各个广告交易平台返回竞价结果，并从出价最高的需求方平台获得广告的素材内容。

⑥向媒体（网站或手机应用程序）返回广告素材等信息，用户看到本次竞拍成功的广告，意味着一次实时竞价流程的结束。

例如，某体育网站的其中一个页面右侧有提前设定好的广告位。当我们想查看最近的篮球比赛结果时，在页面被打开的一瞬间，网站就会向广告供应方平台通知一位用户打开了这个页面，并传送相关的用户信息。随后，该页面中的广告被挂牌到一个或多个广告交易平台进行出售，广告交易平台收到信息后会通过数据管理平台查询用户的人群标签，如“篮球爱好者”，并将此标签信息传输到需求方平台并询问：“一位篮球爱好者会看到这个广告，你们愿意花多少钱让他看到你的广告？”此时各个需求方平台会给出不同的出价。例如，1 号需求方平台的客户为李宁品牌，根据预先设定的策略，给出一次展示 0.5 元的出价，而代表安踏品牌的 2 号需求方平台则愿意出价 1 元。最后，各个需求方平台出价信息提交到广告交易平台，发现 2 号需求方平台出价高，则最终安踏品牌的新款球鞋广告便出现在网站右边的广告位，用户看到的就是安踏广告推送。这一过程只在不到 1 秒的时间内完成，而作为网页浏览者的我们并不会感知到这个流程，就已经成为该品牌所“瞄准”的目标。交易速度快、用户无感知的特点，使实时竞价模式得到了极为广泛的应用。

2. 非公开交易模式

使用实时竞价模式交易的广告资源通常是媒体中大量的剩余流量，并非企业最优质的资源。而对于优质资源，企业往往会采用非公开交易模式。相对于实时竞价的公开交易模式，非公开交易模式是指采用邀请制，只有受邀的广告主才能够参与交易。私有交易模式包括程序化直投、优选交易和私有竞价。

①程序化直投。程序化直投模式与合约广告的购买形式十分类似，但在合约广告的基础上实现了自动投放以及人群定向。通过程序化直投模式进行交易的广告资源往往是媒体最优质的资源，由于这种资源通常是供不应求的，因此需要广告主和媒体事先就投放价格和投放量一对一进行确认。

以程序化直投模式进行程序化购买的通常是大型品牌广告主，如宝洁、联合利华、宝马、奔驰等。一方面这可以满足此类品牌购买优质资源的需求；另一方面，简单的受众定向可以保证一定的广告投放效果。

②优选交易。除去通过程序化直投模式交易的广告资源以外，媒体方仍有一些相对优质的资源，这些资源的展示量是不确定的。广告主与媒体在一对一协商好价格后购买这些投放量不确定的资源，这种购买模式就是优选交易模式。

优选交易的优势在于广告主不用向媒体承诺投放量，并且可以选择自己需要的目标人群进行投放，避免了广告资源的浪费；劣势在于对比程序化直投模式，广告资源的质量是不确定的。

③私有竞价。一些优质媒体为了保护自身媒体环境，不愿意进入公开交易市场，只邀请部分大型广告主竞价购买。私有竞价同样遵循实时竞价的规则，但相比公开交易市场，通过私有竞价进行交易的媒体质量更加优质，因而广告主需要支付的单位价格也会更高，往往会形成“一个媒体 + 多个大型广告主”的交易模式。

程序化直投模式具有最高的稳定性，适合与大品牌广告主进行优质广告位的交易。实时竞价模式由于其不保证投放量和投放价格的特点，具有极高的灵活性，适合大量处于尾部的中小广告位的交易。私有竞价和优选交易则介于二者之间。广告主和媒体应根据自己的产品特色、市场规模和投放目标合理选择程序化购买的交易模式，以实现投放效果最大化。

二、程序化创意

（一）程序化创意概述

1. 程序化创意的内涵

创意在广告行业中指的是广告进行投放的最小单位，一般以“图片 / 视频 + 文字 + 链接”的形式呈现。程序化创意是一种由数据和算法驱动，通过对广告内容进行自动生成和创意优化，从而整合互联网创意产业上下游的技术，是程序化购买中用以支持创意丰富性的重要技术。它能为将要推荐的商品预先准备好不同的内容素材，如不同的标题、正文、图片、视频等，再对素材进行排列组合，将每一种组合精准投放给不同特征的用户。

2. 程序化创意的作用

程序化创意能够发挥三方面作用：第一，可以降低产生和管理广告创意的人力成本；第二，可以提高广告内容的丰富性，进而优化用户体验，改善广告投放效果；第三，可以探索素材组合的有效性，为未来的广告投放提供数据经验与最佳实践。例如，淘宝首页能够实现用户每次刷新都展示不同的海报内容，是因为淘宝使用了智能程序化创意设计机器人“鲁班”，它可以利用预先上传的素材进行排列组合，1 秒内制作 8 000 张海报，极大提高了创意编辑效率，降低了人力成本，同时也使广告内容的丰富程度大幅提升。此外，获得更高点击率的素材组合还能够被系统记录下来，服务于未来的广告投放。

（二）程序化创意的流程

1. 程序化创意部分

程序化创意部分包括两项内容：创意素材组合和元素属性设定。第一项内容是基于创意模板进行创意素材组合。创意模板一般包括五个元素：一是主视觉，显示创意的主要内容，通常指商品的图片、视频或标题文字；二是品牌标识，用于广告主品牌的展示；三是文案说明，作为主视觉的补充说明信息，通常是商品的功能、价格、折扣信息等；四是行为召唤，其是与用户进行互动的关键组件，例如下载、注册、购买按钮等，用户点击行为召唤按钮后，会进入广告主提前设定的落地页中；五是背景图，一般用于美化和衬托创意。广告主对每个元素都可上传数个不同内容，程序化创意系统会自动进行叉乘排列。例如，广告主上传了 3 张主视觉图、3 种文案与 3 种行为召唤格式，系统便会自动生成 $3\times3\times3=27$ 种不同的创意组合。

程序化创意流程也可分为两部分：第一部分是对创意进行自动组合和受众定向设置，形成包含众多创意的创意群组，称为狭义上的程序化创意；第二部分是对不同创意的投放效果进行监控，优化不同创意的投放比例，提升创意群组的整体效果，称为动态创意优化。

第二项内容是元素属性设定，即受众定向等属性的设定，通常在交易环节就已经完成，包括对时间、地点、性别、年龄等数据的设定。完成创意素材组合和元素属性设定后，形成包含众多创意的创意群组，为下一步的投放和优化做准备。

2. 动态创意优化部分

动态创意优化是指根据用户标签属性匹配相应的创意，在创意群组进行投放的过程中跟踪效果，并根据该效果实时调整策略，自动选择最优方案。

在投放初期，创意群组中的各个创意组合拥有均衡的曝光量，随后系统通过更改创意群组中各个创意的投放量进行投放优化。具体的实现方式：为更吸引用户的创意组合提供更多曝光机会，同时减少效果不佳的创意组合的投放量。这一优化过程伴随广告效果分析实时进行。通过广告投放的效果数据，系统可以判断出具有更好效果的元素、模板、尺寸和曝光点位，并在投放活动结束后得到一种最佳实践，解答“给什么属性的用户投放什么样式的广告能够达到最好的效果”这一问题，从而将经验应用于未来的广告投放决策中。

例如，以年轻女性为目标受众的某国产内衣品牌在新浪微博进行广告投放时，就运用了程序化创意技术。品牌利用“标题、视频、正文”的多元素材矩阵，得到不同排列组合，通过多维度数据测试积累，逐渐探索出创意元素的最优组合：“放大招”标题、视频、主张明星同款和高弹无痕卖点的文字内容。其借助动态程序优化技术，通过加大最优组合的投放量，最终实现了广告落地页成本下降16%、互动率提升17%的优质投放效果。

精准广告的实现离不开程序化购买和程序化创意的支持，而这两项技术也将会随着技术发展和市场需求变化而不断升级，企业与顾客之间进行沟通互动的效率和效果也将不断提升。

传统“饱和式”广告投放如今已很难在用户日常接触的信息汪洋中激起涟漪，为实现广告信息真正触达潜在用户，让其得到丰富而实用的信息，带动销售转化，广大品牌正纷纷开始拥抱大数据驱动的“精准营销”。

奇瑞捷豹路虎汽车有限公司由奇瑞汽车股份有限公司和捷豹路虎汽车共同出资成立，是国内首家中英合资的高端汽车企业。奇瑞捷豹路虎汽车有限公司已推出路虎揽胜极光L、路虎发现神行、捷豹xFL、捷豹xEL和捷豹E-PACE五款面向不同客户群体的车型。为了实现精准营销，奇瑞捷豹路虎汽车有限公司将今日头条作为投放主阵地，希望通过今日头条数据管理平台，定向精准触达目标受众，在短时间内高效达成促销“闪电战”的营销目标。而实现精准营销的第一步，就是要建立丰富的多维度数据标签作为投放依据。

针对奇瑞捷豹路虎汽车有限公司旗下路虎L550与L538、捷豹xEL与xFL四大车型，今日头条数据管理平台分别定制了不同潜客兴趣标签。维度既涉及年龄、性别、地域等基础属性，也包括广告类别、广告行业、历史点击人群等消费属性，还包括用户兴趣、阅读、广告关键词标签，同时还打造关联特定价位偏好、职业标签、居民小区类别等信息的主题人群包。基于这些细分标签，平台从中沉淀出对分期付款、低价购车或利率具有敏感倾向的购买诱因标签，并据此设计个性化广告素材形式与创意词，激发不同类型目标人群的潜在购车欲望。配合今日头条应用程序推荐频道和汽车频道的黄金曝光资源位进行多素材智能分发，同时点击信息流可跳转到达奇瑞捷豹路虎汽车有限公司天猫官方旗舰店，直接引导销售落地，极大地缩短了转化路径，提升了转化效率。

今日头条平台凭借“图文阅读、视频阅读、广告行为、环境特征”等四大维度用户大数据的长效积累与打通，为广告受众画像预估提供了丰富且精准的样本。其数据分析不仅涵盖用户在客户端观看文章及视频的内容类型、主题风格、互动行为等深度大数据，还能通过整合用户广告行为及用户设备、地理位置等环境特征，全场景追踪用户行为足迹，利用超 200 亿日均训练样本清晰描绘出奇瑞捷豹路虎受众画像图谱，并基于此指导企业的后续精准投放。

最终，双方的合作获得超过 1.46 亿的曝光总量，推动到店率提升 15%，信息流广告总点击超 290 万，极大提升了用户对奇瑞捷豹路虎汽车有限公司产品的认知度，对购买意愿、试驾意愿、推荐意愿等也均有较大影响，促进了品牌影响力的提升。

第六章　大数据时代营销产品创新

逢迎，一般是指，说话和做事故意迎合别人的心意。大数据时代的营销，强调企业的产品策略，一切真正从消费者出发，千方百计迎合消费者的心意。

第一节　大数据时代下的产品策略创新

产品策略在传统营销理论 4P（product，price，place，promotion）、4C（consumer’s need，cost，communication，convenience）理论中占据着非常重要的核心地位，是营销组合的基础。传统营销理论认为，企业只有了解消费者的消费行为，满足消费者的需求，才能生产出产品（有形产品、无形产品或服务），为消费者提供满意的产品，并通过市场多种经营和推广手段与消费者实现交易，才能完成企业的销售目标。

在大数据时代，传统营销组合观念面临着巨大的挑战。迎销观念下的产品策略与传统营销观念下的产品策略相比较，出现了很多新特点。

一、迎合销售观念中的产品概念更加表现出消费者成为产品设计开发的主导

传统营销观念中，关于产品概念的叙述更加指向为消费者提供利益或好处，除有形的产品实体，产品还是一组实体特色的组合，包括包装、颜色、价格、质量和品牌，以及卖方的服务和商誉。所谓产品可指货物、服务、地点、人员或创意。实际上，消费者所购买的产品超越了产品的实体特色，他们希望从采购产品中获得满足需求的利益和好处。

产品概念历来是营销观念的重点，但其在市场营销观念中的位置发生过变化。市场营销活动的竞争观念有五种（可以看出产品策略发生变化）。

生产观念。认为消费者喜欢那些随处可买到的价格低廉的产品。生产导向组织的经理会致力于追求更高的生产效率和更广的分销范围。

产品观念。认为顾客最喜欢那些质量最高、性能最好、特色最多的产品。以产品为导向的组织，重点在于开发优质产品并不断加以改进。

推销观念。认为如果对消费者置之不理，他们不会大量购买本企业的商品，因而企业必须进行大量的推销和促销努力。

市场营销观念。认为达到企业目标的关键在于正确确定目标市场的需要和欲望，而且比竞争者能更有效地满足目标市场需求。

社会营销观念。认为组织的任务是确定目标市场的需求、欲望和兴趣，比竞争者能更有效地提供满足顾客需求的商品，提供商品的方式应能对消费者和社会福利双重有益。

产品是企业生存的根本，任何一家企业都重视自身的产品在市场的销售和发展前景，动用多种手段希望提升自己产品的市场份额，企业的经营者无时无刻不在考虑：企业生产什么样的产品？为谁生产产品？生产多少产品？如何及时、有效地提供消费者所需要的产品而实现企业的发展目标？这是企业营销活动的主体，在传统营销时代如此，大数据迎销时代亦然。

产品层次的分析实质上是产品概念中非常重要的内容，企业经营者必须认识到自己的企业为消费者提供哪一个层次或者是哪些层次的产品。产品的三层次结构理论认为，任何一种产品都可被分为三个层次：核心利益（core benefit），即使用价值或效用；有形产品（form product），包括式样、品牌、名称、包装等；附加产品（extra product），即附加服务或利益；并认为这三个层次是相互联系的有机整体。产品三层次结构理论较好地反映了消费需求的多层面性，特别是解释了消费需求的动机，以及实体产品与服务的不可分割性。这一理论影响至深，已得到市场营销界的广泛认同，产品每个层次所包含的内容又被后来的学者不断扩充。但是，产品三层次结构说仍未摆脱企业在产品效用和价值形成过程中的主体地位，更多的作用是引导生产者和销售者根据消费者的需求去提供产品和服务。因此，将产品概念的内涵由三层次结构说扩展为五层次结构说，即核心利益（core benefit）、一般产品（generic product）、期望产品（expected product）、扩大产品（augmented product）和潜在产品（potential product）。产品的三层次结构理论发展为产品的五层次结构理论，这是对产品概念及其内涵的一个重大发展，有着极为重要的理论意义。首先，在指导思想上将产品看成一个动态和有生命的概念，要求人们在选购和消费产品的过程中逐层认识，认识其丰富的内涵和包含的全部价值，丰富对产品内涵和外延的认识；其次，在分析思路上从基于企业和生产者主导的产品生产，转向基于顾客和消费者主导的产品需求，将“顾客至上”、面向市场需求视为产品开发的最高境界，从而确立了消费者在产品设计和生产中的主导作用；最后，在实际分析过程中又坚持产品是一个双向动态的概念，把企业的产品设计与开发、购买者的产品选购与消费联系起来，实现产品从形式到内容、从使用价值到消费体验的高度统一。

产品层次发展到五层次结构，表明科特勒在 20 世纪 90 年代就已经敏锐地观察出消费者将在产品设计与开发中占据主导地位。传统营销时代，企业当然可以通过多种手段听取和研究消费者关于产品设计与开发的各种建议，但是由于技术条件限制，企业得到的消费者信息是有限的。况且，那个时代的企业营销人员坚信只有自己最了解产品，比消费者更加了解市场，生产出最佳的产品是企业天然的基本责任，企业可以为消费者提供心仪的产品。特别是在中国，传统营销时代的市场，产品基本属于卖方市场，企业更多要研究如何提高劳动生产率，扩大生产以满足不断增加的产品需求。

当然，在这个营销的时代，如果在这个观念下设计自己的营销体系，建立企业创新的商业模式，可能企业就取得了成功。例如最成功的案例就是戴尔（Dell）电子计算机。戴尔的模式习惯上被称为直销，戴尔公司建立了一套与客户联系的渠道，由客户直接向戴尔发订单，订单中可以详细列出所需的配置，然后由戴尔“按单生产”。戴尔电子计算机因此在全球市场取得了巨大的成功。然而实质上，戴尔案例与我们强调的在迎销时代由用户定制企业产品有着不同的含义，有人称戴尔的所谓“直销模式”实质上就是简化、消灭中间商，本质上属于渠道变革。

在全球有着巨大影响的大数据专著《大数据时代——生活、工作与思维的大变革》一书的作者维克托·迈尔·舍恩伯格认为，大量的数据能够让传统行业更好地了解客户需求，提供个性化的服务。大规模定制可以为大量客户定制产品和服务，成本低，又兼具个性化。比如消费者希望他买的车有红色、绿色，厂商有能力满足要求，但价格又不至于像手工制作那般让人无法承担。

因此，在厂家可以负担得起大规模定制带来的高成本的前提下，要真正做到个性化产品和服务，就必须对客户需求有很好的了解，这背后就需要依靠大数据技术。数据能告诉我们：每一个客户的消费倾向，他们想要什么、喜欢什么，每个人的需求有哪些区别，哪些又可以被集合到一起来进行分类。大数据是数据数量上的增加，以至于我们能够实现从量变到质变。

在大数据时代，广大消费者对企业的要求、对产品的价值需求、对产品的设计要求等，可以通过鼠标、手指、语音等诸多手段，借助互联网络、手机软件、聊天软件、社交软件等作为媒介传导至企业，企业只要“照单抓药”就好了。换句话讲，企业要研究的是如何利用好大数据技术来逢迎消费者，企业与消费者在产品生产与迎销上与以往相比，建立的是更加深层次的关系。

未来的定制化，将最终进入“用户设计、用户研发、用户智造、用户下单”的时代，真正实现全流程的“用户中心化”。

如果说与消费者深度互动代表的是商业的未来，那么支撑这未来的必定是大数据。

借助于大数据的用户行为分析，品牌商制订货品定位、定价策略等优化整个供应链，不仅降低了生产成本，还能快速生产出契合消费者需求的产品。借助大数据，能让产品研发和生产周期变短，并且减少产品试错的概率。

电商提供的数据，让我们能实现以销定产，企业第一时间就能接受用户反馈，能及时调整战略，不到一个月就能实现按需生产，而传统企业则需要 2 ～ 3 个月。大数据是做电商的核心，要用数据驱动研究客户特性，再决定产品定位、设计、价格等，让大数据贯穿整个产业链。

任何复杂的整屋个性化家具定制都能在 30 天内整装完成。云设计库是实现快速流程的关键，顾客只要告知所在城市、楼盘、房价、收入、年龄等信息，设计师就可以在系统中找到过去三个月、半年、一年内类似顾客中受欢迎的几十甚至上百套方案，作为参考方案，然后根据顾客需求进行方案微调即可。

如果说物联网是“互联网 +”的眼睛的话，那么大数据就是“互联网 +”的大脑，抛开物联网和大数据走“互联网 +”的道路，犹如在黑夜登上了一架没有雷达的飞机。真正的“互联网 +”解决的是企业效率、渠道、物流、成本等系统性问题，是企业从商家对商家（B2B）或商家对消费者（B2C）转型到消费者对商家（C2B）。

一方面，互联网大数据时代来临之前，企业与消费者之间的关系是不对称的关系，企业处于优势地位，企业在产品方面比消费者掌握更多的信息，很多情况下消费者是被动接受的。另一方面，即便消费者自身对产品有需求，也很难传递到产品生产企业；当然，也有些企业出于成本等方面的考虑，有意忽略或者漠视消费者的愿望。然而在互联网大数据时代，消费者可以有更多渠道了解企业信息、产品信息、品牌信息，可以更加主动地选择企业的经营行为，特别是新型渠道、网络电商渠道的全面推广，使得消费者可以更多地掌握对企业品牌形象、产品生产等经营行为的投票权，企业如果发生严重影响消费者信心的行为，就可能会断送企业的前程，甚至可能整体摧毁整个行业的未来。

二、在大数据时代，跨界产品成为潮流

传统营销理论认为，产品是被生产出来的、向市场提供的、能满足消费者或用户某种需求的任何有形物品和无形服务。通俗地讲，某些产品可能具备多种价值，满足消费者多种需求，例如，服装首先是满足消费者的避寒需求，同时一定程度上还可以满足消费者追求时尚潮流、社交等方面的需求。但是，本质上它还是服装，服装产品的基本功能是不变的。冬天到了，消费者要买棉衣避寒是基本需求；口渴了，购买饮料不论是含有气体还是不含气体，不论是可口可乐还是百事可乐，解决口渴问题才是第一需求，饮料本质上是解决人们渴的需求；航空公司将消费者从一个城市运送到另一个城市，为消费者提供飞行服务的产品；手表就是让消费者关注时间的，除美观和显示身份的附加功能外，满足消费者其他的需求并不突出。

然而，在互联网大数据时代，科学技术迅猛发展，特别是数字技术的成熟，传统意义上产品属性含义正在甚至已经发生了根本的变化。苹果手表（AppleWatch）是手表还是数字产品？谷歌眼镜是眼镜还是电子产品？手机微信是社交通信软件还是微商商家的营销平台？看起来莫衷一是，但它们却有一个共同的特征——跨界，都是跨界产品。

“跨界”一词，开始使用比较多的是在演艺界。一个所谓的三栖明星可能是一个电影演员，可能是一名歌星，也可能是一名主持人，虽然横跨了娱乐界多个行当，但是他（她）至少还是一个演员，通过自己的多种形式的表演来取悦不同领域的观众。而企业或产品的跨界有时候则是过去概念中完全不同的行业，在互联网大数据时代，这种事例有很多。例如，当前风起云涌的互联网金融，某些企业过去只是单纯的互联网公司，取得经营牌照后，目前开展的完全是金融领域的业务，与之相关的企业生产的产品也成为跨界产品。支付宝本来是用于网购的支付工具，现在则还有投资、储蓄、理财等金融产品的功能。跨界企业和跨界产品的出现与人类进入互联网大数据时代密切相关。

鼓励企业跨界、推进企业“互联网 +”行动，已经上升到国家推动经济发展、经济转型的战略层面。“互联网 +”是把互联网的创新成果与经济社会各领域深度融合，推动技术进步、效率提升和组织变革，提升实体经济创新力和生产力，形成更广泛的以互联网为基础设施和创新要素的经济社会发展新形态。积极发挥

互联网已经形成的比较优势，把握机遇，增强信心，加快推进“互联网 +”发展，有利于重塑创新体系、激发创新活力、培育新兴业态和创新公共服务模式，对打造大众创业、万众创新和增加公共产品、公共服务“双引擎”，主动适应和引领经济发展新常态，形成经济发展新动能，实现经济提质增效升级具有重要意义。我国在互联网技术、产业、应用以及跨界融合等方面取得了积极进展，已具备加快推进“互联网 +”发展的坚实基础。

开发推广跨界产品实际上是企业满足消费者不断变化的需求，逢迎消费者的必然选择。以互联网、数字化产品为例，只是由于消费者的需求和消费习惯发生了巨变，跨界产品才能够大量出现。因为，“80 后”尤其是“90 后”几乎是伴随着互联网成长起来的一代，这部分群体对互联网、移动互联网具有高度依赖的特点，已经养成了在网上获取信息、娱乐、购物的习惯，而且这部分群体正在逐步成为中国社会消费的中流砥柱。所以说这已经不是一种趋势，而是一种现实。中国人平均每天用在手机上网方面花费的时间是 158 分钟，远高于全球范围的平均值 117 分钟，其中“80 后”消费力量成为主流，“80 后”“90 后”追求网络消费、科技消费、个性化消费，这与传统的“60 后”“70 后”的消费需求和消费习惯存在巨大的差异。由此，这对传统的企业乃至产业提出了全新的要求，企业必须提供适合该部分群体的产品、服务内容和方式，才能适应这个时代的发展，因为从多方面逢迎消费者日新月异的需求，是大数据时代迎销的基本要求。

第二节　大数据时代下的产品定制

从销售角度讲，商家面向特定的或个体消费者提供的产品定制服务，是一种既古老又现代的营销行为。商品经济建立初期，商品在形成大规模工业化生产之前，商家与消费者之间的大部分产品交易是在定制化条件下进行的。比如，商家根据消费者的身形、高矮胖瘦、个人喜好等为个体消费者定制服装、鞋帽等生活用品。早期的商品经济时期，产品定制一定程度上是产品交易的主流。进入工业化社会以来，随着产品市场的扩张，区域性、全国性的市场日益完善，个体化的产品定制已经少之又少。很多时候被动选择并不是我们想要的，于是定制就产生了。既为消灭模糊、雷同、乏味的桎梏，也为引导趣味、审美、品质的提升。定制产品的作用和意义是什么呢？产品定制有着更多的变化和个性，每一个都有自己的特点。定制的产品独一无二，上面可以印着专属印记或者名称，能起到很好的宣传作用增加知名度。定制的产品更能体现出差异化，让那些顾客体会到了独特的感觉。

一、大规模个性化定制

个性化定制 + 大规模生产是随着新技术发展、消费者多样化需求发展背景下兴起的下一代制造模式。互联网、三维打印、虚拟现实技术在其中起到了巨大推动作用。

大规模个性化定制产品的特点：设计模块化；生产柔性化；交易线上化；产品几何形状、大小、材质、颜色、种类可定制化；运营及售后服务智能化。

当今市场已成为买方市场，客户多样化、个性化的需求越来越突出，制造企业单纯依靠固定产品很难在市场上立足。在新的市场环境下，传统制造企业面临巨大挑战，即“满足客户个性化需求”与“有成本优势的快速交付”之间的矛盾，因此，企业需要颠覆“从工厂到用户”的传统生产思维，转为“以用户需求为驱动”的个性化生产，最大限度地满足客户个性化和多样化的需求。个性化定制将是品牌面向未来，长期保持和增强自身竞争力的战略选择。

二、大规模个性化定制平台技术实现

（一）云平台（工业互联网平台）

云计算是传统数据中心业务发展的一个新阶段，将计算和存储资源以服务形式交付客户，有效解决了资源集约管理问题。云平台解决了数据孤岛问题，提高了资源调度效率，成为数据价值挖掘的基础设施。

（二）物联网

物联网技术打通了端边云协同，为了满足个性化定制需求，柔性化生产线必不可少，模块化制造、自动化组装、智能化监测等流程模块，离不开端边云协同控制和调度。

（三）数字孪生

模拟仿真将是个性化定制成功的关键。产品原型设计、验证只有通过虚拟仿真达到客户要求，才能进行试生产阶段，最终交付客户体验。一旦，仿真做得不够逼真、无法在线模拟真实产品的功能和性能指标，那么这个个性化定制平台就不成立了。数字孪生技术通过三维可视化和仿真引擎，可以改变传统的设计—生产—再设计—再生产的返工流程，有效缩短产品研发上市生命周期。目前这类技术已经广泛应用在服装设计、家装设计等领域，具有很好的市场效应。

（四）三维打印增材制造

增材制造是满足柔性制造的一种技术，但非必须，目前三维打印还很难满足所有产品的原型制造，更达不到大规模生产制造的技术要求。但是，作为具有前瞻性的技术，增材制造有望成为个性化定制的核心技术之一，例如，在以塑料、金属等为基本耗材的个性化产品类别中，三维打印是很好的技术路线。

（五）其他信息化技术

在战略决策、日常运营等企业活动中，大数据分析、人工智能技术可作为战略储备。

三、大规模个性化定制案例

“红领”创建于 1995 年，是一家生产经营高档正装的集团企业，2003 年以来，红领集团不懈追求个性化和规模化融合发展，从单项应用到各环节综合集成，从工厂内部信息化再造到利用互联网融合创新，打造了订单提交、设计与生产、过程管理一体化的开放式互联网信息平台，形成个性化定制 + 规模化生产的红领模式，颠覆了原有传统经营理念，创建了中国互联网工业雏形，使企业设计成本下降了 90% 以上，生产成本个性化与大批量比 1 ∶ 1.1，库存逐步减为负数，生产周期缩短 50%，经济效益提升数倍。在此基础上又成功打造“酷特”平台，成立酷特（中国）互联网工业科学研究院，具备了在传统制造业推广能力，企业个性化份额实现了 150% 增长。2015 年被选为工信部“2015 年度智能制造试点示范项目”46 个试点单位之一，又入选工信部三家“2015 年度互联网 + 示范企业”之一（这三家分别是小米、尚品宅配、红领）。

酷特智能的核心经营模式是“由订单驱动的大规模个性化定制”（customer/business to manufacturer+made to measure，简称为 C/B2M+MTM）。由订单驱动生产是指企业先从客户处接受订单，再安排生产，以销定产；大规模个性化定制，即以客户需求为中心，借助互联网、大数据等技术手段，以工业化方式大规模地生产出满足客户不同诉求（如尺寸、价位、面料、版型、风格、工艺等）的个性化定制产品。由订单驱动的大规模个性化定制模式使产品的开发和生产周期大大缩短，提高了供应和响应效率。

（一）采购模式

公司采购的主要产品是面料和辅料（如里料、衬布等），公司制定了规范的《生产物料采购管理规定》，严格控制采购的每个环节。公司供应部门负责原材料的采购和供应商的选择、评价；技术部门负责编制有关采购质量要求的标准；仓储部门负责对采购产品进行核对检验。公司的采购分为安全库存备货采购和零剪采购两种：对于常用普通物料，公司采用安全库存备货采购模式，即由供应部和仓储部根据各个品种的需求量、订货周期以及每个品种的安全库存、订购量等，建立库存检查机制，设定安全库存的最低值和最高值。当库存量低于安全库存的最低值时，仓库管理系统（WMS）会自动报警提示。仓储保管员接到提示后确认信息，按物料周转期核算合理需求量，并将需求量书面提报至仓储负责人，审批通过后由仓储评审员发起原辅材料采购流程补充库存。安全库存备货采购以填充库存为主要目的，旨在为生产交期提供充足的物料支持。对于用量较少的物料，公司采用零剪采购模式，即由供应部根据业务需求，向供应商下达订货指令，要求供应商在指定时间将指定的品种按指定的数量安排发货。零剪采购的出发点是在满足客户需求的同时最大化降低原料库存，是一种完全以满足订单驱动生产订购需求为依据的采购行为。公司的采购方式分为普通采购和寄存采购两种。普通采购是指公司与采购方签订协议后，供应商将物料运送至公司。寄存采购是指供应商将面料放在公司的原材料仓库，公司根据订单需要裁剪使用，与供应商按月对实际耗用情况进行结算。公司能够随时获得所需原材料，节省了时间成本，提高了生产效率，降低了资金占用。

（二）生产模式

酷特智能的生产过程体现了“数据驱动”和“大规模定制”两大特征。“数据驱动”体现在公司能够充分将数据的挖掘解析能力与物联网、互联网等技术结合运用，集成生成整套生产管理系统：客户通过网络终端或通过线下门店进行自主定制设计、下单，由系统将个性化订单转换成各项具体数据、拆解成各节点的标准指令。个性化定制系统依据数据库中既有的版型运算逻辑模型，根据顾客的身体数据，运算生成该服装专有的尺寸数据。生产部门收到数据后，准备物料，物料在自动裁床上完成裁剪。每件服装所需的全部布片和储存着客户个性化需求信息数据的磁卡一起被悬挂于吊挂上，流转到流水线上的每一个节点。每个节点的电脑识别终端会读取磁卡信息，并提示该节点的员工进行相应操作。从客户下订单到产品生产完成的整个过程全部由数据驱动，数据是个性化定制工艺在流水线上进行传递的载体。“大规模定制”体现在公司能够以工业化的效率生产出满足客户个性化需求的产品：从客户下订单开始，公司可以在七个工作日内完成个性化产品的生产制造，并且产品能够完全达到“一人一版、一衣一款、一件一流”的标准。

（三）研发模式

酷特智能的研发工作分两部分进行：一方面是产品部分，公司设立专业部门从事服装产品的企划、设计与研发，旨在为客户提供穿着舒适且紧跟市场潮流的服装产品；另一方面是系统部分，公司设有专业团队对后台系统进行开发、维护与优化，不断提高大数据的管理、挖掘与分析水平，保证智能制造技术的持续改进和生产效率的进一步提升。

（四）销售模式

酷特智能的主要业务为以个性化定制为核心的服装生产及销售，主要包括个性化定制 ODM、个性化定制 OBM、个性化定制职业装三种销售模式。对于境内外的企业端客户，公司以贴牌方式进行生产；对于境内的消费者端客户以及职业装团体订单客户，公司以自有品牌进行生产销售。

酷特智能平台的商业模式首先在服装行业推广，继而在服装机械、鞋等行业推广，再到更广的行业推广，将大批的传统制造企业改造成一个个智能工厂，由酷特平台将他们融合，实现虚拟经济和实体经济的有机结合，凝聚出制造、服务一体化，跨行业、跨界别的庞大产业体系。

总结来讲，对于传统服装制造企业，最常见的业务模式就是“6+1”模式。6大环节包括了产品设计、原料采购、仓储运输、订单处理、批发经营、终端零售，“1”就是生产制造。很多中国传统服装制造企业只是做了生产制造这一个最不赚钱的环节，前面的6个环节则被国外或国内的其他公司占据。设计—原料采购—订单—运输—批发—终端零售整个周期长达三个月甚至半年，特别长的周期导致了库存严重，成本的高昂也导致了产品比较单一。

而红领在互联网思维下，将信息化与工业化深度融合，订单来自互联网，产品设计由客户个性化定制，原料按需采购，个性化制造完毕后进行物流配送，从原来的“6+1”模式变为“4+1”模式，去中间商、去代理商，没有库存，没有批发，大幅降低客户的购买成本。

实际上，在工业经济社会发展初期，20 世纪 50 年代以前的很长时间里，市场上充斥着大量的统一化、相同或类似的产品。譬如亨利・福特（Henry Ford）

向市场上推出著名的T型车，采用统一的设计和唯一的黑色款式。可口可乐一度只向整个市场供应一种可乐，希望吸引所有的消费者。穿着相同式样的西装、戴着同样高度的绅士帽、手握雷同的文明棍，是那个时代上流社会绅士的标志。当然，那个时候的中国，长袍马褂、长长的旗袍是男士和女士的标配。

然而，20世纪50年代之后，随着经济发展的繁荣、交通及通信技术的快速发展、市场规模与地域的迅速扩大，企业与消费者联系的广度和深度快速提升。多种渠道形式如超市、专卖店、便利店、百货公司、区域批发市场蓬勃发展。消费者得到产品的信息、选择产品的方式可以从多种媒体和渠道中获得。此外，现代工业技术发展推动了企业生产能力的进一步提高，商品日益丰富，市场由供不应求逐渐变为供大于求，市场由卖方市场转向买方市场。20世纪60年代以来，以美国为代表的西方国家个性解放思潮盛行，追求个性、倡导差异、强调与众不同等观念必然影响消费观的变化。消费者的需求水平和需求层次亦有所提高，越来越希望得到更体现个性化的产品和服务。以服装为例，服装虽然是每个消费者的基本生活用品，但在款式、面料、风格上的要求却大不相同。除一些特定的场合之外，我们看到的更多是不同风格、不同色彩、不同式样等表现出个性化的服装；某些时髦女性如果发现有人在同一场合与其“撞衫”，会感觉非常不舒服。

从理论上讲，正是消费者在消费观念、消费水平、消费方式上的差异，市场上才出现了多种有差异的消费人群，企业的市场定位和产品定位就是针对各自企业的不同目标人群设定的。企业的资源在一定程度上是有限的，因为不可能开发并生产出可以满足市场各个不同目标人群的所有产品或者“万能产品”，而是不得不将企业资源有选择地投向认为最适合企业的消费者目标群体。

20世纪90年代后期发展起来的一种新型的营销策略——定制营销（customized marketing）也被称为个别化营销（individual marketing）。定制营销就是在市场细分的基础之上，进一步针对个别消费者的特定需要提供个性化的产品。如完全按照消费者个人的喜好来设计服装、手表、皮鞋等消费品；按照个人的设计来装饰住房甚至建造别墅；按照个人的需要和可能来制订学习计划，提供业余培训等。定制营销更有针对性，对顾客的满足程度也更高，因此开展定制营销的企业就能更牢固地控制其目标群体，稳定其目标市场。在定制营销策略中，定制产品是核心，而定制产品最具代表性的是戴尔电子计算机。戴尔认为最有效和明确地了解客户需求，并迅速做出回应才是成功的商业模式。消费者可以按照提示定制个性化且配置丰富的计算机产品。由于减少了中间环节，所以戴尔计算机的价格极具竞争性。正是凭借“量身定制服务”“最新最全产品”“高性能升级”及“全职咨询顾问”四大直销优势，戴尔电脑几年内就成为世界计算机企业的翘楚，赢得了无数的荣誉。定制化直销的戴尔模式受到了业界的追捧。

然而，互联网大数据时代到来，互联网不再是戴尔电脑联系客户的独家秘籍，计算机厂家都利用互联网作为加强与消费者关系的工具，戴尔过去的电脑直销模式的几大优势已经成为计算机巨头企业的基本配置，戴尔电脑近几年开始走下神坛，被联想、苹果电脑追赶并超越也就不足为奇了。即便如此，戴尔电脑的成功，证明了产品定制营销模式的有效性。

大数据时代，产品定制可谓恰逢其时，也是迎销策略中逢迎消费者的重要手段。企业如果根据自身的优劣势分析，整合资源，管理好流程，可以取得喜人的回报。

四、大数据时代产品定制双向交流更明显

过去的产品定制，无论是企业对消费者，如福特的T型车，还是消费者对企业，很大程度上是一方提出，另一方予以满足。在大数据时代，信息交流和充分沟通成为基本条件，在成本很低的情况下实现点对点、点对面的无缝交流。消费者如果有个性定制要求，直接在网络上向商家提出，商家如觉得可以满足，马上可以实现交易。商家还可以通过接入顾客兴趣社群、发现顾客兴趣，与顾客共同试制产品、助推顾客口碑传播交流等多种形式找到个体的或部分小群体的共同需求推出定制化产品，满足小部分有共同兴趣的消费群以推广产品。商家还可以利用大数据技术，对目标客户有针对性地提出定制建议，实现消费者个性化产品定制。

五、大数据时代的产品定制可以实现模块化定制

大数据时代，商家利用大数据技术不仅完全可以实现个体消费者个性定制需求，还可以了解部分群体性消费者的相同需求，推出某些类型的产品，实现所谓的“模块化”的定制产品。例如，某知名视频网站推出了“绿镜”的服务，点击后，你所看到的将是剪辑过的节目片段合集。

负责剪辑节目的不是网站的视频编辑，而是后台系统，或者说所有观看视频的普通用户。大多数人在观看视频时，都会根据自己的兴趣暂停、快进、倒退。用户在无意识地通过这些动作来评价内容的好坏，用鼠标来反映哪些是他们认为好看的，哪些是无聊的。

简单地说，绿镜就是将所有用户“评价”汇总，再经过后台系统的运算，将最受欢迎的片段剪辑出来，形成精华版视频。这样形成的“模块化”产品非常适合那些有相同趣味的观影人群，有计划推广产品的广告商可以比较准确地找到适合的目标群体，有针对性地精准投放，做到资源的最大化。

另外，有很多商家利用双向的沟通交流，实现先收集需求再生产的预售模式。因为个别用户的个性化需求可以汇集成若干“模块化”的多个群体性需求，企业有针对性地制订产品开发计划、生产计划，最大限度地降低库存。从事电子商务的企业经常开展的团购预定、“双十一”节日前的预售等，就是这样的销售手段。

模块化定制的实现和预售模式均可以最大限度地降低个性化的成本，在规模化的同时又可以满足一些群体具有交集的个性化需求。这样更多是为了节省生产资源、降低库存压力、提高产销比。

六、个性化定制产品服务，满足消费者的需求

在互联网时代的社会环境下，企业的营销环境发生了很大的变化。主要表现在：互联网具有覆盖面广、开放性等特点，可以降低生产成本将消费者同企业联系在一起，同时互联网技术缩短了消费者同企业之间的距离，企业的销售范围可以面向全世界的消费者，网络销售成为销售的主要销售形势。在互联网背景下，市场的营销方式也发生了很大的变化，随着移动互联网在我国的传播，移动支付基本在我国普及，电子商务基本在我国普及，这就减少了消费者购物的烦琐性，同时各类电子购物软件的出现及各类视频类软件的流行，为企业进行线上营销提供了技术条件。随着互联网时代的到来，社会经济环境发生了很大的变化，特别是随着大数据、云计算等技术的发展，对市场营销策略提出了更高的要求。互联网时代的营销策略与传统的营销有很大的区别，依据市场营销环境的变化转变营销策略，利用大数据和云计算技术发展带来的技术红利做好个性化的营销策略分析，促进企业市场营销更高效的发展。

（一）互联网时代消费者需求特征的变化

1. 消费者的个性化需求增加

在互联网时代消费者个性化需求特征更加明显，产生这种情况原因一是我国市场经济发展带来了商品的极大丰富，绝大多数商品都处于供大于求的局面，当前我国的商品市场是买方市场，消费者可以依据个人的喜好随意选择商品，生产

商和营销商为了满足消费者需求也尽最大努力满足消费者需求。二是互联网技术的到来极大地促进了电商购物行业的发展，消费者通过各种网络途径进行网络购物更加便捷，这让消费者的购物打破了空间和时间的限制，能购买到全球各地的商品，商家能够通过消费者的购买特征分析消费者的需求，依据消费者需求生产商品，也促进了个性化商品的生产。从社会文化方面分析，当今社会宽松的文化制度，特别是在互联网时代，各种文化在网络上的交融和碰撞，让消费者能近距离了解世界各地消费者的消费特征，消费者精神文化的丰富在互联网时代不再受地位、收入的限制。三是社会经济的发展让消费者的收入水平提高，这为消费者追求个性化提供了物质基础。

消费者需求的个性化让生产商在设计时更加注重多样化产品的生产，他们会尽可能提供多的产品种类，通过产品的型号、颜色、功能、材料等多方面的差异性来向消费者传达产品的个性化特征，甚至很多生产厂商接受消费者的个性化定制，让消费者能通过网络直接参与到产品的设计和定制，让消费者有机会近距离参与到产品的生产中，有学者将互联网时代的消费者称为“产销者”；因为个性化商品的增多和互联网带来的购物方式的转变让消费者的消费行为和消费心理也发生了变化。

2. 消费者获取消费信息的主动性增强

有学者将互联网时代的消费者称为“一个坚持自我主张并为自我主张积极辩护的人”。这个时代的消费者不喜欢人云亦云，不想被动接受经销商的推销，而是更加喜欢主动选择。消费者购物时的主动性是指在互联网技术发展的前提下，消费者的探奇心理增强，消费者乐于选择他们喜欢的产品，表现就是他们选择商品的自主权增强，在这种消费者特征下，传统的“地毯式营销”策略已经不再适合这一代消费者，基于这种特征，在互联网时代如何获取消费者的聚焦是营销的前提。在互联网时代，消费者更加喜欢与生产商和营销商进行沟通，向生产者表达他们对于商品的意见，消费者更加喜欢生产商能够提供畅通的网络环境，这样他们能充分表达他们的意见，同时消费者也希望他们的主张能够得到回应。因为那种拒绝同消费者沟通的营销方式是得不到这一代消费者认可的。

3. 消费者对于购物便捷性的需求与购物乐趣的需求并存

现代社会的节奏加快，消费者对于购物的便捷性要求提高，在购物时追求劳动成本和时间成本的最小化，一部分消费者对于品牌产生黏性，在购物时直接追求某品牌的产品。现代社会整体生产效率提升，消费者可自由支配的时间增多，购物成为消费者的生活乐趣，成为消费者放松身心的一种方式，成为消费者的一种精神享受。大多数消费者还是希望用较少的时间能获取更高价值的商品，希望在购物中减少一些麻烦，但是当代消费者面临的商品类别纷繁复杂，消费者的选择难度增大，而通过网络购物，消费者可以在网络上进行对比，减少购物的时间，送货上门也是网络购物的优势所在。

4. 消费者对于适用性的追求与品牌的追求并存

在互联网价值观的熏陶下，目前消费者对于品牌的认知越来越理性化，相比于上一代消费者，当下这一代对于产品品牌有更高要求，他们更加看重企业的社会表现，在互联网时代很多大品牌因为负面新闻失去消费者的信任。同时消费者对于品牌的态度并不完全受广告的驱使。大品牌的商品价格也越来越平民化，同时消费者越来越重视产品的适用性，消费理论正越来越趋于理性化。在互联网时代一些小品牌、口碑较好的产品受到消费者的追捧，消费者不再盲目追求那些大牌产品，互联网时代产品生产商不愿再为产业品牌营销支付更多的费用，而是更加重视产品的品质，集中力量提供优质的产品满足消费者对于产品质量的需求。有学者认为网络时代的消费者是非常现实的一代，消费者更加重视产品的使用价值及品质，产品的价值属性成为网络时代营销的侧重点。

5. 体验消费特征越来越明显

在互联网时代，体验经济成为继服务经济之后又一个营销热点。营销专家认为体验同服务一样是一种商品，是同服务和货物一样的产品。特别虚拟现实技术的发展，消费者通过虚拟现实技术能提升体验感，体验营销也成为非常流行的营销策略，体验营销不仅让消费者娱乐，而且能让消费者在体验中获得知识，有学者认为现代商业将进入娱乐体验与知识体验时代，只要是让消费者感到轻松有趣，跟文化艺术、休闲娱乐相关商品都会成为热销产品，

（二）企业在满足消费者个性化需求方面的可选择方式

1. 产品多元化满足消费者个性化需求

以多元化产品满足消费者的个性化需求是目前最常用的方式。如同一品牌下的产品分为高、中、低档三个层次来满足不同层次消费者的需求。另外可以通过产品的功能性来满足消费者的多元化需求，这一方面在汽车行业体现得最明显，同一品牌同一系列的车可分为高配、标配，同时消费者还可以依据自己的需求去选配一些功能，另外汽车在车身颜色、内饰颜色等方面都可以由消费者自由决定，

以此来满足消费者的个性化的需求，同时车企在满足消费者的个性化需求中获得了更高的利润。

2. 品牌的多元化来满足消费者的个性化需求

品牌的多元化是指企业通过建立子品牌和分品牌的方式进入新的消费领域来满足消费者需求。从本质上说，品牌多元化是企业营销中的细分市场，在每一个细分领域来消费者的需求不同，企业通过研究消费者的需求，依据具体需求来建立新的品牌细分市场，通过新品牌来将市场进一步细分。

3. 私人定制满足个性化需求

随着云计算、物联网、大数据等技术的发展，这些技术为消费者的私人定制提供了技术条件。特别是三维打印技术的发展，越来越多的企业承接私人定制业务，这项业务完全以消费者的个性化需求为依据，在私人定制的模式下，消费者可通过网络将自己的需求传达给制造商，制造商依托大数据和云计算等智能生产平台，以最快的速度满足消费者的个性化需求。

（三）互联网时代以满足消费者个性化需求为基础的营销策略

1. 通过产品满足消费者需求

消费者的个性化需求会成为影响产品销售的前提条件，通常消费者的个性化需求可以细分为三类：超前需求、细分业务、共性的个性化需求。

（1）超前需求

超前需求主要是企业的顶层消费者对于产品提出更好的需求，这种需求可满足较少数量的消费者，但这部分消费者是产品的“高黏度粉丝”，对企业产品有着较高的敏感度，每年为企业贡献的利润较多，这些消费者一般是基于当前的产品现状和个人的需求提出了对于产品的新要求，这些需求有时会与目前的产品现状是相冲突的。对于超前需求，企业一般是要满足的，一是因为这部分消费者是企业的顶层消费者，对于企业产品的消费能力强，同时这部分消费者提出的需求往往代表着产品的未来发展方向。对于消费者超前需求的满足，企业可以在尽量减少对于现有产品影响的前提下，针对顶层消费者的需求设计出顶层产品，同时引导企业的中高层消费者向顶层消费者转变。

（2）细分业务

细分业务主要是指几个消费者的需求，因为这些消费者个性需求具有小众性，不太可能大范围推广，对于这部分业务，企业可以不与关注，这类消费者对于产品的黏性不高，若企业满足这部分消费者的需求，获得收益低于付出的成本。

（3）共性的个性化需求

共性的个性化需求是消费者因为产品品牌的差异化而对产品提出的个性化标识等需求。对于这部分需求，企业应该满足。通过将消费者的需求进行划分大类，然后依据每一类的需求特征进行产品策划，满足这部分消费者的共性需求。

2. 做好产品品牌的个性化营销

产品营销除了做好产品定位之外，更要塑造产品品牌个性，品牌的性格决定了品牌的市场地位，产品间微小的差异对产品市场的影响已经微不足道。在互联网时代，所有的产品都需要有个性化的品牌来背书，通过品牌的个性化来传递产品的形象和价值观。在互联网时代，企业通过互联网可以链接到每一个消费者，在互联网时代必须做品牌的个性化营销，让企业品牌以个性化姿态，通过与消费者沟通，向消费者传达自己的品牌思想。移动互联网时代，品牌要有个性，要有态度，如具有人格魅力的人一样。产品品牌要服务拟人化，如江小白品牌将用文案的形式将瓶子变成一只会表达的表达瓶，当消费者饮酒的时候会被江小白的走心文案引起情感共鸣。网易云音乐品牌借用消费者乐评，向消费者传递出“有情怀、有温度”品牌形象，那些毫无个性、高高在上的傲娇品牌，正在被消费者慢慢遗忘。塑造产品个性化的方法很多，如企业创始人的形象背书，小米创始人雷军塑造的死磕产品超低价格的形象、乔布斯塑造的苹果极致产品品质的形象等。品牌的个性是品牌能够带给消费者的感性因素，让消费者能与品牌产生个性共鸣，个性化的品牌营销能让产品营销能更深入地走入消费者的内心，在消费者的消费需求中占据一个更稳固的位置。

3. 重视体验式营销

互联网时代促进了体验式营销的发展，做好体验式营销应该做好以下几个方面的工作。首先是做好产品的体验设计，让产品更加有体验感。在体验式营销的整个流程中，产品的设计是最重要的一环，在产品设计上企业要站在消费者的角度上进行构思，以解决消费者的痛点为设计目标，考虑消费者使用产品时的心理感受，在有利于互联网产品传播的基础上，企业的产品设计必须突出特别卖点，让消费者在体验中感受到设计者的用心。在营销中找出那些能表达产品特性以及消费者对产品评价关键性的指标作为营销重点。关注消费者使用产品后的心理感受，在互联网时代，如果一款互联网营销文案不能吸引消费者关注 5 ～ 10 秒，那么这篇营销文案就是失败的文案。其次是做渠道体验策略，渠道体验是扩大消费者与产品接触面的主要方法，现在一些大企业为做产品的营销，主要通过建立实体体验店的方式让消费者了解产品，在体验渠道方面必须做具有互动、交互式的体验，做到体验渠道下沉，通过虚拟现实技术让消费者在体验店中能体验到产品的特性，并通过观看产品生产和设计流程的方式让消费者与产品产生情感上的共鸣。体验营销是企业与消费者之间沟通的通道，也是吸引消费者的关键点，在体验营销中必须有一套完整的流程，从营销的脚本、话术、产品的组合陈列等都做好策划，如果消费者在体验中得不到任何体验的快感，那么体验营销的价值就得不到发挥，在移动互联网时代，互通的体验式营销是主流，企业要通过完善体验营销平台的方式让体验式营销发挥出更大的价值。

4. 利用大数据、云计算等互联网技术做好个性化营销

在舍恩伯格的《大数据时代》中，他提出：在互联网时代，大数据是比消费者自身更加了解消费者的一种技术，通过消费者在互联网上的搜索的痕迹、留下的文字、图片、浏览的信息等，大数据能进行消费者数据画像。大数据技术对万千消费者的个人画像进行分析能给商家带来前瞻性的预测。大数据的实质就是利用最有效的计算机算法将海量的数据进行分析来预测未来商业发展的可能性，如淘宝会依据消费者的搜索记录来向消费者推荐商品，这些商品能直接引起消费者的购买欲望，这就是利用大数据技术分析出了消费者的真实需求。企业利用大数据技术能分享用户的需求、用户对于产品的反馈和建议、哪些产品会引起消费者的喜欢等，企业可以利用大数据技术来分析个体消费者的行为特征、消费习惯、兴趣爱好、购买周期、购买习惯等诸多信息，对这些信息进行分析来判断消费者的需求，预测消费者未来的消费趋势，把握消费者的消费行为，从而实现个性化营销，例如在互联网时代的图书企业，销售人员可以改变以往“内容为王”的思维，利用大数据分析消费者的需求，对消费者提供一对一的个性化推荐，通过建立读者的基础数据库，积累读者的信息、购买图书行为、购买图书类型的海量数据信息，针对每一个客户都提供一整套的推荐方案，提升营销服务的针对性。

第七章　大数据时代下营销服务创新

服务产品是服务企业得以发展的基础。服务企业应根据顾客个性化的需求来提供服务产品并进行服务产品的创新，有利于企业获得竞争优势。

第一节　服务产品及品牌策略

项目服务与品牌形象影响着企业的发展与生存。初具规模的企业部门会具有策划部和设计部两个部门，主要职责是根据不同业态发展状况及公司发展方向，辨别产品定位营销的策划、活动的流程以及传播的方式等，以达到服务产品的目的。

关注每一个企业、每一个项目的不同，为每一个品牌实现个性。这就要我们从营销环境、内容策划、视觉设计、传播方式和资源配置等各个维度去形成合集，坚持每一个品牌在企业这里都是独一无二的，以高度定制来打磨每一个品牌，实现每一个品牌在市场上的独特价值。而在工作中运用大数据工具完成品牌价值的打造会更加节省资源。

一、服务产品的概念

基于对内容服务产品这一概念的理解，再略谈产品服务系统设计在这一过程中可能产生的影响。

服务重要性的崛起要谈服务概念，首先要谈的是服务或者说是客户体验重要性的崛起，其源头之一是市场营销对于客户体验的愈发重视。每个企业的最终目标都是创造可持续的竞争优势并以此来赢得利润。而赢得利润的基础是能够为客户提供源源不断的价值。传统来看，价值创造的方式有两种：一种是最为传统的技术驱动型价值创造，即企业利用有竞争优势的技术，设计研发并生产出产品，再将产品销售，在这一过程中，客户收获了产品技术带来的价值，企业因此而盈利；第二种是市场驱动型价值创造，即企业通过对确定细分市场的客户需求的理解，确定价值所在，并将其化为实体的产品，交付给客户，以此获得利润。在这两种方式中，企业都将竞争优势的产生聚焦在价值创造流中的上游：前者是技术研发与设计生产的投入，而后者则是对帮助客户需求理解的大量营销力量的投入。

服务产品是指那些基于服务的产品，而非实体产品。随着经济社会的发展，服务业已经成为我国经济发展的重要支柱行业。服务产品作为服务行业的主要产物，对于服务业的发展起到了至关重要的作用。

即以提供某种形式的服务为核心利益的整体产品。该定义看似简单，但理解它需要把握三个层次：服务产品往往依着于有形的物品，而有形商品里也包含有服务的成分，但是服务在服务产品里处于绝对的核心地位，一切围绕着这个中心来设计、配置、扩展，不容半点偏离。对服务产品作为整体产品的理解必须建立在深刻学习其五个层次（核心利益、基础产品、期望价值、附加价值、潜在价值）的基础之上。服务产品狭义上讲包括服务业的服务项目，从广义上讲还包括对于客户导向下实物产品市场营销活动中的服务。

根据运营管理的课程内容，服务概念（service concept）被认为是用来统一企业生产活动的认知，帮助企业组织全体员工共同创造统一标准的一整套概念。它包括了组织的想法（organizing idea）、提供的服务（service provided）、接收的服务（service received）以及服务利润链（service profit chain）。组织的想法是用来统一组织内部（员工）与外部（客户）理解的工具，用来帮助客户理解服务的精要。提供的服务被定义为服务流程（service process）的产出（output），其重要组成部分便是服务交付系统（service delivery system）。接收的服务从客户的角度来理解有别于提供服务的产出，接收的服务指的是这一服务的结果（outcome），或者说是服务带来的体验。而服务利润链则将企业组织的内部与外部通过服务产生间接的链接，表明服务产生利润的途径。上述服务概念的形成是在传统产品生产思维下，基于服务有别于产品的不同所作出的对服务产生方式的矫正。

传统的运营管理在组织内有三大杠杆或者说三大要素，分别是企业组织的硬件设计，即影响组织生产系统的各项基础结构；企业组织的软件设计，即推动组织内部运行的一系列系统；以及企业组织的方向的选择。在拥有相应的原材料、人力、生产设备、生产技术的支持下，企业不断将原料加工为产品并利用分销渠道将之转化为企业的收入。

由此，不难看出上述服务概念与传统产品生产之间的逻辑继承。这里的服务概念将服务视作产品，将服务的产生过程看作一种生产活动，与传统产品的不同就在于服务独有的 IHIP 特性：intangible（非实物性），heterogeneity（互异性），inspeparability（不可分割性），perishability（不可存储性）。而服务产品系统这一概念更是将这一逻辑继承充分体现出来。不难看出，服务也被当作一种产品，在服务交付系统的运行下，将服务所需的人力、技术、基础设施等要素转换成客户的服务体验。

上述的服务概念具有很高的可操作性，也方便传统制造型企业为客户提供附加的服务。服务设计的设计对象也就是服务概念本身（需要注意的是，这里的概念不是设计学科中指的设计概念，服务设计中也会使用服务概念来指代设计的理念等相关的内容，这里所讲的服务概念即本文所阐述的服务管理中的服务概念）。服务设计帮助企业梳理了服务价值链的流动方向，通过设计服务遭遇、服务触点等元素，建立服务的价值系统，帮助企业组织实现更高的商业价值。但这一整套的概念从价值创造流的上游转移到了下游：企业需要更加密切地与客户交互，创造更优质的客户体验。

这需要回到服务本身的定义来看，不同于上述将服务视作一种特殊产品的理解方式，还可以将服务定义为一种基于甲乙双方协定条件下，乙方对甲方做出的人物或事物状态的改变。这一概念强调了服务是一种活动，其核心要素在于改变。

对于服务设计本身而言，虽然其设计的对象在于企业组织的服务概念，但其核心目标还是在于服务给客户带来的体验，而传统的服务交付系统更像是一种已经被设计好的状态：其不断将服务所需要的原料转化成产品，似乎忽略了客户，或者更准确地说是用户在其中的影响。而对于服务设计来说，协同设计与协同创作这些至关重要的设计方法论在服务概念的基础上并没有立足的空间。或许可以以服务概念，更准确地说，服务交付系统是做服务运营（service operations）的环节，而非新服务开发（new service development）的环节来为服务概念做辩护。前者主要是用来按照既定的系统不断向外输出服务的企业活动，而后者则更靠近服务设计的范畴。但面对不断变化的市场环境，服务交付系统本身也应该需要有内生的迭代进化的能力，这就意味着其自身就内建了服务设计的能力，需要基于市场反馈的信号，不断自我完善为客户提供的服务，进而通过良好的服务体验获取相应的商业价值。

或许相对传统的服务概念并不适用于“高服务纯度”的解决方案，其更多是为客户提供与产品相匹配的互补性服务（complementary service）的，服务本身并不是这个解决方案的重点，所以可以通过类似产品生产的方式进行“标准化”

生产。产品服务最主要体现企业最基本的功能；便利服务是指方便核心服务使用的服务；支持服务的作用是增加服务的价值或使企业的服务同其他竞争对手的服务区分开来。

（一）核心服务

核心服务是服务产品最基本的内容，为顾客提供基本礼仪且满足顾客最基本的需求。例如，酒店提供的核心服务是住宿，航空公司的核心服务是运输。核心服务体现了服务的主要功能，是服务在市场上存在的原因。核心服务回答的问题是购买者真正想要得到的基本服务和核心利益是什么，一家企业可以拥有一种核心服务，也可以提供多种核心服务。例如航空公司既可以提供旅客运送服务，也能提供货物运输服务。

（二）便利服务

便利服务是方便顾客使用或消费核心服务的附加服务。为了让顾客能够获得核心服务，必须有便利服务来配合实现。例如航空公司的订票服务、餐厅的结账服务等，离开这些服务，顾客甚至无法使用核心服务。在这样的情况下，便利服务是实现核心服务必不可少的服务，它的作用是让顾客对核心服务的使用更加便利。在设计便利服务时，营销者需要了解目标市场的购买力和他们对于便利服务的期望。

（三）支持服务

支持服务也是一种附加服务，但与便利服务的功能不同，它不是为了方便顾客使用和消费核心服务，而是用于提高服务价值或使企业的服务与其他竞争对手的服务产生差异，帮助企业取得服务产品的差异化竞争优势。例如，酒店房间内供住客洗漱用的香皂、牙膏；航空公司短途航班提供餐点服务等。随着竞争日趋激烈，企业会更加重视支持服务的提供，通过不断增加更多的附加服务，以获取竞争优势。

从管理的角度来看，服务企业必须区分便利服务和支持服务。服务企业必须提供便利服务，否则顾客无法消费核心服务。支持服务能为顾客带来额外的价值，没有支持服务，顾客仍然可以消费核心服务，但整体服务产品对顾客的吸引力会下降。精心设计的便利服务和支持服务都能将本企业的整体服务产品和竞争企业区分开来，增强服务企业的竞争力。

美国第二大超市塔吉特（Target）百货公司是大数据和个性化的先行者，该公司设立了一个迎婴聚会登记表，并对登记表中顾客的消费数据进行建模分析。通过该模型，许多孕妇在第二个妊娠期的开始会买许多大包装的无香味护手霜；在怀孕的最初 20 周大量购买补充钙、锌之类的保健品。塔吉特最终选出了 25 种典型商品的消费数据，构建了“怀孕预测指数”。通过这个指数，塔吉特能在很小的误差范围内预测到顾客的怀孕情况，也就能早早地把孕妇优惠广告寄发给顾客。塔吉特百货公司的成功，在于能够在冗繁的信息中洞察出消费者的个性化需求。

在成熟服务行业中，市场竞争主要体现在支持服务上。附加服务有很多，可以分为以下八种类型，并称之为“服务之花”，包括信息服务、咨询服务、订单处理服务、接待服务、账单服务、保管服务、付款服务和额外服务。这八种附加服务像花瓣一样围绕在核心服务周围。服务之花用来说明整体服务产品的内涵，从整体服务产品的角度来看，把核心服务和附加服务的关系比喻为花的花蕊与花瓣，让我们更容易理解服务产品的内涵。“服务之花”给服务企业的管理启示是附加服务可以为企业增强核心服务提供多种选择，也可以为企业设计新服务提供参考依据。

二、服务产品创新

随着市场竞争的加剧，买方市场格局的强化，消费者更加注重消费体验、售后服务等需求。在此背景下，企业的竞争已经从单纯的产品之争、包装之争、渠道之争、品牌之争过渡到了服务之争。为了能在服务竞争中取胜，很多企业投入巨资进行服务创新，服务创新是未来竞争的必由之路。

（一）升级感知体验

服务最重要的作用就是提升客户的满意度，而提升满意度的一个重要途径就是提升客户的消费体验。提升用户体验可以采用如下方法。

1. 社群和生态运营创新

随着互联网技术的发展，网络技术的普及，客服沟通从一对多的用户交互转变为一对一的用户交互。内容运营用户社群的模式创新是一个不可逆转的大趋势。公司需要强化内容营销的能力与技能，实现与客户更好地沟通。

2. 服务方式创新

过去企业为客户提供服务的方式主要有售后维修服务、售后问题解答等，方式单一，沟通肤浅，且多为被动式服务：客户有问题了，迫不得已找上门来。这种体验最终是不佳的。若企业能为存量客户开展定期寻访活动，即通过网络方式给客户主动发送信息，询问客户在使用中存在的问题，不但能提升客户满意度，还能主动发现客户的问题，开拓新业务。

3. 服务流程创新

以前企业提供服务是单向透明的，企业了解客户的需求及状态，而客户对企业提供服务的情况，如派单信息、预约信息、服务工程师位置信息、预估到达时间等一无所知，有时客户就是想主动了解相关信息，企业也不一定反馈。

服务流程创新将服务流程的内容及环节让客户能清晰地感知到，满足客户在服务期间的掌控感。

（二）网络管理创新

服务网络管理就是服务网点和服务工程师的管理，网点与工程师是客户对服务的第一感知源。因此强化网点的设置与服务功能、工程师的服务态度与相应时间的创新是重点。

1. 服务网点布局合理性管理

服务网点是消费者对企业服务的第一感知源，因此企业需要结合客户的分布特点，科学安排服务网点，确保服务网点距离客户“最近”，提升相应速度与时间。

2. 强化客户对服务质量评价的参与性

企业增加企业服务公众号的客户评价功能，同时将点评的内容分类，以方便客户打分；当工程师服务结束后，客户可在 24 小时之内对该工程师的服务质量进行点评打分，提升客户对公司服务的评价。

3. 引入第三方服务资源

对于企业自身能力欠缺的模块，可通过招投标的方式引入社会化服务团队和人员进行弥补。

（三）备件品管理创新

按长期的库存管理理念，产品备件的管理主要由公司的生产总部库、区域分拨库、网点库等几级层级架构组成。当需要备件支持时，一般有总库房调拨，用时长、流程手续多，难以及时响应。

1. 库房资源与客户分布区域相匹配

通过大数据分析，将产品的备件储备与客户的主要分布区域现象匹配：客户集中地域，根据往年的常规维修数据预测并储备所需的备份产品数量，既能保证维修所需，又能不过多挤占公司资源。

2. 备件闪送

对于部分急需的备件产品，公司可通过自身资源或第三方资源开展闪送服务，及时满足客户的需求响应时间，提升客户的满意率。

（四）残次品管理创新

残次品管理主要是公司的退货和样品退换货管理。受管理水平及管理意识的影响，有些企业对公司的残次品一直疏于管理，造成残次品报废率居高不下，给公司带来了较大的损失。公司强化对残次品的管理，完善残次品的核查、追踪机制，杜绝人为因素的损坏，并建立责任制，实现人货的一一匹配，真正做到人人扛目标、个个有任务，调动全员的积极性。

（五）技术支持和培训创新

很多公司对一线服务工程师提供的培训支持较少，主要原因是一线人员多在外地，往返公司成本较高，而公司也确实没有想要的技术能力能给一线人员提供技术支撑。因此一线人员技术的提升多靠自身，能力提升有限。

对于客户看重而自身并不具备的技术或能力，公司可通过与第三方合作的方式开展，借助第三方的技术力量，通过网络会议的方式与一线人员进行统一培训。同时为了确保培训效果，对培训的内容要进行考核，并将考核成绩纳入绩效分数。提升服务质量需要打破常规思维，一切以客户现实需求为出发点，积极采用新技术、新模式，不断尝试，一切以提升客户感知为最终目的。

随着时代的变革，媒体环境发生巨大变化，人们接触品牌的途径也发生了天翻地覆的改变，品牌的营销变得前所未有的重要。我们很难说到底是营销成就了品牌，还是产品成就了品牌，但毫无疑问产品和营销的完美结合，双管齐下相互配合，才是未来的品牌成功之路。

将创新服务融入产品营销，将创意营销引进产品创新，开启了企业创新营销的探索之路。同时，面对未来智能社交的市场发展前景，针对其核心用户人群所覆盖的年轻中高端消费群体，结合传统的节假日进行跨界创新营销，通过与名人近距离沟通，打造了与社会化媒体相结合的客户体验。

1. 服务产品应用场景

（1）产品服务的应用背景

工业化与高度的市场经济为人类社会带来变革，工厂更有效率地生产产品，工人获得更高工资，企业用花样繁多的营销手段来促进人们消费，快速收回资金再投入新产品的开发与生产。这就是工业时代中物质主义的运转方式，它误导我们认为拥有物质便能带来幸福，但高消费主义的背后隐藏的却是巨大的骗局，我们快速耗尽资源，制造一些根本就不必要的垃圾产品。

当下，越来越多人意识到，我们消费得越多，留给生命其他层面的空间就越少，我们不必通过不断消费拥有物质来满足我们社会性的渴望，我们可以把精力转移到创造一种更健康与自然、更加和谐的生活方式上，用个人理想和社会责任来充实我们的生活，而不仅仅是物质。因此，协同消费，一种在个体需求、集体要求和地球环境保护中找到平衡点的新的社会机制便应运而生，而产品服务系统则是协同消费系统中的一种重要形式。

产品服务系统将生态产品设计、使用方案、多样的服务以及消费者的行为方式研究通过系统化的思想联系起来，将产品与服务有机地结合，使消费者在不拥有产品本身的前提下需求可以得到满足，这里所说的需求包括健康、娱乐等。它基于经济和环境两方面考虑，通过服务设计减少物质和能量的流动，减轻环境负担，同时标准化的产品特征为服务的质量提供保障。

（2）产品服务系统应用类型研究

产品服务系统设计作为设计门类中较年轻的一个分支，基于产品设计、服务设计、系统设计的理论和实践基础发展而来，在去产能、解决过度消费方面发挥巨大作用。

企业提供（生产）产品并投放市场，建立共享平台，负责产品的维修以及回收，而消费者通过共享平台来购买所需的服务，获得产品的使用权。对于企业来说，能够从系统的高度整合资源，在产品生命周期中的每个阶段对产品进行干预，将资源利用率提升到最高，从而降低生产运营成本，同时，伴随用户人群的增长，企业能够在商业上获得更多利润。

个人闲置物品的来源主要有两大方面，其一，个人冲动消费，我们往往有这样的经验，诱人的广告和便捷的支付方式，将不必需的产品带到家中储物室成为囤货；其二，由阶段性产品转化而来，如婴儿车、拐杖、轮椅等，这类物品曾是生活必需品，但过了时效期，长期个人占有便成为生活的累赘。如果有一种生活方式，将社会闲置资源重新分配利用，并使资源拥有者能够从中获得收入，何乐不为。

因此点对点租赁（P2P 租赁）兴起。越来越多消费者选择租用物品，因为他们逐渐体会到使用权是消费的核心而不是占有。

如今，产品售后服务——维修、养护和升级，已经成为产品生命周期中不可分割的一部分，例如，高科技电子产品就对维修、升级要求很高，家具类的产品则需要频繁维护，因此这类产品很适合产品服务系统的运作机制，成为其重要的应用类型。世界上最大的模块化地毯生产商英特飞公司（Interface），为用户提供地毯设计、装修、保养、清洁等系列服务，并且当地毯老化损坏时，Interface 会为用户铺设新的地毯，同时回收旧地毯进行二次加工，在这个产品服务闭环系统中，Interface 通过延长产品生命周期，实现资源消耗最小化。有些公司觉得像 Interface 这样的产品服务型企业经济上的投入和产出比并不是很可观，但事实是，企业从材料的循环利用和产品二次加工中节省了费用，并且通过向用户提供后续服务，获得更高的利润。这样的例子说明，环保与商业的矛盾并不是不可调和。

2. 产品服务系统应用关键因素

（1）群聚效应

消费主义让我们警惕关于分享、公共等字眼，因此在共享经济时代，我们急需“社会实验者”——协同消费的先锋，来为社会大众验证哪些服务、哪些新型的商业模式是值得体验的，这样的先锋的开创精神有利于推动人们克服对新生事物的心理抗拒，认识并且接受新的商业形式。当一个新的产品服务系统由一定数量的初期用户发展出忠实会员，它就会在正向边际效应的作用下，吸引越来越多的人开始使用这项产品和服务，这就是群聚效应。

消费者需求的差距都是源自人们之间的思想观念差距，与其呼吁人们承担社会责任，节约资源，还不如“别人都这样”的信息带来的效果强烈。群聚效应也是社会认同法则的体现。

（2）闲置产能

仔细观察我们可以发现，身边闲置资源的大量存在，如家中使用频次很低的物品、正式场合使用的西装、家里的螺丝刀、小孩的玩具等，产品服务系统可以帮助解决社会闲置产能问题，重新分配物品的使用价值。借助互联网手段，我们可以很容易地匹配用户的各种需求，在统一的规则下，人们能够放心地以物易物或者付出极小的代价，获得物品在一定时间内的使用权。同时我们注意到，在过去五年里，各类数字共享平台的商业规模也不断扩大，以倍数增长。必须指出的是，闲置产能并不局限于实物产品中，在去物质化浪潮里，闲置产能同时存在于无形产品，如时间、技能和空间。

（3）社会公共意识

个人利益常常是缺乏远见的，也常常忽视群体的长远未来，因此个人利益与公共资源之间矛盾看似难以调和，但是互联网经验告诉我们，人们可以通过自组织来实现共享行为，用户懂得“想要收获就必须付出”的网络社区法则，用户在产品服务系统中创造价值的同时也分享价值，逐渐自发地形成新的社会公共意识。同一个社群里的用户，拥有相同价值观念，在追求共同利益的同时，解决了公共资源分配的问题，将“合作”与“消费”融合在一起，这也是我们说的“网络效应”，参与者在系统中潜移默化地为社会为他人创造价值，同时也方便了自己。

（4）社会之间的信任

在产品服务系统中，特别是P2P租赁的形式，需要我们相信素昧平生的陌生人，相信他们对于产品的描述，相信他们提供的服务，这一切在传统市场机制里看似无法被理解，不过共享经济时代扁平化点对点的平台，为我们提供了一个分散的、去中心化的体系，透明的社群成为社会里陌生人互相信任的基础。其实不难想象，在一个开放的、互相信任、互相付出的平台上，不守规则的破坏者、资源的浪费者是很容易被淘汰的，建立起行之可靠的信用平台，当人际关系、社会认同成为交易的核心时，在系统中，各个成员会爱惜自己的信誉，从而社会之间的信任会逐渐建立起来，并且越发牢固。

（5）产品服务系统设计未来在国内的发展前景

在中国产品服务系统对于很多企业和院校还是个新的概念。公共服务方面常由政府和社会主导，而缺乏由院校和社区自发的社群服务系统设计实践，商业方面，虚拟互联网产业走在前头，关注用户体验和产品服务系统，而实体经济层面，企业对市场把握大多追随国外经验，缺乏原创性、全局观。

在未来，一件优秀产品的成本对于自然的影响、生命周期中每个阶段的价值应该从设计初期就已经决定下来，同样的，产品所承载的服务的形式、要求、预期效果也应该随之确定，并且贯穿始终。而评价一家企业是否优质的标准之一就是它能否建立完善的产品服务系统，以及系统内各个要素之间的关系是否合理，系统能否长期高效地运转。产品服务系统作为一种有脉络、有组织的定义问题、解决问题的设计思维方式将更加被人们关注，在解决消费多样性问题、服务型企业崛起、线上线下科技化整合等方面将发挥更大的作用。因此对于产品服务系统的深入设计研究能够给我国带来巨大的社会和经济效益。

三、服务品牌

随着服务行业市场化程度的提高，服务企业的竞争越来越表现为品牌之间的竞争。由于服务具有无形性，消费者只能通过有形化形象来感知服务质量，品牌便成为消费者感知无形服务的有形形式之一，成为服务质量的象征，也是顾客选择服务的重要标准，更成为区别于其他竞争企业的利器。

（一）服务品牌概述

1. 服务品牌的含义

服务在我们的通常意识里会认为是售后服务，并且服务是附着于产品的，但现在服务成为企业独立的项目越来越成为潮流和趋势。打造服务的品牌化，能够突出企业的差异化，构建企业新的产业链，成为品牌营销的工具。

差异化在服务品牌的过程中也起到很好的作用，一个企业如果在品牌营销和运营的过程中找到自己差异化所在，就可以很容易在同行中做到异军突起，独树一帜。但现在渠道越来越公共化，传播的费用一来太高，二来难度大，做得不好可能起反效果。

在产品质量、价格差距不大的情况下，好的服务能培养顾客的忠诚度，有了顾客忠诚度，二次购买，口碑宣传自然水到渠成。

（1）服务品牌化

将无形的服务有形化，服务通常是无形的，顾客享受的过程就是消耗的过程，享受完了也就忘了。如果将服务过程的每个环节具象化，如配送货物利用统一的车辆，产品的颜色、视觉效果统一。这样，顾客享受这些服务后即便忘记了，下次再遇到这些标识的时候，立马就能回忆起产品的相关信息。

（2）设计品牌战略

服务考虑不同的市场，进行市场细分，根据目标群体设计服务的品牌分层和品牌组合。例如酒店服务，根据顾客对于价格的敏感度，可以有便宜的快捷连锁酒店，也有豪华的度假酒店。

（3）确立形象维度

这是一个关于组织联想的总体形象，例如西南航空公司爱的图标，传递出公司关系自己、他人和顾客的总体形象。

最后明确一下关于服务的定义。服务主要有五种类型。

纯粹的有形产品。供应商提供有形产品，如肥皂。这种产品不附带任何服务，附带服务的有形产品。供应物提供一种或几种服务，如汽车或卡车，附带修理、担保和其他服务。混合产品与服务。供应品一半是服务，一半是产品。如餐馆。附带很少的有形产品和服务的服务。供应品主要由服务构成，伴随少量产品。如飞机乘客主要购买运输服务，附带软饮料和杂志等。纯粹服务。供应品主要由服务构成。如理发、按摩等。

2. 服务品牌战略规划

战略的核心在于从未来看现在，未来的目标决定了现在的行为方式。品牌战略并没有明确的范围，其业务涉及企业战略、营销战略及品牌传播战略。

企业战略是业务战略，偏重于业务发展规划，主要内容包括产品规划、销售、组织、财务计划等。包含部分营销、品牌传播计划、品牌发展规划。

营销战略：从市场、客户的角度实现目标的方式。通过产品、市场洞察、市场活动、内容营销等方法，实现业务目标。营销不完全为品牌建设，还需要考虑短期目标。

品牌传播策略：是规划内外部信息触达广义客户的计划，既对内也对外。通过公关、广告、互动等多种形式将企业形象、产品、服务、社会责任进行传播。

品牌战略是三者中间部分，集合业务、营销与传播。品牌战略的制定应以行业为导向，以企业为核心。

（1）了解行业趋势，进行品牌商业分析

企业建设品牌战略需要对市场状况及行业现状有一个清晰的了解。行业导入期需要教育，成长期可获得红利，成熟悉需要提高效率，控制成本，进行扩张或布局新品类。成熟期需要及时退出，或者寻找第二增长曲线。分析企业所在市场份额，竞品商业模式，零售现状，资源模式等，从而找到企业品牌商业方面的优劣。分析品牌所在行业、市场、消费者以及品牌本身组成，营销情况等，找到企业在品牌方面的优劣。

（2）以企业为核心梳理品牌价值主张

了解市场情况后，我们需要从企业顶层目标出发，以目标为驱动，做品牌战略规划及战术落地。

企业顶层目标包括企业 5 ～ 10 年愿景，企业创始人的使命，企业的价值主张，以及依托以上三个内容不同部门的业务规划。

以企业总体目标为核心可以有效组织团队不同岗位朝着同一个方向努力，战略指导执行，系统推进。

在此基础上，品牌战略在企业自身发展角度和目标客户角度思考企业的价值主张：我们是什么行业 / 品类；我们有哪些核心能力、技术；我们能提供哪些独特的产品、服务；我们的目标客户是谁；带来了什么价值。

（二）品牌体系建设

品牌需兼顾产品和用户。产品、服务是品牌的最终表达，品牌越来越被认为是产品和用户的综合呈现。

1. 产品定位

（1）产品矩阵

品牌负责人需要搭建产品班子，选择确定产品，以及需要开拓哪些战场等。

（2）产品卖点及支撑点

有卖点才能有买点。基于对行业、消费者的洞察，以及自身的产品优势，需要梳理出行业普世的普遍性卖点。提炼出产品独有的独特性卖点。在这样卖点之下，梳理出企业的购买支撑点。

（3）产品阐述逻辑

这里需要梳理出产品四大核心要素，即用户—场景—问题—解决方案。针对什么样的用户，在什么样的场景之下，会遇到什么样的问题，然后提供的解决方案是什么。

2. 品牌建设

（1）品牌体系建设

品牌体系几个层面：品牌名，品牌标识，品牌口号，品牌理念，品牌人群分类。其中品牌人群需要进行分级。

（2）品牌规划与管理

基于品牌口号和产品定位，根据目标、市场运作及用户洞察，进行品牌年度策略思考，得出核心策略和阶段性策略。

3. 品牌战略规划

确定总策略。总策略要承上启下，回顾过去 1 ～ 3 年规划，结合品牌五年规划，提出问题，确定年度任务以及对应的策略。

规划时间轴，确定阶段主题和目标。按照业务时间线，确定和用户沟通年度主题，不同阶段主题，并制定阶段目标。

针对不同阶段用户和产品，细化每个阶段对应的营销传播事件。针对每个阶段主题及产品策略，确定如何做创意推导，确定创意主题和执行亮点。

确定推广渠道，做好品牌预算。确定推广渠道以及不同阶段的花费情况。

4. 品牌管理

品牌管理包含内部传播和对外传播。

品牌内部传播：通过培训、内刊等内部传播渠道让企业员工体会品牌战略的内涵，并获得对外传播战略的能力。

品牌对外传播：通过外部渠道和传播规划，让企业实施对外传播的行为，使其有系统、一致的调性。

品牌管理内容包括以下几个层面：

（1）品牌手册制作

品牌手册是进行品牌管理的白皮书。一般包含品牌核心价值、品牌形象感知、品牌传播管理三大体系。

品牌核心价值包含品牌介绍，品牌定位，品牌历程，使命 / 愿景 / 价值观，核心沟通人群，品牌主张，品牌理念，品牌口号。

品牌形象感知体系包含整体品牌调性、视觉调性、听觉调性。

品牌传播管理体系包含品牌沟通原则，内容创作原则、传播执行原则、品牌传播风险管理原则。这里可加上品牌理念传播大事件，以及历年代言人。

（2）行业 / 竞品检测

品牌管理日常的核心工作就是观察行业的趋势，以及竞品的动向。行业的新规是什么，行业未来可能的发展方向是什么，竞品提出了什么新的品牌理念，生产了什么新品，开展了什么营销活动等。

（3）品牌舆情检测

时刻关注消费者对品牌的态度，正向的态度是什么，如何做得更好。负面的态度是什么，有了这样的问题之后，如何扭转这样的局势。

（4）消费者研读

对于未来消费趋势的研究，以消费趋势指导产品研发、品牌发展。

（5）公关

年度公关规划包括日常出稿、品牌活动出稿、高层讲话、行业论坛、媒体维护、危机公关规划等。

日常公关稿件。根据品牌调性，首先要确定公关发声的人设，然后是发稿的平台、频次、稿件的方向，规避的雷区。

媒体关系维护。建立媒体资源清单，做好媒体资源维护，赠送节日礼品或是电话问候等，并跟进相关人员信息。

品牌活动稿件。公司品牌活动及时推动及宣传。

高层讲话一般针对行业权威论坛和会议，作为高层出席，需要有对于行业以及自身品牌的思考。

危机公关。危机公关的核心在于有预案机制，针对情况采用不同的公关方式。危机公关分为三种，初阶是不表态度，任其发展直至熄灭。中阶是大事化小小事化了，高阶是借此形成有利公关。在处理危机公关时，一定要及时反应，向外界传达品牌的态度，然后驱动上级、同级、下级部门进行处理。

（6）广告

广告层面有品牌广告及效果广告，品牌广告可以占领心智，为企业积累品牌资产，与此同时要获得市场效果，实现品效合一。除了做广告外，品牌还可以通过跨界合作、资源置换的方式来获得流量和品牌声量。

第二节　服务分销、定价与促销策略

服务企业战略目标的实现需依据市场营销策略的恰当组合，而制定营销组合策略的首要任务就是满足顾客的需求，使顾客获得价值。在服务营销中，渠道关系到企业是否能将服务顺利地传递给顾客，价格和促销都有可能通过提高顾客期望而加大顾客对产品的感知。因此，研究服务产品的分销、定价和促销策略对服务企业的营销工作具有非常重要的意义。

一、服务分销策略

（一）服务分销渠道的含义

任何服务企业在经营活动中都要考虑本企业的服务如何尽快提供给顾客，而这与建立高效的服务分销渠道是分不开的。从营销的角度来看，服务分销渠道的起点是服务提供者或生产者，终点是消费者或组织用户，位于中间的则是促使服务商品转移到消费者手中的各种中间商或机构，如批发商、零售商以及相关机构等。

（二）服务分销渠道的特点与类型

1. 服务分销渠道的特点

（1）服务分销渠道较短

在大多数情况下，由于服务生产与消费同时进行，往往需要顾客参与到服务过程中来，很多人员提供的服务都是由企业直接提供给顾客的，因此服务分销渠道主要采用直销的形式来实现服务的直接传递。即使是使用服务中间商来分销服务，服务分销渠道也较短。

（2）服务分销渠道不涉及所有权的转移

在有形商品的分销过程中，商品所有权往往在不同的渠道成员之间转移。但是，由于服务具有无形性的特点，顾客无法获得服务的所有权，企业或服务中间商也只能对服务的使用权进行转移，因此，服务分销渠道并不涉及所有权转移的问题，实际上是将服务传递给顾客使用。

（3）管理中间商时面临着特定的问题

如果服务企业决定使用中间商来分销服务产品，因服务的特殊性，企业与服务中间商之间存在问题，包括对服务质量控制的困难、渠道冲突等，企业需要对中间商进行管理，可以使用渠道控制、向中间商授权、与中间商合伙等管理措施，使其能将服务有效地提供给顾客。

2. 服务分销渠道的类型

根据企业是否使用服务中间商，可以将服务分销渠道划分为直接渠道和间接渠道两种。

（1）直接渠道

直接渠道是指服务企业直接将服务产品销售给顾客的模式。企业采用直接服务渠道具有以下优点。

①对分销渠道的控制性强。服务企业使用自有渠道，可以自主决定人员聘用/解雇、激励手段和激励力度等，可以对服务质量保持较好的控制以实现服务供给的一致性，还可以完全控制服务企业与顾客之间的关系。

②能及时获取市场信息。在与顾客接触时，服务企业可以直接了解顾客的需求及其变化趋势，同时也能及时搜集顾客的意见和竞争者的信息，使服务企业能对市场需求进行快速响应。

③有助于实现服务差异化。服务企业直接向顾客提供服务，对顾客的了解较

为深入，可以根据顾客的需求偏好灵活提供个性化的定制服务，形成服务差异化，与竞争对手区别开来。

但服务企业采用直接渠道也有其缺陷。

①需要大量投资。服务企业直接向顾客提供服务，需要由服务企业自筹资金开设或增加店面。对于大多数服务企业而言，这不但增加了企业的负担，还需要服务企业为此承担所有的财务风险。

②地域的局限性。对于人员因素占比比较大的服务产品，服务提供者的不可复制性使得服务企业难以开拓新的市场，直销可能意味着服务企业会局限于某个区域性市场。

（2）间接渠道

间接渠道是指服务企业通过服务中间商或中介机构向顾客提供服务的模式。服务中间商的形式很多，常见的中间商类型见表 7-1。企业可以根据自身的服务产品，选择使用一种服务中间商销售其服务，也可以综合使用多种服务中间商来分销服务。

表 7-1　中间商类型

中间商类型	定义
代理商	根据合同规定代表委托人从事某项服务活动的一方，如保险代理公司
经纪人	为促进他人交易并收取佣金的组织或个人，如房地产中介、证券经纪人
代销	专门提供一项服务，然后以特许权的方式销售服务产品，常见于快餐行业
批发商	从事批发业务的中介机构，如旅游公司
零售商	直接向顾客提供服务的中介机构，如电影院、干洗店

（三）服务位置的选择

1. 确定顾客接受服务位置的类型

服务位置选择是企业为确定在什么地方经营与服务人员身处何地所做出的决策。服务位置会对企业的服务营销产生影响，尤其是零售店，店面的位置非常重要。位置的重要性主要取决于顾客与企业相互作用的类型与程度，而二者相互作用的类型与程度和服务的性质有关。顾客与企业相互作用的方式主要有以下几种形式，见表 7-2。

表 7-2　顾客与企业的互动方式和服务位置的重要性

顾客与企业的互动方式	常见例子	服务位置重要性
顾客前往服务场所	电影院、美容院、理发店	最重要
服务供应商前往顾客处	家政服务、快递	较不重要
远距离完成服务传递	电话公司、信用卡公司	最不重要

（1）顾客前往服务场所

如果顾客必须亲自到服务现场接受服务，那么服务位置就显得特别重要。如餐厅所在地的便利性就是顾客经常光顾的一个主要理由。因此，企业选择合理的服务位置非常关键，开展行人调查或交通调查可以帮助企业更好地确定店面所处的位置。

（2）服务供应商前往顾客处

如果企业的员工能够到顾客所处的位置为其提供服务，那么服务位置就不是那么重要了。在下列两种情况下，服务供应商适合到顾客所在处提供服务：一是服务对象无法移动，如需要装修的房屋、需要清洁的门窗；二是顾客愿意支付更高的服务费用，企业可以从中获得更多收益，如为高端人士提供的量身定制裁缝服务。

（3）远距离完成服务传递

当顾客与企业之间不直接接触，而是彼此相距一段距离时，服务位置最无关紧要。顾客与企业之间不再需要相互接触，顾客可能永远不会看到服务设备，也不会面对面地与服务人员交流，只需通过电话或互联网就能完成服务交易。此类服务的互动要少得多。

业内曾经流传这样一种“傍大款”的说法：选铺跟着麦当劳、肯德基走，肯定没错！

似乎麦当劳和肯德基把店开在哪里，哪里就是黄金地段的象征，我们甚至可以经常看到麦当劳和肯德基把店开在一些看起来并不特别惹眼的地方，而其门庭若市的状况又让人不得不佩服其选址的精明。

麦当劳在我国的发展步伐无疑是飞速的，有人说，这是麦当劳的本土化策略带来的结果。确实有这方面的原因，麦当劳会根据当地人的口味适当调整自己的配方，但只是一小部分，不管到哪里，它都把汉堡包作为自己的特色。但本土化只是成功的一个方面，麦当劳最成功的地方在于选址，它只选择在适合生存的地方开店，所以它的每个店都非常成功。应该说，正因为麦当劳的选址坚持对市场的全面资讯和对位置的评估标准的执行，才能够使开设的餐厅无论是现在还是在将来，都能健康稳定地成长和发展。

以先标准后本土的思想建立的麦当劳，首先寻找适合自己定位的目标市场作为店址，再根据当地情况适当调整。他们不惜重金、不怕浪费更多的时间在选址上。但他们一般不会花巨资去开发新的市场，而是去寻找适合自己的市场；不会认为哪里都有其发展的空间，而是选择尽可能实现完全拷贝母店的店址。用一个形象的比喻来说，他们不会给每个人量体裁衣，他们需要做的只是寻找能够穿上他们衣服的人。

连锁企业发展的标志就是规模扩张，它的前提是总部统一控制、发挥整体优势，而实现这一目标的第一步就是通过选择合适的店址，进行最大限度的拷贝，使分店更加标准化，使总部经营管理更加简单化。麦当劳连锁经营发展成功的首选条件是选址，他们就是要选择目标市场以加快连锁经营的步伐。

麦当劳的选址主要分为如下步骤。

首先，市场调查和资料信息的收集。包括人口、经济水平、消费能力、发展规模和潜力、收入水平，以及前期研究商圈的等级和发展机会及成长空间。

其次，对不同商圈中的物业进行评估。包括人流测试、顾客能力对比、可见度和方便性的考量等，以得到最佳的位置和合理选择。在了解市场价格、面积划分、工程物业配套条件及权属性质等方面的基础上进行营业额预估和财务分析，最终确定该位置是否有能力开设一家麦当劳餐厅。

最后，商铺的投资是一个既有风险、又能够带来较高回报的决策，所以还要更多地关注市场定位和价格水平，既考虑投资回报的水平，也注重中长期的稳定收入，这样才能较好地控制风险，达到投资收益的目的。

2. 服务位置策略

（1）集中策略

集中策略指服务企业在众多提供相同服务的场所设立服务点的策略。例如餐饮行业、汽车维修业较常使用这一策略。在同行业汇集的地方开店，方便消费者识别与选择，容易实现共赢。

（2）分散策略

分散策略指服务企业使其服务网点广泛分布，采用多店面与多地点的策略。例如，某药店在各个社区建立连锁店。使用分散策略时，企业通过建立众多的服务店，可以提高知名度，扩大市场覆盖面。

（3）替代策略

企业利用第三方的网店或技术手段来替代本身的服务网店的策略。这种策略的本质在于利用网点来获得市场先机，以最低成本为最大范围的消费者服务。企业可以通过与竞争者或服务中介合作，利用对方的网点来提供服务。例如，自动取款机联网使各银行都能更大范围地为顾客提供便利的服务。

（四）服务分销渠道的发展趋势

随着社会和科技的进步与发展，服务分销渠道的方式有了较多的创新应用。

1. 综合服务渠道

综合服务是服务业增长的一个现象，它指的是综合公司体系与综合性合同体系的持续发展，并已经开始主宰某些服务业领域。在观光旅游方面，许多服务系统正在结合两种或两种以上的服务业，如航空公司、大酒店、汽车旅馆、汽车租赁、餐厅、订票、轮船公司等进行合作联盟，一起为消费者提供旅游服务。目前有些大型的服务业公司，正通过垂直和水平的服务渠道系统进而控制整体的服务组合，为消费者提供服务。

2. 自主服务渠道

自助服务渠道是指不需要企业相关人员的参与，顾客自己就可以完成相关服务产品的购买。例如，在银行使用自动取款机、在加油站自己加油、在火车站自己购买车票等都是自助服务。自助服务的低成本和低价格，及其为顾客带来的便利性，让越来越多的人认可自助服务。但自助服务的潜在风险是可能会使企业与顾客之间的关系疏远，顾客与员工之间互动的缺乏会导致顾客忠诚度降低。

3. 网络服务渠道

网络服务渠道是指企业利用互联网与顾客进行交易且向顾客提供服务的一种模式。例如，网络购票和网上订餐服务、网上银行、网上营业厅等，都属于网络服务渠道的表现形式。网络服务渠道的优势包括较强的互动性、低成本、服务范围广泛等。网络服务渠道消除了时间、空间的限制，减少了市场交易壁垒，使交易更具公平性，同时顾客通过网络服务渠道可以获得更多的选择权，提高了便利性。但网络服务渠道也存在一些问题，如网络信息安全、企业初期投资较高等。

二、服务定价

（一）服务定价概述

由于服务产品的特殊性，服务产品的定价比有形产品的定价要困难得多，需要考虑的因素也更多。服务企业定价是给服务产品制定一个合理的价格，更是给顾客一个识别服务质量的依据，因此要重视服务产品的定价。

1. 服务定价的特点

由于服务产品的特点，服务产品的价格与一般有形产品的价格有着特殊的差异性。

①服务的无形性是服务产品的定价比有形产品更困难。顾客在购买有形产品时，可以根据产品的外观、产品材质和包装等方面来判断产品的质量，进而判断价格是否合理；而顾客在购买服务产品时，由于服务的无形性，顾客在购买服务产品之前是看不到、闻不到、尝不到、摸不到的，对服务产品只有一个抽象的概念，难以对服务产品形成一个准确的认识。为了减少不确定性，他们将从看到的服务环境、服务人员、服务设备、企业宣传资料等与服务产品相联系，一起来判断服务产品的价格是否合理，是否物有所值。

②服务的易逝性及服务需求的不稳定性导致服务价格的差异性较大。服务的易逝性使服务的供求始终难以平衡。当需求小于供给时，服务企业可能会更多地使用优惠价、降价等促销方式，以充分利用剩余生产资源。例如，在旅游淡季，酒店和航空公司实行折扣价、提供更多的服务内容以吸引更多的顾客。当需求大于供给时，服务企业可以更多地制定相对较高的价格，以调节过量的需求。

③更为激烈的价格竞争。服务产品的同质化，以及经营中存在的不规范化导致更为激烈的价格战争。市场竞争状况直接影响企业定价，一般来说，越是独特的服务产品，企业越具有定价的主动权。

④每一次服务的质量价格比各不相同。服务与服务提供者的不可分离性使每一次服务的质量价格比各不相同。服务产品的质量很难以一个固定的标准来衡量，它要受到服务设备和服务提供者的技能、技术以及情绪等因素的影响，这又增加了服务产品定价的不可确定性。

2. 服务定价的主要影响因素

影响服务产品定价的因素主要有成本、需求，此外，政策法规也是服务企业在制定服务产品价格时应考虑的因素。

①成本因素。一般来说，服务产品的成本可以分为固定成本、变动成本和准变动成本。固定成本是指服务基础设施、服务设备的折旧费、利息、管理服务人员等相对固定的开支，一般不随服务产量的多少而变动。变动成本则随着服务产出的变化而变化，如服务人员的工资、电费、运输费、物料消耗费用等。变动成本在总成本中所占比重相对较低。准变动成本是介于固定成本和变动成本之间的这一部分成本，它既与顾客的数量有关，又与服务产品的数量有关，如清洁服务的费用、员工的加班费等。

②需求因素。服务企业在制定服务产品的价格时需要考虑市场的服务需求，而市场的服务需求会受到服务价格的影响。需求的价格弹性是指因价格变动而引起相应的需求变动比率，它反映了需求量对价格的敏感程度。

（二）服务定价方法

不同服务供应商对定价持有不同的观点。但由于服务成本、服务需求、服务竞争是影响企业定价的基本要素，服务供应商无论采用哪种定价方法，以上要素都必须考虑。与之相对应，就形成了以成本、需求为导向的成本加成定价法。

成本加成定价法是以所提供服务的成本为基础，加上边际利润所制定的价格，其公式为：

价格 = 固定成本 + 可变成本 + 边际利润

成本加成定价法计算简单，并可以预先了解企业的利润，有利于核算、补偿劳动消耗。在正常情况下，能够获得预期收益。

成本加成定价法也存在一定局限。成本加成定价法的基础是提供服务产品的价值消耗，而对于同一服务产品而言，其价值消耗在特定服务企业、特定配置下往往不具可比性，不宜作为定价的基础。此外，成本加成定价法是卖方定价导向，它忽视了市场需求、竞争和价格水平的变化，在有些时候与定价目标脱节，不能很好地配合。

三、服务促销策略

在服务促销过程中，企业可以通过利用人员沟通、服务承诺等可控因素来缩小实际传递的服务与宣传的服务之间的差距，并对顾客期望和顾客感知产生积极影响。

（一）服务促销的概念

同有形商品的促销类似，服务促销指以合适的时间、合适的地点，用合适的方式和力度加强与顾客之间的沟通，促进其购买服务产品的行为。它的使命是配合分销渠道，运用一些特殊手段大力促进服务销售。

（二）服务促销的作用

对于服务产品来说，促销还有以下作用。

1. 增加服务价值

从“服务之花”模型的角度来看，服务企业所提供的信息服务和咨询服务都能为顾客带来额外的价值。而对于服务企业自身来说，当新服务上市之初或进入新市场时，服务企业会开展各种促销活动，向顾客介绍服务的特点、服务的时间地点、服务成本以及可获得的服务利益等一系列信息与建议，因此，服务促销可以增加服务的附加价值。

2. 传递服务定位与差异

服务企业可以通过服务促销活动，为顾客介绍本企业的服务特色和优点，传递服务定位，说明本企业与竞争对手的不同之处。通过这种方式来使顾客相信本企业在服务重要属性上所具有的优越性，促使顾客形成品牌偏好。

3. 强化顾客参与

顾客往往会参与服务的创造过程，顾客的参与会影响服务效率与服务质量。企业通过各种宣传教育活动，可以让顾客清晰了解到在服务过程中他们应该扮演的角色和相应的行为规范，从而使企业获得良好的业绩。尤其当企业采用新技术的服务系统或自助服务时，通常需要对顾客进行培训，这样顾客才能有效地参与服务过程。

参考文献

［1］华迎，马双．大数据营销［M］．北京：中国人民大学出版社，2022.
［2］高芳．大数据时代的营销管理创新研究［M］．北京：北京工业大学出版社，2020.
［3］肖必燕，吕家剑．服务营销理论与实务［M］．北京：中国轻工业出版社，2019.
［4］张文升．迎销：大数据时代的营销出路［M］．天津：南开大学出版社，2017.
［5］孟韬．市场营销：互联网时代的营销创新［M］．北京：中国人民大学出版社，2018.
［6］江礼坤．网络营销与推广：策略、方法与实战［M］．北京：人民邮电出版社，2017.
［7］刘思源，张金．大数据大营销［M］．北京：中国发展出版社，2016.
［8］周苏，王硕苹．大数据时代管理信息系统［M］．北京：中国铁道出版社，2017.
［9］姚树春，周连生，张强，等．大数据技术与应用［M］．成都：西南交通大学出版社，2018.
［10］华红兵．移动营销管理［M］.2 版．广州：广东经济出版社，2018.
［11］周苏，王文．大数据时代移动商务［M］．北京：中国铁道出版社，2018.
［12］胡玲．营销管理与营销策划［M］．北京：对外经济贸易大学出版社，2017.
［13］王岚，熊岩海．营销管理数据挖掘的系统设计与实施［M］．北京：中国书籍出版社，2016.
［14］文丹枫，朱海，朱德清 .IT 到 DT：大数据与精准营销［M］．沈阳：万卷出版公司，2015.

［15］陈雨，潘越．网络营销［M］．重庆：重庆大学出版社，2018.
［16］王雅姝．大数据背景下的企业管理创新与实践［M］．北京：九州出版社，2018.
［17］苏高．大数据时代的营销与商业分析［M］．北京：中国铁道出版社，2014.
［18］徐伟．市场营销管理工具箱［M］．北京：中国铁道出版社，2013.
［19］褚福灵．网络营销与渠道管理［M］．北京：中国人民大学出版社，2012.
［20］李克芳，聂元昆．服务营销学［M］.2 版．北京：机械工业出版社，2016.
［21］杜向荣．服务营销管理［M］．北京：北京交通大学出版社，2014.
［22］刘红一．服务营销理论与实务［M］.2 版．北京：清华大学出版社，2014.
［23］杨珮．服务营销［M］．天津：南开大学出版社，2015.
［24］张淑君,王月英．服务设计与运营: 30余家品牌企业服务运营深度揭秘［M］．北京：中国市场出版社，2016.
［25］王海燕，张斯琪，仲琴．服务质量管理［M］．北京：电子工业出版社，2014.
［26］王永贵．服务营销与管理［M］．天津：南开大学出版社，2009.
［27］叶万春．服务营销学［M］.2 版．北京：高等教育出版社，2007.
［28］谢凤华，吴成．顾客不当行为研究热点：来自 1990—2014 年 Web of science 的证据［J］．财经论丛，2016（3）：78-85.
［29］王升，樊根耀，吴兵涛．基于服务蓝图理论的客运站车方服务质量评价研究［J］．长安大学学报（社会科学版），2016，18（2）：43-48.
［30］刘湘萍．麦当劳的空间消费策略［J］．企业管理，2003（3）：43-44.
［31］钟文莉．消费空间的展示与设计——以屈臣氏、宜家为例［J］．文艺争鸣，2010（14）：139-140.

后　　记

不知不觉间，这本书的写作已经接近尾声了，内心十分不舍。这本书是作者研究大数据时代营销创新的一部著作，作者付出了最大的努力，尽管很艰苦，不过，一想到这本书的问世对当今的大数据时代营销创新研究有一定的促进作用，作者也十分欣慰。同时，在本书创作过程中作者得到了社会各界的广泛支持，在此深表谢意！

大数据的发展带来了营销管理思维与管理方式的改变。在传统的企业管理思维中，管理者大多依靠自身经验甚至是直觉做出决策，然而随着大数据的深入发展，传统营销管理思维已经无法适应时代的发展，管理者越来越倾向于从数据为基础进行理性的思维判断。此外，数据也不再是简单获取，而是将企业内部数据和外部数据互相结合，以此来做出决策。

尽管撰写工作已接近尾声，但大数据时代营销创新发展仍在继续。身为研究者，应继续潜心研究，积极探索，力求突破，感谢在创作过程中给予帮助的老师们，因为他们的不懈努力和专业精神以及对作者的鼓励，才使得《大数据时代市场营销创新研究》成书，呈现在读者面前。

吴瑞华

2023 年 5 月